Esos terribles y fascinantes primeros tres años

Secretos prácticos para comunicarse con su hijo

Tracy Hogg

con Melinda Blau

Traducción
Margarita Valencia

Bogotá, Barcelona, Buenos Aires, Caracas, Guatemala,
Lima, México, Miami, Panamá, Quito, San José, San Juan,
Santiago de Chile, Santo Domingo

GRUPO
EDITORIAL
norma

Hogg, Tracy
    Esos terribles y fascinantes primeros tres años : Secretos
prácticos para comunicarse con su hijo / Tracy Hogg con
Melinda Blau ; traducción Margarita Valencia. — Bogotá :
Grupo Editorial Norma, 2003.
    340 p. ; 23 cm.
    Título original : Secrets of the Baby Whisperer for Toddlers.
    ISBN 958-04-7283-1
    1. Niños - Cuidado e higiene 2. Crianza de niños 3. Desarrollo
infantil I. Blau, Melinda, 1943-   II. Valencia, Margarita, tr. III.
Tít.
649.122 cd 20 ed.
AHP4533

                CEP-Banco de la República-Biblioteca Luis-Angel Arango

Título original en inglés:
SECRETS OF THE BABY WHISPERER FOR TODDLERS
Una publicación de The Ballantine Publishing Group, Nueva York
Copyright © 2002 por Tracy Hogg Enterprises, Inc.

Edición, Verónica Cárdenas
Corrección, Ana del Corral
Diseño de cubierta, María Clara Salazar Posada
Armada electrónica, María Victoria Mora

Este libro se compuso en caracteres Minion

ISBN 958-04-7283-1

Contenido

INTRODUCCIÓN

Como padres, somos los primeros y
más importantes guías de nuestros
hijos: sus guías en las lecciones de la
vida y en las aventuras.

—Sandra Burt y Linda Perlis,
Parents as Mentors
[Los padres como guías]

El reto de la crianza de los caminadores

Lo dicen los ingleses: ten cuidado con lo que deseas: es posible que lo consigas. Si usted es como la mayoría de los padres, sospecho que pasó la mayor parte de los primeros ocho meses de su bebé deseando que las cosas fueran más fáciles. Mamá rezaba para que al bebé se le pasaran los cólicos de una buena vez, para que durmiera toda la noche, para que empezara a consumir alimentos sólidos. Y si papá es como la mayoría de los hombres, seguramente deseaba que su hombrecito dejara de ser una plasta y empezara a ser el hijo con el que soñaba jugar al fútbol. Ambos esperaban ansiosamente el día en el que el heredero daría sus primeros pasos y diría sus primeras palabras. Imaginaban alegremente que cogía la cuchara, que se ponía una media y que —Dios mediante— iba al baño solo.

Ahora que su hijo es un caminador, todos sus deseos se han hecho realidad. Y apuesto que hay días en los que usted desearía poder echar atrás en el tiempo. Bienvenidos a la que probablemente es la etapa más difícil y la más fascinante de la crianza.

Algunos libros aseguran que los caminadores son, *grosso modo*, los niños entre el primero y el tercer año. Otros consideran que la etapa comienza cuando el niño empieza a dar sus primeros pasos, inseguros y cortos. En algunos casos, esto sucede cuando el niño apenas tiene ocho o nueve meses de edad. No importa: al margen de lo que digan los libros, usted sabe si tiene un caminador en sus manos.

Aunque al comienzo su caminador puede parecer un poco temeroso cuando se pone de pie, esta preciosidad está verdaderamente lista para explorar los lugares y las cosas, y a las personas: sin su ayuda, muchas gracias. Además se está volviendo muy sociable. Le fascina imitar. Puede aplaudir, cantar, bailar y jugar lado a lado con otros niños. En resumen, ya parece más una persona en miniatura que un bebé. Lo mira todo con curiosidad, está llena de energía y se busca problemas todo el tiempo. Los saltos en el desarrollo a esta edad son milagrosos, y si tenemos en cuenta la velocidad a la que suceden los cambios y las turbulencias constantes, no es de extrañar que usted sienta que no tiene un minuto de paz. Todo vale:

cualquier recipiente, cualquier objeto que su bebé pueda agarrar, cualquier enchufe eléctrico, cualquier baratija llamativa. Desde el punto de vista de ella, todo es nuevo y emocionante; desde su punto de vista, podría parecer que usted, su casa y todo lo que abarca la vista está bajo ataque.

Cuando los niños empiezan a caminar es porque la etapa de bebé ha llegado a su fin. Tenemos además la oportunidad de echarle una mirada a lo que será la adolescencia. De hecho, muchos consideran que este período es muy por el estilo de los años adolescentes, pues se inicia un proceso similar de separación. Para el caminador, papá y mamá ya no son el comienzo y el fin del mundo. De hecho, mientras aprende nuevas destrezas físicas, cognitivas y sociales, aprende también a decirle a usted que no, cosa que le será de gran utilidad en la adolescencia.

Pero no hay que preocuparse: estas son las buenas noticias. De hecho, gracias a las actividades exploratorias del niño y a sus enfrentamientos con usted, su caminador empieza a dominar su ambiente y, lo que es más importante, empieza a fortalecerse como un ser humano eficiente e independiente. Obviamente, usted quiere que su hijo crezca y se vuelva más autosuficiente aunque a ratos el proceso es enloquecedor. Lo sé: lo viví con mis propios hijos, mis primeros conejillos de Indias (y mis mejores alumnos).

Ahora que su bebé es un caminador

Les pregunté a las madres cuáles eran los cambios más significativos entre un bebé y un caminador y esto fue lo que me respondieron:

"Tengo aún menos tiempo para mí".

"Es más segura de sí misma".

"No puedo llevarlo a un restaurante".

"Es mas exigente".

"Entiendo lo que quiere más fácilmente".

"Soy una esclava de sus siestas".

"No hago más que perseguirlo".

"Todo el tiempo le estoy diciendo que no".

"No quiere perderse de nada".

"Me pone a prueba constantemente".

"Absolutamente todo le llama la atención".

"Es como... ¡una personita!"

Creo que hice un buen trabajo con mis niñas, que ahora tienen dieciséis y diecinueve años. Pero eso no quiere decir que haya tenido el mar en calma durante todo el viaje. Créanme: criar a un niño es una tarea difícil y suele venir acompañada de frustraciones sin cuento y obstáculos insalvables, para no hablar de las lágrimas y de las pataletas.

Los fundamentos
de una buena crianza

Tengo una larga experiencia personal y además he sido la consejera de innumerables padres de caminadores —muchos de los cuales eran bebés cuando los conocí—, de manera que puedo ayudarles a superar el difícil período que va desde los ocho meses (cuando, no por coincidencia, acaba mi otro libro) hasta más o menos los dos años de edad. Si leyeron *Cómo comunicarse con su bebé, consejos de una niñera experta*, ya conocen mi filosofía acerca de los niños. Si además adoptaron una rutina estructurada desde el día en que su bebé llegó a casa y si han estado poniendo en práctica algunas de mis estrategias, tanto mejor. Me atrevería a decir que ya tienen una ventaja, pues ya adquirieron una forma de pensar que será de gran ayuda con su caminador.

También es posible que algunos de ustedes no estén familiarizados con mis ideas, que nacieron cuando empecé a trabajar con niños discapacitados física o emocionalmente, niños que por lo general no podían hablar. Mi trabajo con estos niños me obligaba a observar las minucias de su comportamiento y de su lenguaje corporal y a dotar de sentido los ruidos aparentemente ininteligibles que emitían, pues sólo así podía entender sus necesidades y sus deseos.

Más tarde, cuando empecé a dedicarme casi exclusivamente a los recién nacidos (incluidos los míos propios), descubrí que mis habilidades se podían aplicar también a los bebés. Después de haber cuidado a más de cinco mil bebés, me dediqué a afinar la actividad que uno de mis clientes denominó "susurrarles a los bebés", pues es algo muy similar a lo que hacen los que susurran a los caballos. En ambos casos nos ocupamos de criaturas sensatas, seres vivos que no pueden hablar pero que no obstante se expresan. Para poder conectarse con ellos y cuidarlos, debemos aprender su lenguaje. De allí que susurrarles a los bebés signifique aguzar los sentidos, observar, escuchar y comprender lo que sucede desde el punto de vista del niño.

Aunque los caminadores ya empiezan a hablar y se expresan mejor que los recién nacidos, es posible poner en práctica con los niños de esta edad los mismos principios que animan mi trabajo con bebés. Aquellos que no leyeron mi primer libro encontrarán a continuación un rápido resumen de los temas principales. Aquellos que ya lo leyeron pueden considerarlo un recordatorio.

Cada niño es un individuo. Desde el día de su nacimiento, el bebé tiene una personalidad única, preferencias y antipatías particulares. Por tanto, no existe una única estrategia que funcione para todos. Usted tiene que descubrir qué le conviene más a su caminador. En el primer capítulo hay un cuestionario que le permitirá sondear el temperamento de su bebé y ello le ayudará a comprender qué estrategias de crianza funcionarían mejor con él. Pero aun cuando podamos clasificarlos según uno u otro tipo, cada niño es un fenómeno único.

Todos los niños merecen respeto, y deben aprender, así mismo, a respetar a los demás. Si usted estuviera encargado del cuidado de un adulto, jamás lo tocaría, lo levantaría o lo desvestiría sin pedirle permiso y sin explicarle qué se dispone a hacer. ¿Por qué habría de suceder de otro modo cuando se trata de un niño? Como encargados del cuidado de los niños, debemos trazar alrededor de cada uno de ellos lo que yo llamo un círculo de respeto: un límite invisible que no debemos traspasar sin pedir permiso o sin explicar lo que nos disponemos a hacer. Y debemos saber quién es este niño antes de lanzarnos sin mirar; debemos tener en cuenta lo que él o ella siente o desea en lugar de hacer lo que nosotros quisiéramos hacer. No niego que con los caminadores esto puede ser complicado, porque simultáneamente debemos enseñarles que el círculo de respeto funciona en ambos sentidos. Los niños de esta edad pueden ser muy exigentes y obstinados y es importante que aprendan también a respetarnos. En las páginas que vienen a continuación les enseñaré cómo hacer para respetar a su caminador y para suplir sus necesidades sin poner en entredicho los límites propios de los padres.

Observe y escuche a los niños sin afán y hable con ellos (no se limite a perorar). Usted debe empezar a conocer a su hijo o hija el día que llega al mundo. Siempre hago la misma advertencia a los padres: "Nunca supongan que su bebé no los entiende. Los bebés saben más de lo que uno se imagina."

Incluso los caminadores que todavía no hablan son capaces de expresarse, así que usted debe aguzar sus sentidos y prestar atención. Mediante la observación podremos empezar a comprender el temperamento único del caminador. Cuando lo escuchamos, aunque no hable todavía, nos enteramos de sus deseos. Y cuando dialogamos con él —y me refiero a conversar, no a perorar—, permitimos que el niño exprese su verdadera forma de ser.

Todos los niños necesitan una rutina estructurada que haga que su vida sea predecible y segura. Este principio es importante en los primeros meses de vida de su hijo y lo es aun más ahora que empieza a caminar. Como padres y encargados del cuidado de los niños, nos servimos de los rituales, las rutinas y las normas para crear la sensación de seguridad y consistencia. Por una parte, dejamos que la forma de ser de nuestro hijo y sus crecientes habilidades nos guíen y nos digan hasta dónde puede llegar; por la otra, no debemos olvidar que nosotros somos los adultos, que nosotros estamos a cargo. Es una especie de paradoja: permitir que el niño explore y asegurarnos simultáneamente de que no se salga de los límites seguros que hemos trazado para él.

Estas normas sencillas y prácticas constituyen los cimientos sobre los cuales se construye una familia sólida. Cuando los escuchamos, los comprendemos y los tratamos con respeto, los niños prosperan. También, cuando saben lo que se espera de ellos y saben qué esperar del mundo que los rodea. En los primeros meses, su universo es pequeño, se limita a su hogar, a los miembros de su familia, a una salida ocasional. Si este ambiente inicial es seguro, relajado, positivo y predecible, si es un lugar donde pueden explorar y experimentar, si pueden depender de la gente que habita este mundito, entonces estarán mejor equipados para enfrentar nuevos ambientes y gentes desconocidas. No importa cuán activo, curioso, difícil o desesperante pueda parecer su hijo a veces: piense que para él esto no es más que un ensayo general para el mundo real. Considérese su primer maestro de actuación, su director, su audiencia más entregada.

Qué busco: el camino a la armonía

Usted dirá que esto no es más que sentido común. Dirá, también, que es más fácil decirlo que hacerlo, sobre todo en lo que se refiere a los caminadores. Cierto. Pero guardo en la manga unas cuantas técnicas de manejo de los caminadores que seguramente lo ayudarán a comprender mejor a su hijo y al mismo tiempo lo harán sentirse más competente, con más autoridad.

Aunque salpimenté estas páginas con datos de los más reconocidos expertos en desarrollo infantil, creo que hay suficientes libros por ahí que hablan de los avances científicos. ¿Pero de qué nos sirve la ciencia si no sabemos qué hacer? Con ese propósito en mente seleccioné la información que contiene este libro: le ayudará a ver a su caminador con nuevos ojos y a ser más receptivo con él. Al ver el mundo desde su perspectiva podrá simpatizar más con lo que pasa por su cabecita y lo que sucede con su cuerpo. Además, estas estrategias prácticas para manejar los inevitables retos cotidianos a los que usted y él se enfrentan lo dotarán con un arsenal de herramientas de las que podrá echar mano en cualquier momento.

A continuación he esbozado una lista de metas más específicas que deberían convertirse en un amarradero sólido para su familia. Estas metas son aplicables también —y no es por azar— a los niños mayores y a los adolescentes (¡aunque espero que a estos ya no tenga que entrenarlos para ir al baño solos!). Este libro estimulará, enseñará y demostrará con ejemplos cómo:

Ver a su caminador como un individuo y respetarlo como tal. En lugar de clasificarlo por edad, permítale ser quien es. Creo que los niños tienen derecho a expresar sus preferencias y sus antipatías. También creo que los adultos podemos concederle validez al punto de vista de un niño aunque ello nos produzca frustraciones o no estemos de acuerdo.

Animar a su caminador para que se independice, sin apurarlo. Para lograrlo, le daré algunas herramientas que le permitan sondear su disposición y enseñarle algunas destrezas prácticas como comer, vestirse, ir al baño y ciertos hábitos básicos de higiene. Me pongo de mal humor cuando los padres me llaman a preguntarme cómo hacer para que su bebé camine o hable. El desarrollo es un fenómeno natural, no el resultado de un curso. Además, empujar a los niños es irrespetuoso. Y lo que es peor, sólo conduce a su fracaso y a nuestro desencanto.

Aprender a sintonizarse con el lenguaje verbal y no verbal de su hijo. Aunque los caminadores son infinitamente más fáciles de entender que los recién nacidos, su capacidad de comunicación varía mucho. Usted debe ser paciente y controlado cuando su hijo trata de decirle algo, y al mismo tiempo debe saber cuándo intervenir y ofrecer ayuda.

Ser realista: éste es un período de cambios constantes. A veces, cuando un caminador deja de pasar la noche, los padres piensan que algo anda mal cuando en realidad su hijo sólo atraviesa otra etapa del crecimiento y del desarrollo. Uno de los grandes retos de la crianza de los caminadores es que justo cuando uno se acostumbra a un cierto tipo de comportamiento o a un cierto nivel de eficiencia, ¡pum!, el niño cambia. ¿Y sabe qué? Sigue cambiando, una y otra vez.

Estimular el desarrollo de su hijo y fomentar la armonía familiar. En mi primer libro insistí en un enfoque que incluyera a toda la familia, que incluyera al bebé en la familia en vez de permitirle que la dominara. Ese principio gana importancia en este momento. Es fundamental crear un ambiente seguro y alegre que le permita al niño aventurarse y que, al mismo tiempo, lo mantenga alejado del peligro e impida que sus travesuras perturben a toda la familia. Piense que su hogar es una sala de ensayo donde su hijo practica sus nuevas destrezas, memoriza sus parlamentos y aprende las entradas y salidas a escena. Usted es el director y lo prepara para el escenario donde se llevará a cabo el drama de su vida.

Ayudar a su caminador a manejar sus emociones y sus frustraciones. En esta etapa de su vida los niños dan unos pasos gigantes en su desarrollo emocional. Cuando su hijo estaba recién nacido, sus emociones se basaban en sensaciones físicas, como el hambre, el cansancio, el calor o el frío, que lo invadían por completo cuando aparecían. Cuando crece, su repertorio emocional se amplía e incluye el temor, la alegría, el orgullo, la vergüenza, la culpa, el pudor: estas complejas emociones surgen con su creciente conciencia de sí mismo y de las actividades sociales. Las destrezas emocionales se pueden aprender. Varias investigaciones han demostrado que los niños empiezan a identificar y a anticipar el estado de ánimo (el suyo y el de los encargados de su cuidado) desde los catorce meses, que sienten empatía, y que tan pronto adquieren destrezas verbales empiezan a hablar de sentimientos. Sabemos también que es posible evitar las rabietas o que al menos es posible controlarlas, cuando las cogemos a tiempo. Pero el manejo del estado de ánimo es mucho más importante que el simple control de las rabietas. Los niños que aprenden a moderar la intensidad de sus emociones comen bien y duermen mejor que los niños que no lo hacen; el aprendizaje de nuevas destrezas se les facilita y tienen menos problemas a la hora de la socialización. En comparación, tanto los demás niños como los adultos preferirían evitar a los niños que carecen de control emocional.

Desarrollar una relación fuerte y significativa entre el padre y su caminador. Lo sé, lo sé: sugerir que la madre tiene más contacto con los niños está muy mal visto estos días; pero en la vida real así es como suele ser. En la mayoría de las familias aún es necesario hacer un esfuerzo adicional para que el padre sea un poco más que un ayudante de fin de semana. Debemos buscar la forma de que el padre se involucre de verdad, de que se conecte emocionalmente y no se limite a ser un compañero de juegos.

Facilitar el proceso de conversión de su hijo en un ser social. En esta etapa de la vida del niño éste empieza a interactuar con otros. Al comienzo no tendrá más que dos o tres "amigos", pero a medida que se acerca la hora de entrar al preescolar, sus destrezas sociales crecen en importancia. Por tanto, tendrá que desarrollar empatía hacia los demás, consideración con los otros y la capacidad de hacerles frente a los conflictos y de negociar. La mejor forma de enseñar estas habilidades es a través del ejemplo, la dirección y la repetición.

Manejar sus emociones. Manejar a un caminador es una tarea tan exigente que usted debe aprender a ser paciente, a descubrir cuándo y cómo elogiar, a saber que ceder no es amar (sin importar cuán adorable sea su hijo), a dejar que su amor se refleje en sus actos (y que no se quede en palabras) y a encontrar la mejor forma de actuar cuando siente rabia o frustración. De hecho, las investigaciones más recientes sobre la primera infancia han sacado a la luz un hecho fundamental para la buena crianza: el temperamento de su hijo no sólo determina sus fortalezas y sus vulnerabilidades sino que influye en la forma como usted lo trata. Si tiene las manos llenas con un niño que se reserva sus rabietas para los lugares públicos, hay una gran posibilidad de que usted pierda la paciencia, reaccione abruptamente y recurra a la restricción física —cosa que, tristemente, sólo empeorará el comportamiento de su hijo—, a menos que aprenda a modificar sus propias reacciones, busque ayuda o encuentre una salida a las situaciones estresantes.

Fomentar sus relaciones adultas. Las madres de los niños caminadores suelen vivir sin recreo. Es necesario que aprendamos a pasar un tiempo libre de culpas y lejos del caminador, y a crear las oportunidades (por lo general no surgen naturalmente) que impedirán que nuestras reservas se agoten. En resumen, es tan importante que usted tenga tiempo para usted misma como lo es que tenga tiempo para su caminador.

¿Podrían ser demasiado elevadas estas metas? No lo creo. Veo que se cumplen a diario entre las familias. Requieren de tiempo, paciencia y compromiso, no hay quien lo dude. Y en el caso de los padres que trabajan, a veces suponen decisiones difíciles, por ejemplo sobre regresar a casa un poco más temprano para que el niño no se vaya a la cama más tarde de lo debido.

Tengo la intención de dotar a los padres de información, ayudarlos a sentirse más seguros sobre sus decisiones como padres y apoyarlos a la hora de descubrir las rutas más adecuadas. Al cabo de esta experiencia, espero además que sean padres más perceptivos, personas más en sintonía con su hijo, más seguras de sí mismas y más afectuosas.

Cómo está diseñado este libro

Yo sé bien que los padres de caminadores tienen aun menos tiempo para leer que los padres de bebés, así que he tratado de diseñar este libro para que sea rápido de leer y para que sea claro, aunque se empiece a leer por la mitad. Tiene muchos cuadros y gráficos para ayudarlo a encontrar rápidamente los conceptos más importantes y para que le sirva de guía inmediata cuando usted está demasiado ocupado para sentarse a leer con detenimiento.

No obstante, sugiero que antes de mirar temas específicos lea los primeros capítulos para que se familiarice con mi filosofía. (Supongo que ya habrá leído la introducción; si no lo ha hecho, por favor hágalo.) En el primer capítulo hay una discusión sobre la naturaleza y la crianza, que a mi modo de ver trabajan juntas. El cuestionario "¿Conoce a su caminador?" lo ayudara a comprender la naturaleza de su hijo; a saber, en otras palabras, qué trajo al mundo consigo. En el segundo capítulo hay una estrategia para manejar la parte relativa a la crianza. Y en el capítulo tercero hago énfasis en el hecho de que los caminadores aprenden a través de la repetición y subrayo la importancia de establecer una rutina estructurada y crear así mismo otros rituales confiables.

En los capítulos cuarto al noveno me ocupo de los retos específicos de criar a un caminador. Se pueden leer en orden o bien según vaya surgiendo la necesidad de ocuparse de los diferentes temas.

En el capítulo cuarto, "No más siestas", hablo de cómo puede fomentar la creciente independencia de su hijo sin empujarlo o sin llevarlo a hacer algo antes de que esté listo.

El capítulo quinto, "Hablando con un caminador", se ocupa de la comunicación (de hablar y de escuchar) y de cómo ésta puede ser muy emocionante y muy frustrante a la vez en el caso de un niño en los primeros dos o tres años de edad.

El capítulo sexto, "El mundo real", trata de ese paso fundamental de la casa a los grupos de juego y a las salidas del hogar, y ayuda a los padres a planear "ensayos para el cambio", en los que su hijo puede practicar sus destrezas sociales y poner a prueba nuevos comportamientos en un ambiente controlado.

El capítulo séptimo, "Disciplina consciente", se refiere a cómo enseñarle a su caminador a comportarse. Los niños no nacen sabiendo cómo comportarse o cuáles son las reglas de la interacción social. Si usted no le enseña a su caminador, ¡puede estar seguro de que el mundo lo hará!

En el capítulo octavo me ocupo de los acaparadores de tiempo, de esos patrones de comportamiento crónicos e indeseables que pueden erosionar la relación entre padre e hijo y robarle tiempo y energía a toda la familia. Con frecuencia los padres hacen caso omiso de las múltiples formas como "entrenan" a sus hijos... hasta que los resultados perturban su vida. Esta *crianza accidental*, fenómeno del cual hablé en mi primer libro, es la causa de prácticamente todos los problemas de sueño, alimentación y disciplina que he visto. Cuando los padres no se dan cuenta de lo que sucede o desconocen cómo detenerlo, el problema se vuelve una bomba de tiempo.

Por último, el capítulo noveno, "Cuando el bebé cumple cuatro", habla sobre el crecimiento de la familia, sobre la decisión de tener otro hijo y cómo preparar a su caminador y ayudarlo a manejar al recién llegado, sobre el manejo de los hermanos, y sobre la forma de proteger su propia relación adulta y además crecer en el proceso.

En estas páginas no hay muchos consejos relacionados con la edad porque creo que cada uno debe mirar a su propio hijo en vez de leer un libro para enterarse de qué es apropiado para él. Ya sea que nos ocupemos de pataletas o de dejar los pañales, no me oirá decir: "Esto debe de ser así", pues el don más grande que puedo darle es la habilidad de darse cuenta usted mismo de qué es lo que mejor se acomoda a su hijo y a su familia.

Por último, permítame recordarle que es importante mantener la mirada en el horizonte y la cabeza fría. El tiempo no se detuvo cuando su bebé era pequeño —aunque uno a veces cree que el recién nacido nunca crecerá— y no lo hará en esta etapa de la vida del niño. Así que lo mejor es guardar los objetos de valor, ponerle seguro a todas las puertas que guarden venenos y respirar hondo: en los próximos dieciocho meses tendrá un caminador entre manos. Usted verá a su pequeño dar ese paso gigantesco que lo convierte de un bebé relativamente indefenso en un niño que habla y camina y piensa por sí mismo. Disfrute de este increíble viaje. Cada gota de habilidad adquirida, cada nueva y fascinante primera vez trae consigo temibles calamidades que hay que enfrentar. En resumen, nada será tan fascinante y al mismo tiempo tan agotador como vivir con su caminador y adorarlo.

CAPÍTULO PRIMERO

¿Cómo no adorar a su caminador?

Es sabio el padre que conoce a su propio hijo.
—William Shakespeare,
El mercader de Venecia

Los bebés, una vez más

Mientras escribíamos este segundo libro, mi coautora y yo tuvimos una reunión con algunos de los bebés que habían asistido a mis grupos. Cuando dejamos de verlos tenían apenas entre dos y cuatro meses de edad, y ahora estos cinco se habían convertido, en un año y medio, en caminadores consagrados. Aunque reconocimos sus rostros ligeramente más maduros, los huracanes en miniatura que invadieron mi salón de juegos se parecían muy poco a los bebés que yo había conocido, esas cositas dulces e indefensas que podían hacer poco más que mirar con atención las líneas onduladas del papel de colgadura. Alguna vez sostener la cabeza o "nadar" sobre la barriga significó un gran logro para estos niños, pero ahora no se perdían de nada. Cuando sus mamás los dejaron en el piso, empezaron a gatear, a tambalearse o a caminar, agarrados de algo o solos, ansiosos por explorar. Mientras sus manos se movían incesantemente de aquí para allá, sus ojos brillaban y sus balbuceos resultaban a ratos ininteligibles y a ratos no.

Cuando logré recuperarme de la impresión que me produjo este milagroso crecimiento instantáneo —como en una fotografía del paso del tiempo, pero sin los estadios intermedios—, empecé a recordar a los bebés que alguna vez conocí.

Allí estaba Raquel, sentada en el regazo de su madre observando cuidadosamente a sus compañeros de juego, un poco temerosa de aventurarse sola. Era la misma Raquel que cuando era bebé había llorado ante el rostro de un extraño y que se había resistido durante la clase de masaje infantil, informándonos que no estaba lista para tanta estimulación.

Linda, una de las primeras bebés que se acercó a otro para tocarlo, seguía siendo la más activa e interactiva de todos los niños y se veía a las claras la curiosidad que le producían todos los juguetes y el interés que despertaban en ella las múltiples actividades a su alrededor. Había sido una bebé extremadamente vivaracha, de manera que no me sorprendí cuando empezó a treparse a la mesa de cambiar a los niños, con la destreza de un mico y cara de nadie puede detenerme. (No se preocupe: su madre, evidentemente acostumbrada a las hazañas atléticas de Linda, no le quitaba el ojo de encima, siempre lista a agarrarla.)

Carlos, que había alcanzado todas las metas del desarrollo justo a tiempo, jugaba cerca de la mesa de cambiar. De vez en cuando le echaba una mirada a Linda, pero le resultaban más intrigantes las figuras de colores brillantes de la caja de figuras. Carlos seguía muy bien encaminado: se sabía los colores y también qué figuras cabían en qué huecos, como dicen los manuales que debe ser un niño de veinte meses.

Alejandro estaba solo en el jardín, lejos de los demás, cosa que me recordó de inmediato al bebé serio que yo había conocido cuando apenas tenía tres meses de edad. Desde bebé, Alejandro parecía siempre pensativo, y ahora, mientras trataba de meter una carta entre el buzón de juguete, tenía la misma expresión preocupada de su primera infancia.

Por último estaba Andrea, uno de mis bebés favoritos (era amistosa y capaz de adaptarse): no podía dejar de mirarla. Nada molestaba a Andrea, ni siquiera recién nacida, y mientras la veía interactuar con Linda —que se había bajado de su percha y jalaba con todas sus fuerzas del camión de Andrea—, me di cuenta de que seguía siendo imperturbable. Andrea soltó el camión sin molestarse ni una gota y empezó a jugar serenamente con una muñeca que le había llamado la atención.

Aunque estos niños estaban a años luz de donde yo los había dejado —de hecho, su edad se había multiplicado por seis o por siete—, cada uno de ellos seguía reflejando su yo infantil. Su temperamento se había convertido en personalidad. Ya no eran bebés sino cinco personitas diferentes.

Naturaleza y crianza: un equilibrio delicado

Ni a mí ni a otros que han visto cientos de niños nos sorprende la persistencia de la personalidad desde que el niño nace. Tal como lo subrayé inicialmente, los bebés llegan al mundo con una personalidad única. Desde que nacen, algunos son tímidos; otros, tercos y otros, increíblemente activos y audaces. Ahora, gracias a las videocintas, a los escáneres cerebrales y a la nueva información sobre los códigos genéticos, sabemos que esto no es una intuición: los científicos han documentado en el laboratorio el fenómeno de la persistencia de la personalidad. En la última década, la investigación ha demostrado que los genes y los químicos cerebrales influyen en el temperamento, las fortalezas y debilidades, las preferencias y antipatías de todos los seres humanos.

Uno de los más interesantes productos secundarios de estas investigaciones es que ha reducido la culpa de los padres, tan de moda en algunas escuelas psicológicas. Pero debemos tener cuidado de

La naturaleza y la crianza

"Estos estudios [de gemelos y de niños adoptados] tienen consecuencias prácticas importantes. Si la crianza y otras influencias ambientales pueden morigerar el desarrollo de las tendencias heredadas por los niños, esto quiere decir que valen la pena todos los esfuerzos tendientes a ayudar a los padres y a las demás personas encargadas del cuidado de los niños para que desarrollen una cierta sensibilidad a las tendencias de comportamiento de su hijo y para que puedan crear un ambiente sustentador. Un buen ajuste entre las condiciones ambientales y las características del niño se refleja, por ejemplo, en las rutinas familiares que permiten que los niños muy activos tengan oportunidades frecuentes de juego turbulento o en las guarderías que cuentan con espacios para que los niños tímidos descansen de la actividad intensa de sus compañeros. Las rutinas de cuidado de los niños se pueden diseñar concienzudamente de manera que incluyan amortiguadores útiles contra el desarrollo de problemas de comportamiento entre los niños con vulnerabilidades heredadas, tales como darle al niño posibilidades de escoger, relaciones calurosas, una rutina estructurada y otras ayudas."

—Del National Research Council and Institute of Medicine [Consejo Nacional de Investigación e Instituto de Medicina] (2000), *From Neurons to Neighborhoods: The Science of Early Childhood Development* [De las neuronas a los vecindarios: La ciencia del desarrollo infantil temprano], *Committee on Integrating the Science of Early Childhood Development* [Comité para la integración de la ciencia del desarrollo infantil temprano]. Jack. P. Shonkoff y Deborah A. Phillips, editores, Board on Children, Youth, and Families [Directorio para los niños, la juventud y las familias], Comission of Behavioral and Social Sciences and Education [Comisión para las ciencias sociales y del comportamiento y para la educación]. Washington, D.C.: National Academy Press.

no irnos al otro extremo y pensar que los padres no importan en absoluto. Sí somos importantes (si no lo fuéramos, ¿para qué querría yo compartir con ustedes mis ideas sobre cómo ser los mejores padres posibles?)

De hecho, las opiniones más en boga sobre el debate entre naturaleza y crianza describen el fenómeno como un proceso dinámico y progresivo. Según una publicación reciente, no podemos hablar de la naturaleza frente a la crianza sino más bien de la naturaleza a través de la crianza (ver recuadro). El análisis de innumerables estudios con gemelos idénticos y la investigación con niños adoptados, cuya biología difiere de la de los padres, ha llevado a los científicos a dicha conclusión. Ambos casos ponen de presente la complejidad de la relación entre naturaleza y crianza.

Los gemelos, por ejemplo, a pesar de que tienen la misma conformación cromosómica y las mismas influencias de los padres, no necesariamente tienen la misma personalidad. Y en el caso de los niños adoptados cuyos padres biológicos son alcohólicos o padecen alguna enfermedad mental, se ha descubierto que en ocasiones un ambiente afectuoso y cálido (creado por los padres adoptivos) torna al niño inmune a su predisposición genética. Sin embargo, hay casos en los que la mejor crianza sucumbe ante la herencia.

El caso es que nadie sabe exactamente cómo funcionan la naturaleza y la crianza, pero sí se sabe que funcionan juntas, influyéndose mutuamente. Por ende, debemos respetar al niño que la naturaleza nos ha dado y, al mismo tiempo, debemos darle a ese niño el apoyo que necesita. Nadie niega que es un equilibrio difícil de lograr, especialmente en el caso de los padres de caminadores. Pero a continuación encontrará algunas ideas importantes que debería tener en cuenta.

Lo primero que hay que hacer es entender y aceptar al niño que tenemos. El punto de partida para convertirse en un buen padre es conocer a su hijo. En mi primer libro expliqué que los niños generalmente se pueden clasificar según su temperamento en cinco amplias categorías que llamé Ángel, Manual, Irritable, Fogoso y Gruñón. Más adelante verá qué quieren decir estas categorías cuando se aplican a un caminador y encontrará un cuestionario que le ayudará a saber qué clase de niño tiene. ¿Cuáles son sus talentos? ¿Qué le causa problemas? ¿Necesita un poco más de estímulo o un poco más de autocontrol? ¿Se lanza voluntariamente a las nuevas situa-

Los micos de Suomi: La biología no es el destino

Stephen Suomi y un grupo de investigadores del Instituto Nacional de Salud Infantil y Desarrollo Humano de Estados Unidos criaron a un grupo de micos *rhesus* para que fueran impulsivos. En los micos, como en los seres humanos, la falta de control y el excesivo atrevimiento están asociados con niveles bajos de serotonina (un químico cerebral que inhibe la impulsividad). Aparentemente, un recién identificado gen transportador de la serotonina (que también existe en los seres humanos) evita que ésta se metabolice eficientemente. Suomi descubrió que cuando los micos que carecían de este gen eran criados por madres normales, tendían a meterse en problemas y solían acabar en el punto más bajo de la jerarquía social; pero cuando se los asignaba a hembras expecionalmente maternales, sus futuros eran más brillantes. En este caso los micos no sólo aprendían a evitar las situaciones tensionantes y a buscar ayuda para hacerles frente (cosa que, como es de esperarse, elevaba su estatus dentro de la colonia), sino que el cuidado adicional lograba que la metabolización de la serotonina del bebé alcanzara sus niveles normales. "Prácticamente todos los resultados se alteran sustancialmente de acuerdo con las primeras experiencias", afirma Suomi. "La biología lo único que hace es proponer unas probabilidades diferentes."

—Adaptado de "A Sense of Health", Newsweek, otoño/invierno, 2000.

ciones? ¿Es osado? ¿O más bien timorato? Es importante que observe a su hijo con imparcialidad y que responda a estas preguntas honestamente.

Si basa sus respuestas en quien su hijo es en realidad y no en quien quisiera que fuera, podrá darle el respeto que todos los niños merecen. La idea es que observe a su caminador, lo quiera como es y acomode sus ideas y su comportamiento a lo que sea mejor para él.

Piénselo: jamás le pediría a un adulto que odia los deportes que juegue fútbol con usted. Tampoco le pediría a un ciego que se le uniera en una expedición para observar aves. De la misma forma, si conoce el temperamento de su hijo, sus fortalezas y sus debilidades, podrá decidir con más precisión qué le conviene y qué disfrutará más. Podrá guiarlo, rodearlo del ambiente adecuado y ayudarlo con las estrategias necesarias para hacer frente a las exigencias más complejas de la niñez.

Puede ayudar a su hijo a sacar partido de su manera de ser. La biología no es una sentencia de por vida: se ha investigado el tema suficientemente. Todos los seres humanos —y también otros animales (ver el recuadro)— son el resultado de su conformación biológica y del mundo en el cual nacieron. Si un niño es tímido por naturaleza —porque heredó un gen que le suministra un umbral muy bajo para lo desconocido—, sus padres pueden ayudarlo a sentirse seguro y enseñarle estrategias que le ayuden a superar su timidez. Si otro niño nació lleno de atrevimiento a causa de sus niveles de serotonina, sus padres pueden ayudarlo a controlar sus impulsos. En resumen: cuando conocen el temperamento de su hijo, puede planear con cierta anticipación.

Usted también debe asumir la responsabilidad de sus actos, al margen de las necesidades de su hijo. En las etapas de la vida de su hijo, usted es su entrenador de actuación y su primer director y lo que haga con él y por él lo moldeará tanto como su ADN. En mi primer libro les recordaba a los padres que sus actos siempre indican a sus bebés qué esperar de ellos y del mundo. Tomemos, por ejemplo, a un caminador que lloriquea constantemente. Cuando conozco a un niño así, no pienso que sea obstinado y necio. Sólo hace lo que sus padres le enseñaron a hacer.

Cómo así, se preguntará usted. Pues cada vez que su bebé lloriqueaba, ellos dejaban de conversar y lo alzaban o empezaban a jugar con él. Papá y mamá creían firmemente que su reacción era la correcta, sin darse cuenta de que su bebé estaba aprendiendo que lloriquear era un método a prueba de balas para llamar su atención. Este fenómeno, que yo denomino la crianza accidental (hay más en las páginas 241-243 y en el capítulo octavo), puede iniciarse cuando el bebé está recién nacido y continuar durante los primeros años de la vida del niño, a menos que los padres empiecen a darse cuenta de las consecuencias de su propio comportamiento. Y créame, éstas son cada vez más graves, porque los caminadores aprenden rápidamente a manipular con eficiencia a sus padres.

Su percepción de la naturaleza de su hijo decide su manejo. Sobra decirlo: algunos niños son más difíciles que otros, y se sabe que la personalidad del niño puede influir en los actos y en las reacciones de los padres. A la mayor parte de la gente le resulta más fácil permanecer serena con un niño maleable y tranquilo que con un niño un poco más impetuoso y exigente. Sin embargo, la perspectiva aquí tiene una gran importancia. Una madre podría reaccionar ante la terquedad de su hija asegurando que la niña es incorregible, mientras que otra podría considerar que esta misma característica es señal de que su hija sabe lo que quiere. A esta madre se le facilitará más la tarea de ayudar a su hija a canalizar sus tendencias agresivas hacia fines más adecuados: el liderazgo, por ejemplo. Así mismo, mientras que un padre podría sentirse molesto con la "timidez" de su hijo, otro podría ver esta reticencia como un rasgo positivo: se trata de un niño que sopesa cada situación cuidadosamente. Este padre seguramente se mostrará paciente en vez de empujar a su hijo, que quizás es lo que haría el primero, incrementando con ello los temores del niño (véanse los ejemplos en las páginas 36-38 y 317-319).

¿Quién es su caminador?

De alguna manera, el temperamento resulta un tema más pertinente en la vida del caminador porque el niño está empezando a desarrollar verdaderamente su personalidad y porque ésta es una época en la que todos los días aparece un nuevo reto. El temperamento incide directamente en la capacidad de su hijo para enfrentar tareas y circunstancias con las que no está familiarizado. Quizás usted ya sabe qué tipo de bebé fue su caminador (Ángel, Manual, Irritable, Fogoso o Gruñón). Si así es, el cuestionario que viene a continuación le servirá para confirmar su primera impresión. Ello significará que usted está en sintonía con su hijo desde sus primeros meses y que no se ha estado engañando en lo referente a la personalidad de su hijo.

Tome dos hojas de papel en blanco para que usted y su pareja puedan responder independientemente el cuestionario. Si usted es madre soltera o padre soltero pídale ayuda a otra persona que también se ocupe del cuidado de su hijo: los abuelos, o un amigo que conozca bien a su caminador. Lo que quiero lograr con esto es que haya dos pares de ojos haciendo las observaciones, cosa que le permitirá comparar impresiones. Dos personas verán al niño desde dos puntos de vista diferentes, y los niños actúan diferente con distintas personas.

Y no se preocupe: no hay respuestas correctas para este cuestionario. Es un ejercicio para descubrir hechos concretos, de manera que las discusiones por las variaciones en las respuestas son innecesarias. Por el contrario: las variaciones le ayudarán a ampliar su perspectiva. La meta es ayudarlo a comprender la conformación de su hijo.

Es posible que usted ponga en entredicho el resultado, como le sucedió a muchos padres que hicieron el ejercicio con *Cómo comunicarse con su bebé* y afirmaron después que su bebé parecía más bien un cruce de dos tipos. No hay problema: si ese es el caso, use la información de ambos tipos. Sin embargo, mi experiencia me indica que suele haber un aspecto dominante. Yo, por ejemplo, fui un bebé Irritable y una caminadora reticente y temerosa, y me convertí en una adulta Irritable, aunque hay días en que soy más bien Gruñona y otros, Fogosa.

No olvide que no es más que un ejercicio diseñado para ayudarle a sintonizar con su bebé y a observar más atentamente las inclinaciones naturales de su hijo. Créame: usted contribuirá a moldear a su hijo, pero lo mismo se puede decir de muchos otros elementos de su medio ambiente; de hecho, en esta época de su vida todos los encuentros son una aventura y a veces también son una prueba. El cuestionario está diseñado para que usted se forme una idea de las características más significativas del comportamiento de su hijo: qué tan activo es, qué tan intenso o cuán capaz de adptarse, qué tan extrovertido, qué tanto se concentra, cómo reacciona ante lo desconocido. Fíjese que las preguntas no sólo se refieren a lo que hace en este momento sino a su forma de ser cuando era un bebé. Señale las respuestas que reflejan el comportamiento más típico de su caminador, la forma como suele actuar o reaccionar.

¿Quién es su caminador?

---

1. Cuando era bebé, mi hijo
   a. casi nunca lloraba
   b. lloraba sólo cuando estaba cansado, hambriento o agitado (excesivamente exaltado)
   c. lloraba con frecuencia y sin razón aparente
   d. lloraba con mucha fuerza y si no lo atendía inmediatamente, el llanto se volvía un berrinche

e. lloraba con rabia, usualmente cuando nos alejábamos de nuestra rutina usual o de sus expectativas

2. Cuando se despierta por la mañana, mi caminador
   a. casi nunca llora; juega en su cuna hasta que yo llego
   b. hace gorgoritos y mira alrededor hasta que se aburre
   c. necesita atención inmediata o empieza a llorar
   d. grita para que yo venga
   e. lloriquea para dejarme saber que ya se despertó

3. Recuerdo que mi hijo, durante su primer baño,
   a. se acomodó al agua como un pato
   b. se sorprendió un poco con la sensación, pero empezó a disfrutarla casi de inmediato
   c. reaccionó con susceptibilidad; se estremeció y pareció asustado
   d. se alborotó muchísimo y empezó a manotear y patalear
   e. lloró porque el agua le pareció detestable

4. El lenguaje corporal de mi hijo es típicamente
   a. relajado por lo general, incluso cuando era bebé
   b. relajado la mayor parte del tiempo, incluso cuando era bebé
   c. tenso; reacciona ante los estímulos externos
   d. espasmódico; cuando bebé, sus pies y manos se movían sin parar
   e. rígido; cuando bebé, sus pies y sus manos solían estar tiesas

5. Durante la transición de líquidos a sólidos, mi hijo
   a. no tuvo problemas
   b. se acomodó bien, mientras le diera tiempo de adaptarse a cada nuevo sabor y cada nueva textura
   c. arrugaba la cara o el labio le temblaba, como diciendo: "¿Y esto qué es?"
   d. se lanzó sin titubeos, como si hubiera estado consumiendo alimentos sólidos toda su vida
   e. agarró la cuchara e insistió en usarla él solo

6. Cuando está dedicado a algo y yo lo interrumpo, mi caminador
   a. abandona su actividad sin problema
   b. a veces llora pero se deja convencer de hacer otra cosa
   c. llora durante varios minutos antes de recuperarse
   d. llora y patea y se tira al piso
   e. llora desgarradoramente

7. Mi caminador expresa su rabia
   a. lloriqueando, pero puedo consolarlo o distraerlo rápidamente
   b. exhibiendo las señales obvias (puño cerrado, muecas o llanto), y es necesario tranquilizarlo para que lo supere
   c. desplomándose, como si fuera el fin del mundo
   d. descontrolándose y arrojando cosas
   e. siendo agresivo; en ocasiones empuja y atropella a la gente

8. En una situación social con otro niño o niños, tales como un compañerito de juegos, mi caminador
   a. se siente feliz y participa activamente
   b. participa, pero a veces se molesta con los otros niños
   c. lloriquea o llora con facilidad, en especial cuando otro niño le quita sus juguetes
   d. corre de aquí para allá y no se pierde de nada
   e. se niega a participar y se margina

9. La oración más adecuada para describir a mi caminador durante la siesta o a la hora de dormir es
   a. dormiría durante una explosión nuclear
   b. está un poco inquieto antes de dormir, pero reacciona bien con una palmadita o con palabras tranquilizadoras
   c. los ruidos en la casa o fuera de ella lo molestan fácilmente
   d. hay que convencerlo de que se acueste; teme perderse de algo si lo hace
   e. necesita del más absoluto silencio para dormir, porque si no, empieza a llorar desconsoladamente

10. Cuando lo llevo a una casa nueva o a un ambiente extraño, mi caminador
    a. se adapta fácilmente, sonríe y rápidamente se acomoda
    b. necesita cierto tiempo para adaptarse, sonríe y se aleja con rapidez
    c. cualquier cosa lo angustia y se esconde detrás de mí o se mete entre mis faldas
    d. se lanza sin titubeos, pero no sabe muy bien qué hacer consigo mismo
    e. tiende a enojarse, o a irse por su cuenta

11. Si está jugando con un juguete y otro niño quiere jugar con él, mi caminador
    a. se da cuenta, pero sigue concentrado

b. le resulta difícil seguir concentrado cuando ha hecho contacto visual con el otro niño

c. se molesta y llora con facilidad

d. inmediatamente expresa su deseo de usar el juguete del otro niño

e. prefiere jugar solo y llora con frecuencia cuando los otros niños invaden su espacio

12. Cuando abandono la habitación, mi caminador
    a. se muestra preocupado al comienzo pero sigue jugando
    b. puede mostrarse preocupado pero usualmente no le importa, a menos que esté cansado o enfermo
    c. inmediatamente se pone a llorar y se siente abandonado
    d. sale corriendo detrás de mí
    e. llora con fuerza y levanta las manos

13. Cuando volvemos a casa después de una salida, mi caminador
    a. se acomoda con facilidad y rapidez
    b. tarda algunos minutos en aclimatarse
    c. tiende a ponerse irritable
    d. suele estar demasiado excitado y es difícil tranquilizarlo
    e. parece furioso e infeliz

14. Lo que más me llama la atención de mi caminador es
    a. su gran capacidad de adaptarse y lo juicioso que es
    b. cómo se ha desarrollado con precisión, logrando, en cada etapa, lo que los manuales dicen que debe lograr
    c. lo sensible que es
    d. lo agresivo que es
    e. lo gruñón que puede ser

15. Cuando vamos a reuniones familiares donde hay adultos u otros niños a quienes conoce, mi caminador
    a. analiza la situación y suele empezar a manejarla sin demora
    b. necesita unos minutos para adaptarse a la situación, en especial si hay mucha gente
    c. actúa con timidez y se queda a mi lado (a veces en mi regazo), y a veces llora
    d. se lanza sin titubeos a la acción, en especial si hay otros niños
    e. se acerca a los demás cuando está listo, a menos que yo lo empuje, en cuyo caso empieza a mostrarse renuente

16. En los restaurantes, mi caminador

a. se porta como un santo
b. puede permanecer en el asiento aproximadamente treinta minutos
c. se asusta con facilidad si el local es ruidoso y está lleno de gente, o si los extraños le hablan
d. se niega a permanecer sentado durante más de diez minutos, a menos que esté comiendo
e. se puede quedar sentado de quince a veinte minutos, pero necesita irse apenas termina de comer

17. El comentario que mejor describe a mi caminador es el siguiente
a. casi ni me doy cuenta de que hay un bebé en la casa
b. es fácil de manejar y predecible
c. es un niño muy delicado
d. todo le llama la atención: no le puedo quitar los ojos de encima cuando está fuera de la cuna o del corral
e. es muy serio: parece un niño contenido que le dedica mucho tiempo a sopesar las cosas

18. El comentario que mejor describe la comunicación entre mi caminador y yo desde que era un bebé es el siguiente
a. siempre me deja saber qué necesita
b. sus pistas son fáciles de interpretar, casi siempre
c. llora con frecuencia, y eso me confunde
d. demuestra a las claras sus preferencias y sus antipatías, a veces físicamente y con fuerza
e. con frecuencia llama mi atención con un llanto fuerte y furioso

19. Cuando le cambio los pañales o lo visto, mi caminador
a. usualmente coopera
b. a veces necesita que lo distraigan para que se quede quieto
c. se molesta y a veces llora, en especial cuando trato de apurarlo
d. se resiste porque detesta que lo acuesten o quedarse quieto
e. se molesta si me demoro demasiado

20. La clase de actividad que mi caminador prefiere es
a. casi cualquier cosa que le funcione, como los cubos de armar
b. usar un juguete apropiado para su edad
c. actividades sencillas que no sean demasiado estimulantes o ruidosas
d. cualquier cosa que pueda golpear o usar para hacer mucho ruido
e. casi cualquier cosa, mientras no lo molesten

Para puntuar el cuestionario, escriba a, b, c, d ó e en un pedazo de papel y después cuente el número de veces que ha usado cada letra, que corresponde a un tipo específico, así:

A = Ángel
B = Niño de manual
C = Irritable
D = Fogoso
E = Gruñón

¡Hola, caminador!

Lo más probable es que al analizar los resultados del cuestionario una o dos letras aparezcan con más frecuencia. Cuando esté leyendo las descripciones que vienen a continuación, recuerde que estamos hablando de una manera de ser en el mundo en general y no de un día malo o de un comportamiento relacionado con un momento particular del desarrollo, como la dentición.

Quizás su caminador se ajuste perfectamente a uno de los tipos, o quizás usted encuentre sus características regadas en varios de los esquemas. De todas maneras, es importante que lea las cinco descripciones. Aun en el caso de que ninguna de ellas se acomode a su hijo, leerlas todas podría ayudarle a comprender a los otros niños, a los parientes, a los otros miembros del círculo social de su caminador... Para cada uno de los perfiles se usará como ejemplo a cada uno de los bebés que aparecieron al comienzo de este capítulo.

Ángel. Ese bebé que no molestaba para nada seguramente se convirtió en un caminador Ángel. Este niño, que generalmente es muy sociable, se siente cómodo en grupos y se amolda a casi cualquier situación. Con frecuencia empieza a hablar antes que sus coetáneos, o al menos desarrolla más rápido su habilidad de comunicar sus necesidades. Cuando quiere algo que no puede tener, resulta relativamente fácil distraerlo antes de que sus emociones se salgan de cauce. Y cuando está de mal humor, es relativamente fácil calmarlo antes de que llegue a la etapa de la pataleta. Cuando juega, es capaz de dedicarse mucho tiempo a una sola actividad. Este niño es fácil de llevar y de cargar. Es el caso de Andrea —a quien conoció al comienzo del capítulo—, quien viaja mucho con sus padres y les sigue el ritmo sin hacer ningún esfuerzo. Andrea se acostumbra rápidamente aunque haya cambios de horario. En alguna ocasión su madre quiso cambiar su horario de siestas porque le partía el día, y a la pequeñita no le tomó más de dos días. Andrea, como muchos otros caminadores, tuvo una época de impaciencia durante el cambio de pañal, pero bastaba con darle su sonajero para que se distrajera.

Manual. Tal como le sucedió durante la primera infancia, este caminador ha llegado a tiempo a todos los jalones del desarrollo. Se podría decir que lo hace todo según los manuales. Suele ser de buen talante en la situaciones sociales, pero puede mostrarse un poco tímido con los extraños. En su ambiente es donde se siente más cómodo, pero si se planean bien las salidas, se lo prepara y se le da tiempo suficiente, no tendrá problemas adaptándose al nuevo ambiente. A este niño le encanta la rutina y siempre quiere saber qué sigue. Carlos es un niño así. Hasta ahora su cuidado no ha tenido problemas, porque es predecible y de buen humor. Su mamá no cesa de sorprenderse ante su puntualidad, incluso en las fases menos deseables de esta época: a los ocho meses, ni un día más ni un día menos, empezó a sentir la angustia de la separación; a los nueve le salió el primer diente; caminó al año.

Irritable. Fiel a su forma de ser desde bebé, este pequeñito es muy sensible y se adapta con lentitud a las nuevas situaciones. Le gusta que su mundo sea ordenado y conocido. Odia que lo interrumpan cuando está dedicado a algo. Por ejemplo, si está muy concentrado con un rompecabezas o con un juguete y uno le pide que pare, se molesta y es posible que empiece a llorar. La gente suele calificar a este caminador de "tímido", en vez de pensar que ésa es su manera de ser. Y hay que admitirlo, los caminadores irritables no se desempeñan tan bien en reuniones sociales, sobre todo si se sienten presionados, y no comparten con facilidad. Raquel se acomoda punto por punto a este perfil. Si tratan de obligarla a hacer cosas que no quiere, se derrumba. Ana, su mamá, pasó muy mal rato cuando trató de llevar a Raquel a un curso de madres e hijos al que asistían algunas de sus amigas. Raquel conocía a varios niños del grupo, no obstante lo cual le tomó más de tres semanas bajarse de las rodillas de su mamá. Esto hizo que Ana cuestionara su decisión: "¿Debo tener paciencia, con la esperanza de que ella se aclimate al grupo, o debo dejarla en casa, cosa que la aislaría?" Decidió quedarse, pero fue una lucha, lucha que se repetía una y otra vez con cada nueva situación. Sin embargo, los niños irritables, cuando no los presionan, se convierten en personitas sensibles y precavidas, en niños que analizan las situaciones cuidadosamente y que le dedican tiempo a buscarle solución a los problemas.

Gruñón. El mal humor constante de este niño durante su primera infancia persiste ahora que es un caminador. Es terco y necesita que las cosas se hagan a su manera. Si nosotros resolvemos alzarlo antes de que él esté listo, se retorcerá. Si su mamá decide enseñarle cómo se hace algo, él le empuja la mano. Como prefiere su propia compañía, es estupendo a la hora del juego independiente. Sin embargo, es posible que le falte la persistencia necesaria para aprender a hacer algo o para terminar una tarea, así que se siente fácilmente frustrado. Cuando se molesta, suele llorar como si fuera el fin del mundo. Estos caminadores a veces empujan o muerden porque tienen dificultades para expresarse. A todos los padres que me zampan a sus caminadores les digo lo mismo: "No lo obligue a venir hacia mí. No lo obligue a hacer nada. Déjelo que se familiarice conmigo a su propio ritmo, no al suyo". Pero esto es particularmente importante en el caso de los gruñones. Mientras más lo empuja uno, más terco es él. Y no se atreva a ordenarle cuándo hacer gala de su talento. Como lo descubrieron los padres de Alan, este era el niñito más dulce del mundo... si le permitían que escogiera sus actividades. Pero cuando alguien sugería que Alejandro hiciera algo ("Muéstrale a tu tía cómo aplaudes"), este dulce niñito inmediatamente fruncía el ceño. (En realidad no me gusta que exhiban a ningún niño. Ver recuadro de la página 97.) Los niños gruñones son recursivos y creativos, y a veces incluso sabios, con actitud de haber pasado ya por estas.

Fogoso. Este caminador es el más activo físicamente hablando, generalmente voluntarioso, y con cierta tendencia a las pataletas. Es muy sociable y curioso y desde muy temprano señala objetos y trata de alcanzarlos, y hace otro tanto con los demás niños. Este niño es un aventurero consumado; no se pierde de nada y es muy resuelto. Hace alarde de sus logros y es importante señalarle límites para que no actúe como una aplanadora que aplasta todo a su paso. También es insistente y enérgico a la hora de llorar, así que más le vale establecer una buena rutina nocturna si no quiere padecer jornadas eternas. Es un observador agudo de los encargados de cuidarlo: Linda, que puso patas arriba la mesa de cambiar a los niños en mi estudio, todo el tiempo estaba poniendo a prueba a Clara, su mamá. Por lo general, Linda se ponía una meta —por ejemplo, un enchufe al que se le hubiera prohibido acercarse—y mientras se acercaba, miraba hacia atrás para medir la reacción de Clara. Como todos los caminadores fogosos, Linda no se deja imponer ideas de nadie. Si está con su mamá, por ejemplo, y su papá trata de alzarla, lo rechaza. Sin embargo, con una buena guía y una actividad que consuma su energía, los caminadores fogosos pueden volverse líderes y alcanzar grandes logros en las áreas de su interés.

¿Naturaleza o cambio?

La constante de esta época de la vida es el cambio. Como los caminadores crecen, exploran y prueban todo incesantemente, cambian todos los días. Es posible que el suyo sea muy obstinado un día y muy consecuente el otro. A veces se viste sin rechistar, a veces hay que perseguirlo por toda la casa. El viernes se come todo, el sábado ya no le gusta esa comida. En momentos como esos, usted podría pensar que la personalidad de su caminador ha cambiado, pero lo que sucede es que su pequeñito está en el proceso de superar otro salto en su desarrollo. La mejor manera de sobrevivir a estas oleadas de cambio es no prestárles demasiada atención. Su hijo no está padeciendo un retroceso ni cambiando para peor. Todo es parte de crecer.

Es posible que usted haya reconocido a su caminador en alguna de las descripciones anteriores; o tal vez es una mezcla de dos tipos. En cualquier caso, esta información debe servirle de guía y no debe alarmarlo. En últimas, todos los tipos tienes sus ventajas y sus desventajas. Por otra parte, lo más importante no es ponerle una etiqueta a su hijo sino saber qué esperar de su temperamento específico y aprender a manejarlo. De hecho, las etiquetas no son una buena idea. Todos los seres humanos tienen muchas facetas y los niños, al igual que los adultos, son más que la suma de las características individuales de su temperamento.

Por ejemplo, un niño tímido puede ser también un niño reflexivo, sensible e inclinado a la música. Pero si usted piensa en ese niño sólo en términos de su timidez —o peor todavía, si todo el tiempo justifica su comportamiento por su timidez—, es que está mirando una marioneta y no a un niño dinámico, tridimensional, que vive y respira, y no le está permitiendo a ese niño convertirse en una persona auténtica, completa.

No olvide, además, que si usted todo el tiempo le aplica un calificativo a una persona, tarde o temprano esa persona acabará siendo aquello que usted dice. Yo tengo un hermano a quien solían clasificar de "antisocial". Mirándolo retrospectivamente, era un Gruñón. Pero era mucho más que eso: era curioso, creativo, imaginativo. Ahora que se ha convertido en adulto sigue siendo curioso, creativo e imaginativo, y aún sigue prefiriendo estar solo. Uno podría amargarse el día si lo buscara constantemente, con la esperanza de pasar más tiempo con él de lo que él quisiera. Pero si uno admite que él prefiere tener su propio espacio, y en vez de tomárselo a mal recuerda que él es así desde que era un bebé, no debería tener problemas. De hecho, lo más seguro es que él acabe buscándolo si lo deja solo, cosa que no pasaría si trata de obligarlo a pasar más tiempo con usted.

No tiene que gustarle todo lo que ve en su bebé. Y es posible que secretamente desee haber tenido otro tipo de niño. Pero usted tiene que enfrentar la realidad y despojarse de esas trabas. Su tarea como padre es estructurar el ambiente para minimizar los peligros y reforzar las cualidades de su hijo.

Acepte al caminador que ama

No basta con saber a qué tipo pertenece su caminador; también es importante aceptar que las cosas son como son. Es muy triste, pero cierto: todos los días conozco padres que no logran captar la forma de ser de su hijo. Estas madres y estos padres parecen hacer caso omiso de lo que ven o lo que en el fondo saben sobre su hijo. Su hijo puede ser el más dulce y más dócil, uno de esos niños a quien los otros padres quisieran para sí, pero ellos se preguntan si no sería conveniente que se relacionara más con otros niños. O quizás su hijo está en el piso gritando porque no le dieron otra galleta y ellos aseguran, no obstante, que: "Él nunca hace esas cosas". Seguro. Estos padres niegan la realidad en vez de aceptarla. Todo el tiempo están justificando a su hijo o cuestionando su naturaleza. Inconscientemente, transmiten a su hijo el siguiente mensaje: "No me gusta como eres y voy a cambiarte."

Es obvio que los padres no quieren negar a sus hijos, pero eso es lo que hacen en la práctica. Ven a un niño difícil a través de lentes rosa o son incapaces de ver lo maravilloso que es su hijo. ¿Por qué? He encontrado varias razones y les he pedido a algunos padres que conozco que expliquen qué sucede.

Amalia o la ansiedad por el desempeño. Es increíble la cantidad de mujeres jóvenes que padecen de ansiedad por su desempeño como madres. Todo empieza durante el embarazo, cuando leen todos los libros a los que pueden echarles mano con la esperanza de descubrir cuál es la forma más adecuada de criar a su hijo. El problema es que los consejos que hay en los libros (incluido este) no fueron diseñados especialmente para su hijo. Es posible que usted esté siguiendo al pie de la letra todas las instrucciones de una técnica en especial, pero que su hijo no reaccione. Usted concluye que está haciendo algo mal. Y sentirse mal no es lo mejor para una buena crianza.

Es más: la ansiedad le impide ver con claridad a ese pequeño ser humano que hay frente a usted. Es lo que le pasó a Amalia, que acababa de cumplir veintisiete cuando nació Ernesto, el primer nieto en ambos lados de la familia. Amalia había leído una gran cantidad de literatura sobre el tema de la crianza, hablaba regularmente con otras madres por internet y estaba resuelta a guiar el desarrollo de Ernesto según los manuales. Durante la infancia de Ernesto me llamaba con frecuencia, y sus preguntas siempre empezaban igual: "De acuerdo con el libro *Qué esperar...*, Ernesto debería..." Cada llamada preludiaba una nueva preocupación: "¿Cuándo debe sonreír?" "¿Cuándo debe voltearse?" "¿Cuándo debe sentarse?" Cuando Ernesto empezó a caminar, el tono de las preguntas cambió un poco: "¿Cómo hago para ayudarle a trepar mejor?" o "Ya debería estar comiendo sólidos con la mano; ¿qué le doy para que no se atore?" Corría a poner en práctica cada nueva teoría que leía, por ejemplo, sobre cómo enseñarles a los bebés a comunicarse por señas. Se inscribía en todas las clases disponibles para caminadores, argumentando que "Ernesto necesita desarrollar su motricidad", o "desarrollar su creatividad". ¿Un juguete nuevo en el mercado? Amalia lo compraba sin demora. No había días normales en la vida de esta madre. Todo el tiempo le estaba dando a su hijo un juguete nuevo, o ensayando

Señales de negación

Aquellos padres a quienes se les dificulta aceptar a sus hijos como son tienden a hacer cierto tipo de comentarios. Fíjese en lo que verdaderamente está diciendo cuando se oye decir cosas como estas:

- "Es una etapa. Ya se le pasará". ¿Realmente es así o es eso lo que usted quiere? Podría quedarse esperando.
- "No te pasa nada." ¿Está tratando de engatusar a su hijo en relación con los sentimientos de él?
- "Cuando empiece a hablar, será más fácil." Con el desarrollo se modifica el comportamiento, pero el temperamento suele persistir.
- "No va a ser una tímida violeta toda la vida." Pero es posible que siempre se le dificulten las situaciones desconocidas.
- "Quisiera que fuera..." "Por qué no puede ser más..." "Solía..." "Cuándo será que..." No importa qué palabras vengan a continuación; la expresión indica que quizás usted no lo acepta tal como es.
- "Qué vergüenza que sea tan..." Cuando los padres se disculpan por sus hijos, al margen de lo que estos estén haciendo, el mensaje que les transmiten es que no está bien ser como son. Imagino a este niño en el consultorio de un psicólogo diciendo: "Es que nunca me permitieron ser como era."

con él una nueva actividad que le ayudaría a desarrollarse, o le enseñaría una nueva destreza, o le daría una ventaja sobre los otros niños.

Cuando Ernesto cumplió dieciocho meses, Amalia me confesó preocupada: "Siempre está de mal humor. Me da miedo de que se esté volviendo un niño difícil." Después de pasar algunas horas con la madre y el hijo me quedó claro que ella disfrutaba más que él de las actividades y de los juguetes que le imponía. En lugar de observarlo y aceptarlo tal como era, Amalia lo zarandeaba de aquí para allá. En vez de permitirle que explorarla y que tomara la iniciativa, le compraba cosas nuevas constantemente. ¡Su habitación parecía una juguetería!

"Ernesto es como es desde que nació", le aseguré, recordando el ceño fruncido que había observado con frecuencia en su rostro de bebé. "No ha cambiado un ápice. Era un bebé gruñón y ahora es un caminador gruñón a quien le gusta jugar a su propio ritmo y en sus propios términos y escoger sus actividades." Le expliqué a Amalia que estaba tan ansiosa por ser la mejor mamá del mundo —con un entusiasmo rayano con el exceso de dedicación— que no veía al niño que había frente a ella. Quizás inconscientemente trataba de cambiar la personalidad de Ernesto: en cualquier caso, eso no funcionaría; tenía que aceptarlo como era.

Hay un antiguo dicho budista según el cual cuando el alumno está listo, el maestro aparece. Aparentemente, esto fue lo que sucedió con Amalia. Admitió que su tía favorita le había estado insistiendo en los últimos meses en que estaba exagerando, "pensando demasiado, abrumando a ese chiquito tuyo"; pero "no entendía qué me estaba diciendo", admitió Amalia. "Supongo que parte del problema era que todo el mundo me decía lo buena madre que era y entonces yo sentía que tenía que probar algo". Sobra decir que cuando Amalia aflojó un poco, Ernesto se volvió más manejable. No es que se hubiera convertido de la noche a la mañana en un tipo alegre, pero dejó de oponer resistencia a todo, como lo había venido haciendo. Amalia también cambió. Se dio cuenta de que la crianza era un proceso, no un suceso, y de que no era necesario llenar o enriquecer cada minuto con actividades significativas. Aprendió a contenerse cuando veía a Ernesto jugando, dándole así la oportunidad de mostrarle lo que a él le gustaba hacer, y empezó a apreciar la independencia y la concentración de Ernesto.

Magda o el perfeccionismo. El perfeccionismo es la ansiedad por el desempeño llevada al extremo, y oscurece aun más nuestros lentes color rosa. Es característico de las mujeres de cuarenta (un poco más, un poco menos) que se resuelven por la maternidad después de una carrera exitosa en la que todo estaba bajo control. Magda es un ejemplo clásico. La gente pensó que estaba loca cuando decidió tener un hijo a los cuarenta y dos. Parte de su ansiedad por hacerlo todo bien surgía de su deseo de probar a todos que había tomado la decisión correcta. Además, su fantasía era que su hijo sería como su ahijado, el hijo de su hermana, un sol de niño que, con sus características de ángel, encajaría a la perfección en su muy apretado horario.

Pero Adán, el hijo de Magda, resultó un niño fogoso, y ella se sintió completamente desconcertada por el hecho de que parecía no ser capaz de manejarlo. Esta mujer no sólo dirigía una compañía sino que pertenecía a la junta directiva de varias otras y para completar era una cocinera *gourmet*. Tenía tanto éxito en las demás facetas de su vida, que esperaba que en su papel de madre todo le resultase igual de fácil. Cuando el pediatra le dijo que el llanto de

Adán era provocado por "los cólicos", Magda se aferró con tenacidad a su convicción de que su hijo era un ángel y de que "lo superaría".

Pero cuando el cólico ya debía de haber desaparecido (persiste durante cinco meses a lo sumo), Adán no había cedido ni un ápice y a los trece meses, cuando yo lo conocí, era un tirano tempestuoso. Magda lo disculpaba: "No durmió siesta... Él no es así. Tal vez son los dientes..." No sólo negaba que Adán fuese un caminador fogoso, sino que se sentía avergonzada de necesitar ayuda. Cuando me llamó a pedirme una cita, a instancias de varios amigos suyos que habían sido mis clientes, me pidió que no le dijera a nadie que yo estaba yendo a su casa.

Aparte de sus tendencias perfeccionistas, que la hacían invertir más energía en tratar de controlar a Adán que en escucharlo y observarlo, no tenía ni idea de cómo fijarle límites a su hijo, y en lugar de hacerlo trataba de engatusarlo, con la esperanza de convencerlo o de sobornarlo para que dejara de portarse así. Por otra parte, Magda estaba muy sola. Había vuelto al trabajo sin demora. Aunque sacaba tiempo para estar con Adán, usualmente estaban los dos solos, o a veces con el padre, pero casi nunca con otros niños y sus padres. Le recomendé que buscara un grupo de juego para que pudiera ver cómo interactúan los demás niños. La posibilidad de hablar con otras madres y de ver a otros niños hizo que Magda cambiara su manera de ver las cosas. En lugar de alimentar la ilusión de que Adán cambiaría, aceptó su manera de ser y empezó a disculparlo menos. Cambió sus expectativas en relación con su hijo, fijó reglas más precisas y aprendió a establecer límites sin perder la paciencia. Añadió a la rutina diaria de Adán juegos activos que le permitieran desfogar adecuadamente su energía.

Innegablemente, el comienzo no fue fácil. Puede ser complicado manejar a un caminador fogoso a quien nunca le han impuesto límites. Además, Magda seguía queriendo que la gente la considerara una madre perfecta, y esta es una meta que ninguna mujer puede alcanzar. "La maternidad es como cualquier otro oficio", le expliqué. "Es algo que aprendemos". No hay colegios para padres, lo sabemos, pero le señalé a Magda que podía utilizar los recursos que había a su alrededor: otros padres, talleres de crianza, consejeros. Y lo que es más importante, debía aprender a considerar la disciplina como una forma de enseñanza y de afecto y no como un castigo que aplastaría el ego de su fogoso caminador.

Paula: voces en su cabeza y desde su cabeza. Algunos padres no pueden ver con claridad porque las opiniones y las expectativas de los demás —reales o imaginadas— los confunden. A todos nos pasa lo mismo en mayor o menor grado. Oímos las opiniones de nuestros padres; nos preocupa lo que dirán los vecinos, los amigos, los doctores. Preguntar es bueno, y poner en práctica los sabios consejos que nos funcionan tiene sentido; pero a veces las voces de los demás ahogan nuestra sabiduría interior.

Eso era lo que le pasaba a Paula, de veintiséis años, casada con Alberto, diez años mayor, un hombre rico de ascendencia oriental que tenía dos hijos de un matrimonio anterior. Antes de conocer a Alberto, Paula era higienista dental, y además de haber sido hija única, sus orígenes eran más humildes que los de su nuevo compañero. Ahora vivía en una casa enorme en Bel Air, un exclusivo barrio de Los Ángeles. Llamó un día llorando y pidiendo ayuda para manejar a su hija Aura, que acababa de cumplir quince meses: "Yo quería que todo fuera perfecto, pero me parece que nada de lo que hago está bien. Aura es tan exigente... No sé qué más hacer para complacerla".

Paula se sentía culpable e incompetente. Sus propios padres, que vivían en el centro del país, la llamaban con frecuencia a preguntar por la nieta. Paula interpretaba su preocupación como crítica, cosa que podía ser o no cierta (nunca los conocí, así que sólo oía una versión de sus comentarios). La mamá de Alberto sí vivía cerca y todo parecía indicar que no sólo prefería a Carmen, la primera mujer de Alberto, sino que tenía muy mala opinión de las habilidades de Paula como madre. Constantemente hacía comentarios como: "Carmen es tan buena con los niños", o "Mis otros nietos no lloran todo el día". De vez en cuando, sus comentarios eran francamente descalificantes: "Yo no sé qué le haces a esta niña".

Hablando un poco más con Paula, descubrí que ella creía —cosa que es tristemente frecuente— que si el bebé lloraba eso quería decir que ella no era una buena madre. En consecuencia, había pasado la mayor parte del año anterior haciendo todo lo posible para evitar que Aura llorara. El resultado es que su hija de manual se había convertido en una caminadora exigente que nunca había aprendido a ser paciente y a calmarse sin ayuda. Y las cosas empeoraban: Aura estaba empezando a captar la ansiedad de su madre y día a día mejoraba su capacidad de manipularla. Como la pequeña solía tomar los juguetes de los demás niños e incluso recurría a los golpes para conseguir lo que quería, no era bienvenida en el grupo de juegos. Las otras madres se ofendían por el hecho de que Paula nunca la disciplinaba.

Lo primero que hice para ayudar a Paula fue obligarla a admitir que las voces en su cabeza le habían impedido ver cómo era Aura realmente. Era importante que se diera cuenta de que el comportamiento de Aura no era necesariamente reflejo de su naturaleza sino el resultado de la incapacidad de Paula de fijarle límites. No es que ella fuera una niña "tonta" o "despectiva" o "voluntariosa"; por el contrario: en realidad era una caminadora de manual, bastante colaboradora cuando se le fijaban claramente los límites. Trabajamos durante varios meses; las nuevas percepciones de Paula fueron de gran ayuda a la hora de entender a Aura, y la intervención constante contribuyó a detener las rabietas antes de que se volvieran inmanejables (ver páginas 239-245 y 276-279 sobre cómo manejar las pataletas).

Con el tiempo, Paula reunió suficiente valor para decirle a su suegra que sus comentarios no la ayudaban. "Un día dijo que Aura parecía más colaboradora que de costumbre y yo le agradecí que se hubiera dado cuenta. Pero también le dije que Aura siempre había sido una niña muy fácil y que yo sólo necesitaba un poco de práctica para aprender a reaccionar ante sus necesidades. Le expliqué que mi hija se había vuelto más complaciente porque yo había aprendido a observarla mejor. Fue curioso, pero después de eso mi suegra empezó a ayudarme más y a criticarme menos".

Rogelio: la carga de la infancia. Desde el momento de su nacimiento, todo el mundo opina a quién pertenece cada una de las partes del bebé: "La nariz de su papá", "el pelo de su mamá", "el ceño fruncido del abuelo". Los padres no pueden evitar identificarse con sus hijos: es un proceso natural. Esta cosita adorable proviene de nuestros genes, forma parte de nuestro linaje. ¿Quién podría resistirse? Los problemas surgen cuando estas conexiones anulan la individualidad del niño. Es posible que su caminador se le parezca, e incluso que a veces actúe como usted. Pero es un ser humano especial que puede no parecerse a usted y que quizás no reaccione ante las tácticas que usaron sus padres. Pero a veces, cuando los padres se identifican demasiado con sus hijos, no pueden entender esto. Era exactamente lo que le pasaba a Rogelio, hijo de un oficial de carrera en la fuerza aérea que creía en endurecer a su hijo. Rogelio había sido terriblemente tímido de niño, pero su padre había decidido que debía "portarse como un hombre" desde que cumplió tres años.

Treinta años después, Rogelio es el padre de Samuel, un caminador irritable no muy diferente del yo infantil de Rogelio. De bebé, Samuel se asustaba con los ruidos súbitos, y los cambios en su rutina lo desbordaban. "¿Qué le pasa?", era la pregunta que Rogelio le hacía todo el tiempo a su esposa María. Cuando Samuel cumplió ocho meses, su padre resolvió que ya era hora de fortalecer a su hijo, como su padre había hecho con él. A pesar de las objeciones de María, Rogelio decidió lanzar a su hijo al aire. La primera vez que lo intentó, Samuel se asustó tanto que lloró durante media hora. Rogelio no podía dejarlo de ese tamaño, así que lo volvió a intentar al día siguiente, y Samuel se vomitó. María se puso furiosa. "Yo tuve que afrontar toda clase de cosas y eso me hizo más fuerte", alegó en defensa propia.

Durante los siguientes doce meses Rogelio y María discutieron constantemente por cuenta de Samuel: Rogelio pensaba que María lo estaba criando como a una nenita y ella pensaba que Rogelio era odioso e insensible. Cuando Samuel cumplió dos años, María lo metió en clases de música. Las primeras clases, Samuel se quedó en su regazo. Cuando Rogelio se enteró, le dijo a María que lo dejara llevar al niño a clases: "Seguro va a estar bien". Rogelio se sintió frustrado porque Samuel ni siquiera cogía un instrumento (y ni hablar de interactuar con otros niños), así que recurrió al sistema de su padre y trató de obligar a su hijo a participar. "Toma el tambor", le insistió. "Anda".

Como era de esperarse, la regresión de Samuel a partir de ese día fue notoria. Bastaba con que María llegara al parqueadero del lugar donde tomaba la clase de música para que Samuel empezara a gritar, seguro de que lo iban a obligar a volver a ese lugar aterrador. María buscó ayuda. Al oír sus problemas, le sugerí que Rogelio participara en nuestra reunión. "Tienen a un niño sensible entre manos", les dije a los dos; "y hay cosas que le gustan y cosas que le desagradan. Para sacar partido de su naturaleza, es importante que tengan más paciencia con él. Permítanle que pruebe las nuevas actividades de manera que no le resulte incómodo". Rogelio protestó y me echó el discurso de cómo lo había fortalecido a él. Me explicó que su padre siempre lo había empujado a la lona, ya fuera en las reuniones familiares o en las reuniones con otros niños en la base aérea. No importaba que el joven Rogelio se sintiera incómodo en estas situaciones o que no estuviera listo para manejarlas. "Yo sobreviví a eso", insistía.

"Quizás el método de tu padre te ayudó", plantee la posibilidad. "O quizás olvidaste lo aterrador que era. En todo caso, es evidente que no funciona para Samuel. Lo único que digo es que lo intentes de otra manera. Le podrías comprar a Samuel un tambor para que juegue en casa con él. Si le das la oportunidad de explorar por su cuenta y a su propio ritmo (no el tuyo), es posible que se vuelva más audaz. Entretanto, Samuel necesita de tu paciencia y de tu estímulo para construir su autoestima, no tus desaires". Rogelio, hay que decirlo, pudo cambiar de actitud. Hay demasiados padres que deben aprender esta lección, pero cuando lo hacen, es un don, especialmente para sus hijos. Apoyar a los niños sin intimidarlos ni tratar de endurecerlos los vuelve más dispuestos a explorar y les permite dominar destrezas en el proceso.

Melisa: una mala combinación. La idea de que algunos padres y algunos hijos "no combinan bien" no es nueva. Hace veinte años, cuando los psicólogos empezaron a fijarse en el temperamento como una característica innata, se fijaron también en los padres, como era natural. Algunas combinaciones son explosivas, pero ni siquiera en ese caso podemos devolver al niño. Lo que hay que hacer es aprender a reconocer y evitar los enfrentamientos potencialmente peligrosos y dañinos. Melisa, por ejemplo, es una mujer fogosa, una productora de televisión que puede trabajar jornadas de dieciséis horas como si nada. Su hija Laura es un ángel que prácticamente no tiene malos ratos. Trabajé con esta familia apenas nació Laura y recuerdo perfectamente que la niña no había cumplido aún cuatro meses cuando su madre inició su campaña para que entrara al preescolar que tocaba. También decidió que Laura sería bailarina, ¡y la pobrecita estaba metida entre un tutú antes siquiera de haber aprendido a caminar! A Melisa esto no le parecía raro, y tampoco le parecía excesivo recargar el horario de una niña de dos años. La situación llamó mi atención durante una de mis reuniones con caminadores.

"De aquí salimos para clase de música", anunció Melisa a las otras madres.

"¿De verdad?", preguntó Clara. "Juan queda exhausto después de estas reuniones. Si no lo pongo a dormir siesta, gruñe todo el día".

"Pues Laura toma una siestecita en el auto", explicó Melisa, "y queda perfecta. Esta niña es un soldado de infantería", añadió con orgullo.

Ese día le pedí a Melisa que se quedara un minuto después de la clase.

"El otro día me dijiste que Laura andaba de mal humor últimamente. Yo creo que lo que le pasa es que está cansada, Melisa". Ella pareció un poco ofendida, pero yo continué. "Si no está en una de las muchas clases que está tomando, entonces está en una sesión de grabación contigo. Apenas tiene dos años. No le queda tiempo ni de respirar durante el día, y mucho menos de interesarse por algo".

Melisa protestó al comienzo y aseguró que a Laura le gustaba acompañarla al trabajo y que disfrutaba de todas las actividades que ella le organizaba, pero yo le sugerí otra posibilidad. "No es que sea feliz. Es que no protesta porque es muy buena. Pero a veces se ve exhausta. Por eso actúa así. Si no tienes cuidado, a tu hija se le va a agriar el genio. Tu ángel empezará a parecer una gruñona".

Sugerí que Melisa se desacelerara. "Laura no necesita tantos grupos para participar

Cómo ver con más claridad

Quizás usted se vio reflejado en alguna de las historias de padres a quienes se les dificulta aceptar el temperamento de sus hijos. Si ello es así, a continuación hay una lista que podría serle útil a la hora de incrementar su sensibilidad y mejorar sus poderes de observación:

✓ Reflexione sobre usted mismo. Mírese, ahora que es adulto y piense en cuando era niño. Sepa cómo es su temperamento y preste atención a los discursos que oye en su cabeza.

✓ Únase a un grupo para ver cómo reaccionan y actúan los otros niños. Es importante ver a otros niños y observar la forma como su hijo interactúa.

✓ Recuerde que hay algunas voces que vale la pena oír. Hable con otros padres que le inspiren respeto. Oiga los comentarios que le hagan sobre su hijo con la mente abierta. No se ponga a la defensiva, no piense que todo es un insulto.

✓ Haga de cuenta que es el hijo de alguien más: ¿Qué ve realmente? Dé un paso atrás y trate de ser lo más objetivo posible. Le hará a su hijo un gran favor y se lo hará a usted mismo.

✓ Planee un cambio. Tome medidas conducentes a darle a su hijo lo que él específicamente necesita (ver páginas 40-41). Recuerde que cambiar es un proceso que toma tiempo.

y divertirse". Melisa no es tonta y entendió exactamente lo que estaba tratando de decirle. Y después admitió algo que cualquier persona fogosa entendería: que ella disfrutaba con las actividades de Laura porque eso le permitía comadrear con las otras madres, intercambiar ideas, comparar notas. Además, Melisa estaba muy orgullosa de su hijita, indudablemente adorable y precoz, y le gustaba verla interactuar y socializar. Gozaba con los divertidos incidentes que ocurrían en los diferentes grupos y compartía estas experiencias con su familia y sus amigos.

"¿Y acaso todo eso no es bueno para ella?", me preguntó. "¿No necesita estar cerca de otros niños? ¿No es conveniente que tenga toda clase de experiencias?"

"Le quedan muchos años para aprender de la vida", le contesté. "Y sí, necesita estar con otros niños, pero también necesita que tú respetes su cansancio. Cuando ella no se porta como debiera, tú te preguntas qué le pasa. Y no es que ella actúe así para molestarte. Es su manera de decirte que ya es suficiente. ¡Y que si le embutes otro maldito tambor entre las manos ella te lo va a arrojar a la cara!"

Planear el cambio

En todos los casos que acabamos de ver lo primero que hice fue lograr que los padres se dieran cuenta de que se habían puesto anteojeras; sin ellas, podían empezar a ver a su hijo (y a ellos mismos) de una forma más realista. A algunos les resulta más fácil ser objetivos que a otros. Melisa, por ejemplo, trata con toda sus fuerzas de tomárselo con calma, como le aconsejé, y de enfrentar las necesidades de Laura como necesidades de Laura y no como un reflejo de sus propios deseos, pero todavía le falta recorrer un largo trecho. La última vez que supe de ella se jactaba con otras madres de lo "buena" que había sido Laura en *El rey León* (que vio toda sin rechistar): hay hábitos que no es fácil abandonar.

Si usted se identifica con cualquiera de estas historias, o si se ha oído hacer ciertos comentarios (ver recuadro de la página 32), es posible que tenga ciertas dificultades en aceptar a su hijo tal como es. Si eso es así, usted necesita un plan:

1. *Dé un paso atrás.* Mire a su hijo honestamente. ¿Ha hecho caso

omiso de o subestimado su forma de ser? Recuerde cuando era bebé: descubrirá que hay rasgos de su personalidad que usted notó desde el día en que nació. Preste atención a esta información en lugar de hacer casoomiso de ella.

2.Acepte lo que ve. No hable de la idea de amar al hijo que tiene tal como es: hágalo.

3. Piense en las cosas que usted hace y que atentan contra el temperamento de su hijo. ¿Qué reacciones, qué actos, qué palabras? Por ejemplo, ¿le da suficiente espacio a su hijo gruñón? ¿Habla demasiado duro o se mueve demasiado rápido para su hijo irritable? ¿Le permite a su hijo fogoso toda la actividad que necesita?

4. Cambie su propio comportamiento y estructure el medio ambiente de manera que se acomode a las necesidades de su hijo. Cambiar es un proceso que toma tiempo. Tampoco puedo darle un mapa exacto del camino, porque su hijo es único. Pero en el próximo capítulo le ofrezco una estrategia adecuada para que armonice el respeto que su hijo merece con el establecimiento de una estructura y unas normas dentro de las cuales pueda prosperar.

CAPÍTULO SEGUNDO

Ayuda a mano: Cuatro reglas para esos momentos de la vida cotidiana

Te pido que me perdones por todos esos momentos en los cuales hablé cuando debería haber escuchado; me puse de mal humor cuando debería haber sido paciente; actué cuando debería haber esperado; tuve miedo cuando debería haber estado encantada; regañé cuando debería haber estimulado; critiqué cuando debería haber halagado; dije que no cuando debería haber dicho que sí y dije sí cuando debería haber dicho que no.

—Marian Wright Edelman,
The Measure of Our Success
[La medida de nuestro éxito]

La historia de dos madres

Así como no creo que haya niños "malos" —sólo niños a quienes nadie ha enseñado a portarse bien y a interactuar—, no creo que haya padres "malos". Ciertamente he conocido personas que asumen la crianza con más naturalidad que otras, pero mi experiencia (y el resultado de mis investigaciones) me dice que casi todo el mundo puede aprender. Habiendo dicho eso, permítame demostrarlo con la historia de dos madres que conozco.

Hay un grupo de juego reunido. Cuatro adorables caminadores, todos más o menos de dos años, juegan entre un montón de juguetes y de animales de felpa mientras sus madres —que se conocen desde que los niños estaban recién nacidos—permanecen sentadas en sofás y asientos a su alrededor. Siempre se pensó que Beatriz y Mariana eran las afortunadas del grupo: Tara y David fueron ángeles de bebés; empezaron a pasar la noche muy rápido y se los podía llevar a todas partes, y ahora que son caminadores se acomodan a toda clase de situaciones, aunque últimamente David ha empezado a llorar con demasiada frecuencia. La razón es evidente cuando uno ve las diferencias entre las dos madres. Una está sintonizada con su hijo y parece intuir qué es mejor para él; la otra, si bien está llena de buenas intenciones, necesita de algunas indicaciones. Y creo que a nadie le resultaría difícil adivinar quién es quién.

Beatriz se queda por ahí mientras los niños juegan y observa con cuidado mientras que Mariana espera al borde del asiento. Si Tara no está lista para reunirse con los demás niños, Beatriz la deja participar a su propio ritmo. En cambio Mariana empuja a David a la lona. Cuando él protesta, le dice: "No tienes por qué sentirte mal. A ti te encanta jugar con Juana y Jaime y Tara".

Mientras los niños juegan —cosa seria entre los caminadores—, Beatriz deja que se defienda sola. En un momento dado, uno de los otros niños interfiere en el juego de Tara, pero Beatriz no se apresura a intervenir y deja que lo resuelvan solos; al fin y al cabo ninguno de los dos está empujando al otro o pegándole. En cambio Mariana no descuida la vigilancia; no le quita los ojos a David y actúa ante el menor indicio de un problema. Dice con frecuencia: "No hagas eso", ya sea que el supuesto agresor sea David u otro niño.

A mediados de la sesión, David recurre a las otras madres en busca de algo qué comer. Parece un perrito que sabe que uno tiene una golosina en el bolsillo. Beatriz, que siempre trae algo para Tara, saca una bolsa plástica llena de zanahorias pequeñas y le da una a David. Ligeramente avergonzada, Mariana le da las gracias a Beatriz. "Salimos de afán y no pude empacar nada de comer", explica, y las otras madres miran a Beatriz con cara de complicidad. Obviamente, esta no es la primera vez que eso le sucede a Mariana.

Aproximadamente una hora después, cuando el juego empieza a decaer, Tara se pone un poco malhumorada. Sin dudarlo un segundo y de manera que su hija no se sienta mal, Beatriz anuncia que ya es hora de irse "porque Tara está cansada". Al ver que Beatriz alza a Tara, David levanta sus brazos hacia su madre en un gesto, acompañado de lloriqueo, que claramente indica que también para él ya fue suficiente. Mariana se agacha y trata de convencer a David de que siga jugando. Le da otro juguete y eso parece funcionar durante un rato. Sin embargo, unos minutos después David se derrumba. Se cae mientras trata de subirse al carro de juguete —algo que logra fácilmente cuando no está tan cansado— y ahora está inconsolable.

Esta viñeta, basada en mi observación de un grupo de juego, pone de relieve una diferencia importante y muy común en los estilos de crianza. Beatriz es observadora, respetuosa y sensible. Tiene en cuenta las contingencias y reacciona rápidamente ante las necesidades de su hija. Mariana no ama menos a su hijo, pero sí necesita una guía.

Cuatro reglas fáciles para vivir con un caminador

En los afanes de la vida cotidiana es difícil recordar ciertas cosas, más aun si vivimos con un bebé o con un caminador. De manera que elaboré una lista muy fácil de recordar de cuatro factores que contribuyen a crear y a fortalecer los lazos entre padres e hijos y ayudan a mantener a su caminador alejado del peligro a la vez que fomentan el desarrollo y la independencia de su pequeño.

1. Conténgase
2. Estimule el deseo de su hijo de explorar
3. Fíjele límites
4. Alábelo

Puede parecer una simplificación, pero la verdad es que la esencia de una buena crianza (y no sólo estoy pensando en caminadores) está contenida en esos cuatro elementos. Las investigaciones más recientes correspondientes al tema de los vínculos afectivos —que incluyen el establecimiento de la confianza entre el padre y el hijo—afirman inequívocamente que cuando los niños se sienten seguros, están más dispuestos a aventurarse por su cuenta, aumenta su capacidad de manejar el estrés, de incrementar sus habilidades y de relacionarse con los demás, y tienen más confianza en su propia capacidad para manejar el ambiente. Y los cuatro factores de la lista contribuyen a crear vínculos afectivos confiables.

Buenas noticias sobre el vínculo afectivo

El principal vínculo afectivo de la mayoría de los niños es la madre, pero cualquiera que se ocupe consistentemente del cuidado físico y emocional del niño e invierta afectivamente en él puede crear este vínculo. Pero estas personas no son intercambiables, como lo sabe cualquiera que haya perdido a su amada niñera, si bien las investigaciones recientes han demostrado que una relación no funciona en detrimento de otra ni la deteriora. En otras palabras, no hay de qué preocuparse, mamá. Aunque su caminador pase todo el día con su papá o con cualquier otro que se encargue de cuidarlo, seguirá corriendo a sus brazos cuando usted llegue y querrá llenarla de besos.

Al contenerse, usted se da tiempo de reunir información. Observa, escucha y capta todo el panorama, y, por ende, a su hijo: ello le permitirá anticipar sus necesidades y entender cómo reacciona al mundo que lo rodea. También le transmite a su caminador el mensaje de que él es una persona competente y por ende usted confía en él. Obviamente, usted está ahí para darle una mano si él la necesita. Pero darle una mano no es lo mismo que "rescatarlo".

Al estimular su deseo de explorar, usted le demuestra a su hijo que cree en su capacidad para experimentar lo que la vida le ofrece y que usted quiere que también experimente con objetos, con la gente y, eventualmente, con las ideas. Él sabrá que usted está ahí, y de vez en cuando mirará hacia atrás para asegurarse de que sigue ahí, pero al no perseguirlo usted nervioso le está diciendo que está bien aventurarse y descubrir lo que hay allá afuera.

Al fijarle límites, usted está haciendo valer su papel como adulto a la vez que mantiene a su hijo dentro de fronteras seguras, ayudándole a tomar las decisiones correctas y poniéndolo a salvo de situaciones física o emocionalmente dañinas: usted es el adulto, usted sabe qué hay que hacer.

Alabándolo, refuerza su aprendizaje, su proceso de crecimiento y el tipo de comportamientos útiles cuando salga al mundo a interactuar con otros niños y adultos. Las investigaciones han demostrado que los niños que son adecuadamente alabados quieren aprender más y disfrutan colaborando con sus padres. Se tornan más receptivos a lo que sus padres les dicen, a la vez que sus padres —y esto no es accidental—se tornan más atentos y afectuosos.

Veamos estas reglas en más detalle.

¿Por qué es importante contenerse?

A algunos se les facilita más la contención que a otros. Con frecuencia aprendieron a hacerlo cuando su hijo era un bebé. Otros deben aprender a hacerlo. Como Mariana, son padres bienintencionados que quieren lo mejor para sus hijos, pero que tienden a involucrarse demasiado. A veces se convierten en la sombra de sus hijos y no se pierden ni uno de sus movimientos. Es importante que estos padres comprendan por qué deben contenerse.

No es por cantar mis propias alabanzas, pero las madres y los padres a quienes enseñé a comunicarse con sus hijos desde que eran bebés ya son expertos en la contención ahora que éstos son caminadores, posiblemente porque siguen practicando otra rutina: la de detenerse, escuchar y observar, para darse cuenta de lo que sucede. Gracias a esta rutina, los padres aprendieron a contenerse en lugar de correr cada vez que su bebé lloraba; escuchaban y observaban por un par de segundos antes de salir corriendo y eso les ayudó a sintonizarse con lo que su bebé trataba de comunicar. Ese entrenamiento resulta de gran utilidad ahora que sus hijos se han convertido en caminadores, pues sus hijos son por lo general más independientes en sus juegos y sus padres suelen tomarse las cosas con más calma. Estos padres confían en sus observaciones, conocen a sus pequeños, saben qué les gusta y qué les disgusta, qué los irrita y, lo que es más importante, saben cuándo intervenir.

Afortunadamente, nunca es demasiado tarde para aprender a contenerse (pero sugiero que lo haga antes de que el bebé se vuelva adolescente). Además, estoy segura de que prefiere no sufrir las consecuencias de no hacerlo: cuando interviene constantemente, lo impulsa, lo corrige o trata de evitarle una experiencia (a menos que sea una experiencia peligrosa), le está poniendo trabas a su caminador. Impide que desarrolle las destrezas necesarias y además le transmite inconscientemente el mensaje de que no puede funcionar sin su ayuda. Además, los niños suelen impacientarse cuando los padres tratan de controlarlo todo (ver recuadro).

Evidentemente, algunos niños quieren que la persona que los cuida interactúe con ellos, y lo necesitan. Pero la única manera de decidir si éste es el caso es observar desde la distancia los patrones de comportamiento de su hijo. ¿Es inquisitivo y osado o complaciente y cauteloso? ¿Busca la interacción o prefiere jugar por su cuenta? Obsérvelo y lo sabrá.

Vea lo que vea, es importante que usted no piense que es el coreógrafo de la vida de su hijo. Los padres deben apoyar, no dirigir. He aquí algunas sugerencias que le ayudarán a contenerse.

Cinco reacciones ante el rescate

A ningún niño le gusta que lo rescaten, pero su indignación se manifiesta de formas diferentes:

Los ángeles o niños de manual, niños generalmente ecuánimes, a veces no protestan cuando uno se mete —a menos que uno sea un entrometido crónico, en cuyo caso se resisten y lo expresan con palabras.

Los caminadores fogosos a veces gritan, o golpean cosas contra el suelo.

Los caminadores gruñones a veces lo empujan a uno o empiezan a arrojar cosas, y si eso no funciona, lloran.

Los caminadores irritables quizás no lloren, pero sí desisten; la interferencia paterna puede paralizar su curiosidad y convencerlos de que no pueden hacerlo solos.

Permita que su hijo tome la delantera. Si es un juguete nuevo, permítale que lo manipule antes que usted. Si se trata de una situación o de un lugar desconocidos, deje que él se baje de su regazo o se suelte de su mano cuando esté listo. Si es una persona desconocida, permítale que se acerque a ella cuando él esté dispuesto a hacerlo, no cuando usted quiera que lo haga. Obviamente, es importante que usted le ayude cuando él se lo pida, pero debe prestarle sólo la asistencia que necesita en vez de asumir el control de la situación.

Permita que las situaciones sigan su curso natural. Es posible que en su mente surjan toda clase de posibilidades cuando observa a su hijo: "Estoy segura de que no le va a gustar ese juguete", o "Si ese perro se acerca demasiado, se va a asustar". Pero deje de pensar por su caminador o de adivinar sus reacciones. Los gustos y los temores de ayer pueden no ser los mismos de hoy.

Quítese del camino. Todo el mundo, incluidos los caminadores, odia a los sabihondos metomentodo. Obviamente, usted sabe cómo hacer una torre de cubos sin que se caigan. Obviamente, usted conoce la forma más fácil de bajar algo de la repisa. ¡Usted es el adulto! Pero si usted lo hace en su lugar, él no aprenderá a resolver sus problemas. Para su hijo, la interferencia supone que él no puede hacerlo, y este mensaje influirá en la forma como afronte los retos en el futuro.

No compare a su hijo con los demás niños. Permítale que se desarrolle a su propio ritmo. Yo sé que esto es difícil, sobre todo si la madre que se sienta a su lado en el parque todo el tiempo está comparando a su propio hijo con el suyo ("¿Anita todavía gatea?"). Su hijo percibirá su angustia en el instante mismo en que usted la sienta. ¿Cómo se sentiría usted si la compararan con una compañera de trabajo o, peor aún, con una ex? A su hijo tampoco le gusta. (A comienzos del capítulo cuarto hay más sobre las comparaciones.)

Recuerde que usted no es su hijo. No proyecte sus sentimientos o sus temores en su hijo. Ciertamente compartirá algunas características con usted, pero déjelo crecer libre de prejuicios, como aprendió a hacerlo Rogelio (páginas 36-38). Si se oye haciendo afirmaciones del tipo: "A mí tampoco me gustaron nunca las multitudes", o "Su padre también era tímido", cabe la posibilidad de que se esté identificando demasiado con los esfuerzos de su hijo. La empatía es buena, pero la mejor forma de expresarla es esperar a que su hijo le diga primero (con palabras o con actos) lo que está sintiendo. Sólo entonces podrá usted decir: "Yo sé a qué te refieres".

El confuso límite entre el estímulo y el rescate

Noto la confusión en algunas madres cuando trato de explicarles el principio de la no interferencia, y lo entiendo. Hay muchos padres que son como Gloria, la madre de Patricia, de once meses. La primera vez que Gloria le dio a Patricia una caja con figuras de diferentes formas, se sentó con ella y tomó las piezas: "¿Ves, Patricia? Aquí va el cuadrado, aquí va el círculo", le fue explicando mientras metía cada una de las figuras en la caja. Después lo hizo una vez más. Patricia, entretanto, no había empezado a mirar su juguete. "Hazlo tú", le dijo Gloria, y le tomó la mano. La mamá puso la figura cuadrada en la palma de la mano de la hija, la llevó al hueco cuadrado, y dijo: "Suéltala". En ese momento perdió el interés por completo.

Está claro que a Gloria le cuesta trabajo distinguir entre ayudar a su hija a aprender y obstaculizar su curiosidad natural. Al salvar a Patricia de la frustración (frustración que la niña no estaba sintiendo, para ser francos), la madre se ocupa más de sus propios sentimientos que de los de su hija. En lugar de limitarse a estimularla, la rescató y la privó de la experiencia.

A diferencia de Gloria, un padre estimulante se habría retirado y habría observado durante un rato, a la espera de la reacción de su hija. Si su hija hubiese dado muestras de frustración, él le habría dicho: "Mira, Juana, ésta es una figura cuadrada y cabe en el hueco cuadrado", en vez de ceder a su propia frustración porque la niña no lo había hecho con suficiente rapidez. Es posible que a Juana le cueste trabajo al comienzo, pero eso está bien. Así es como los niños aprenden a ser pacientes y perseverantes. Además, la mejor motivación para el aprendizaje es el éxito y el júbilo interior que dichos momentos generan. Cuando le ayudamos al niño antes de tiempo o le ayudamos demasiado, lo privamos de esas experiencias.

¿Cuándo intervenir?

Somos padres observadores, respetuosos y colaboradores cuando tenemos paciencia, permitimos que nuestros hijos exploren, escogemos juguetes adecuados para su edad y les señalamos las diversas actividades. Ésta es una buena guía para saber cuándo intervenir:

✓ Conozca las señales de frustración de su hijo; conténgase y observe hasta que aparezcan esas señales.

✓ Empiece con una observación verbal: "Veo que estás en problemas".

✓ Pregunte antes de ayudar. "¿Quisieras que te ayudara?"

✓ Respete la decisión de su hijo si dice que no, o si dice: "Yo puedo solo", aunque eso signifique dejarlo salir sin abrigo. Así es como aprenden los niños.

✓ Recuerde que su hijo sabe más de lo que usted cree; él sabe, por ejemplo, cuándo tiene frío, o está mojado, o tiene hambre, o está cansado, o ya agotó una actividad en particular. Tratar de convencerlo de que no es así eventualmente lo hará dudar de sus propias percepciones.

"¿Cómo saber cuándo está tan frustrada que necesita que yo intervenga?", preguntó Gloria. "Yo sé que debo evitar que meta los dedos en un tomacorriente. Pero en situaciones como ésta, en las que no corre peligro, me siento confundida. ¿Cómo saber cuándo?"

Le expliqué que lo primero que debía hacer era preguntarle a Patricia. "Si le cuesta trabajo meter la figura cuadrada, explíquele que está bien, que usted se da cuenta de que está haciendo grandes esfuerzos, y pregúntele si quiere ayuda. Si ella dice que no, respete sus deseos. Pero si ella sigue teniendo dificultades un rato después y se está empezando a irritar, trate de ayudarla de nuevo: 'Veo que la cosa está difícil. Ven... déjame ayudarte". Cuando la figura finalmente cae a la caja, apláudala: "¡Bien! ¡Lo lograste!"

La cosa es que no debemos intervenir hasta que nuestro hijo exprese la necesidad de que lo hagamos. Si conocemos a nuestro hijo, tendremos pistas útiles.

Conozca las señales de frustración de su hijo. Patricia no era muy dada a la expresión verbal, lo cual quería decir que no podía contarle directamente a su mamá que se sentía frustrada, o pedirle ayuda. De manera que le dije a Gloria lo siguiente: "Tienes que identificar las señales de frustración en tu hija. ¿Hace ruiditos chistosos? ¿Arruga la cara? ¿Llora?" Cuando Patricia le empiece a hablar a Gloria, le será más fácil identificar su necesidad de ayuda porque las emociones formarán parte de su vocabulario. Entretanto, la mamá tiene que guiarse por las expresiones faciales y el lenguaje corporal. (En el capítulo quinto hablo de cómo enseñarle a un niño a expresar verbalmente el lenguaje de las emociones.)

Conozca el nivel de tolerancia de su hijo. Algunos niños son más perseverantes que otros, más pacientes, y por tanto toleran más la frustración. Un caminador gruñón o uno irritable intentan una o dos veces armar un rompecabezas, pero cuando no lo logran se dedican a otra cosa sin pensarlo dos veces. Los ángeles y los fogosos son más perseverantes. Y en el caso de los niños de manual, dependerá de lo que esté pasando a su alrededor y de la etapa del desarrollo en la que se encuentren; es posible que, si están aprendiendo a caminar, no tengan la paciencia para armar un rompecabezas. Los niños irritables, más que los otros, tienden a perder el interés cuando sus padres se entrometen demasiado, razón por la cual es particularmente importante aprender a contenerse en su caso. Patricia era una caminadora irritable, de manera que Gloria podía ofrecerle ayuda, pero era vital que se retirara cuando Patricia perdía el interés.

Conozca el nivel de desarrollo de su hijo. Es muy útil saber en qué etapa del desarrollo se encuentra su hijo a la hora de decidir si debe intervenir, sobre todo en el caso de los niños de manual, que suelen hacer todo cuando toca.

Pero en todos los casos es importante que usted se pregunte si su caminador está listo para la actividad propuesta. (En el capítulo cuarto hablo de la importancia de mantenerse dentro del triángulo de aprendizaje de su hijo.) Patricia, por ejemplo, tenía dificultades en soltar un objeto, algo muy usual entre los caminadores que acaban de cumplir el año. El niño trata de arrojar o botar algo, pero el objeto se queda en la palma de la mano, como si tuviera pegamento. Al pedirle que lo soltara, Gloria probablemente le estaba pidiendo a Patricia algo que excedía los límites del triángulo de aprendizaje, cosa que probablemente incrementó su frustración y contribuyó a que perdiera el interés en la caja de figuras aun más rápido.

A los niños les sienta bien la frustración en pequeñas dosis. Aumenta sus capacidades, les enseña a aplazar la gratificación y a desarrollar la paciencia. Pero no es fácil saber cuál es la cantidad justa. Si la tarea que tienen entre manos es adecuada para su edad, hay menos probabilidades de que usted tenga que intervenir para rescatarlo y al mismo tiempo usted tendrá más elementos de juicio para saber cuándo actuar antes de que la frustración se convierta en lágrimas o en un berrinche. Para lograr ese equilibrio es indispensable que usted observe el universo de su caminador y lo que éste contiene.

La creación de un ambiente estimulante

Siempre les recuerdo a los padres, especialmente a aquellos cuyos hogares están llenos de juguetes y de artefactos con botones, campanas y pitos, que darle a su hijo todas las oportunidades del mundo para que desarrolle sus habilidades no cuesta un centavo. Cuando estos padres insisten en que su intención es "maximizar el potencial de nuestro hijo" y "enriquecer su ambiente", les respondo, con igual vehemencia, que se aprende en todas partes y en cualquier parte. Cuando los padres están alerta y son creativos, en cada momento del día surge la oportunidad de ayudar a los niños a explorar y a experimentar.

Disfruto mucho de las reuniones con los otros tipos de padres, aquellos que se dan cuenta de que el ambiente más rico en posibilidades de aprendizaje es el que está frente a ellos esperando a sus hijos. Se las arreglan para aprovechar toda clase de oportunidades para aprender sin tener que recurrir a una bodega llena de juguetes costosos. Bella y Darío, una pareja de treinta y pico, viven en Los Ángeles donde la feroz competencia se lleva a muchos padres en la corriente, pero ellos no han permitido que eso les pase y se las han arreglado para que el mundo de sus hijos siga siendo sencillo. Tomás y Sandra, de tres años y dieciocho meses respectivamente, tienen muchísimos libros, materiales de dibujo y juguetes de construcción, pero también se divierten con juegos de imaginación en los que utilizan los diversos objetos que encuentran en la casa: los tubos del papel higiénico, las cajas, los tazones. Los niños además pasan mucho tiempo afuera haciendo castillos de barro, construyendo fuertes con ramitas, chapoteando. Tomás y Sandra sólo reciben dos juguetes en Navidad, no las cajas y cajas que he visto debajo de muchos árboles. Cuando Tomás y Sandra vinieron a mi consultorio, tuve la oportunidad de ver de cerca las consecuencias de este tipo de crianza. Después de observar cómo Tomás se divertía con unos cubos de cartón, le pregunté si le gustaría llevárselos a casa.

Convierta su hogar en un exploratorio

En muchas ciudades hay "exploratorios" para niños mayores de cinco años donde éstos pueden ver en funcionamiento los principios científicos y físicos. Usted puede hacer lo mismo en su casa. Organice el ambiente de manera que se acomode al nivel físico e intelectual de su caminador y cerciórese de que sea un área segura para que el niño juegue por su cuenta. He aquí algunas sugerencias, aunque estoy segura de que a usted se le ocurrirán sus propias ideas.

- Construya diferentes áreas de juego dentro de la casa: rodee una zona alfombrada con una barricada de almohadas y cojines; ponga una sábana sobre la mesa del comedor o sobre el escritorio para que su hijo se meta debajo; arme una carpa en el cuarto de juegos.

- Rellene afuera un área con arena o tierra y ponga tazas de medir y diferentes figuras.

- Mantenga en la tina (o en el lavadero) botellas de plástico y tazas para jugar en el agua, siempre bajo la supervisión de un adulto. Si hace calor, puede darle a su caminador cubos de hielo para que juegue.

- Ponga música alegre y estimule a su caminador para que lleve el ritmo con tubos de cartón, recipientes de plástico, ollas, tazones y cucharas de plástico.

- Cerciórese de que su caminador juegue un rato entre la cuna todos los días. Eso le permitirá sentirse seguro allí y además asociar la cuna con el juego, y de esa manera estará más dispuesto a jugar por su cuenta por las mañanas. Ponga entre la cuna dos o tres animales de peluche, un juguete favorito y una caja con diferentes actividades.

Inmediatamente en su rostro se dibujó una sonrisa: "¿De verdad?", preguntó. "¡Gracias!", dijo sinceramente. "¡Gracias!"

No es sólo que Tomás fuese bien educado; es que además estaba verdaderamente agradecido por el regalo, cosa que me resultó refrescante. Los niños (no todos) viven hoy tan inundados de juguetes que se vuelven inmunes a los regalos y a las novedades. Y lo que es peor: como sólo juegan con artefactos que piensan por ellos, no tienen muchas oportunidades de crear, construir y resolver problemas.

Los caminadores viven llenos de asombro. Son científicos en ciernes. Sus ojos y su mente están abiertos de par en par y listos para explorar. No necesitan objetos que los estimulen. ¿Por qué cree que los caminadores prefieren las cajas que los regalos que contienen? Es porque la caja puede convertirse en lo que el niño escoja, mientras que la mayoría de los nuevos juguetes se deben "operar" de una cierta manera. Los cartones dan para muchas horas de diversión imaginativa. Los niños se pueden esconder, hacen una casa, construyen un fuerte, saltan sobre ellos y los aplastan, sin que haya una forma "correcta" de jugar con ellos.

Su cocina también está de llena de cosas con las que su caminador querría jugar: tazones y ollas, tazas de medir, tazones de plástico, cucharas de madera. Puede llenar un recipiente de plástico con fríjoles secos (y sellar la tapa con cinta pegante, por favor) y volverlo una maraca. Las cucharas de medir son sonajeros. Un tazón de plástico boca abajo es un tambor que se puede golpear con una cuchara de madera. No bote los tubos de las toallas de papel de la cocina ni del papel higiénico: déselos a su hijo. Los niños se interesan más en esos objetos porque se pueden convertir en lo que ellos quieran, no en lo que quiere el fabricante de juguetes.

No estoy diciendo que los juguetes educativos no sirven para nada. Muchos de ellos son maravillosos y refuerzan las habilidades básicas de los niños. Lo que digo es que los padres tienden a exagerar (o se sienten culpables si no pueden comprar todos los juguetes). Es comprensible: las jugueterías a donde papá y mamá iban a buscar un juguete han sido reemplazadas por unas bodegas gigantescas donde se consigue todo lo que un bebé o un caminador necesita y muchísimas cosas que no necesita.

Así cuando piense en el estímulo, no lo haga tan en grande. La materia prima para crear un ambiente educativo está al alcance de su mano (ver recuadro en la página 53). Estimule a su hijo para que explore los objetos comunes y corrientes de su medio ambiente y para que observe las maravillas de la naturaleza, y permita que su mente en formación sopese, cree y construya.

Aprender a vivir dentro de los límites

Obviamente, debe ser cuidadoso. El mundo está lleno de peligros para los caminadores. Y además de los peligros propios del ambiente, su pequeño no conoce aún las normas de la vida y usted debe encargarse de enseñárselas. Los caminadores necesitan límites. Usted no puede darles carta blanca porque ellos no tienen la capacidad mental o emocional de manejar un exceso de libertad. También es importante que marquemos las diferencias entre ellos y nosotros: nosotros somos los adultos; nosotros sabemos lo que hay que hacer.

Hay muchos tipos de límites que usted debe tener en cuenta ahora que su hijo es móvil y que sus habilidades cognitivas crecen a saltos y a trancos.

Limitar el estímulo. Los padres de los caminadores, como los de los bebés, deben evitar el exceso de estímulo. Es bueno que los niños se emocionen, corran, oigan música alegre. Sin embargo, no todos los caminadores toleran el mismo estímulo, así que es importante que usted sepa cuánto aguanta su hijo y durante cuánto tiempo. Su temperamento es una buena guía. Los caminadores irritables, por ejemplo, no toleran el exceso de agitación, como les sucedía cuando eran bebés. Cuando Raquel, la caminadora irritable que conoció en el segundo capítulo, entra a una habitación llena de niños, tiende a esconder la cara en el regazo de la madre aunque no estén haciendo demasiado ruido. Cuando va al parque con la niñera, prefiere quedarse en el caminador si hay demasiados niños corriendo por ahí. En cambio, a los caminadores fogosos, como Linda, les cuesta trabajo calmarse solos una vez que han arrancado. Y cuando se estimula demasiado a Alejandro, el caminador gruñón, llora como si fuera el fin del mundo, y eso lo excita aun más. Pero también en el caso de los ángeles y de los niños de manual, el exceso los fatiga y los puede llevar a las lágrimas. Los padres sabios merman a la actividad antes de que eso suceda, o abandonan el escenario. En todos los casos, es fundamental limitar los estímulos a medida que se acerca la hora de dormir (en el capítulo siguiente hablaré más de esto).

Limitar las opciones. Cuando trabajaba en las casas de mis pacientes, tuve la oportunidad de observar a muchas familias con un bebé y un caminador, y me divertía locamente con escenas como éstas, a la hora del desayuno:

El bebé Bruno ya ha comido y Miguelito, de diecinueve meses de edad, está en su asiento y se dispone a comerse todo su cereal. "Cariño", entona dulcemente la madre, "¿quieres Zucaritas, Fruit Loops, Rice Krispies o Cheerios?" Miguelito se queda en su asiento, abrumado. Está empezando a decir algunas palabras, pero en este momento la falta de vocabulario no es exactamente su problema. Miguelito está confundido: no sabe qué hacer con tantas alternativas. Intento ser diplomática cuando la madre me pregunta: "¿Qué le pasa, Tracy? ¿Será que no me entiende? ¿Acaso no es bueno presentarles alternativas a los niños?"

"Claro", le respondo. "Definitivamente sí tienes que darle opciones, pero a esta edad dos son más que suficientes". Cuando a un niño se le permite escoger, adquiere la sensación de que controla su mundo, como lo explicaré más adelante (páginas 225-226), pero el exceso de alternativas es confuso y contraproducente.

Limitar el comportamiento indeseable. Los niños que se derrumban ante una negativa no son niños "malos". Todo lo contrario: cuando soy testigo de una escena así, siempre pienso: "Pobrecito. Nadie le enseñó que hay que detenerse en algún punto". Los niños deben aprender qué se espera de ellos. Y la única forma de que lo hagan es que los padres les enseñen. En realidad, enseñarle a un niño que debe vivir dentro de ciertos límites es de lo mejor que podemos hacer por ellos. Todo el capítulo séptimo está dedicado a la disciplina, que yo prefiero llamar educación emocional. Allí explico mi filosofía del uno/dos/tres (páginas 232-235): Uno: hay que intervenir la primera vez que se presentan ciertos tipos de comportamientos tales como golpear a otros niños, o morderlos. Dos: si este comportamiento indeseable sucede una segunda vez, es posible que tenga entre manos un patrón de comportamiento. Tres: si sucede por tercera vez, usted ha permitido que las cosas lleguen demasiado lejos. La verdad es que cuando las emociones de los niños se descontrolan —cuando gritan, lloran, berrean o se dejan llevar por cualquier tipo de excesos—, es difícil hacerlos volver a aterrizar. No digo que sea fácil, pero sí es posible desactivar un berrinche cuando apenas empieza o apaciguar las emociones cuando empiezan a coger fuerza, si prestamos atención.

Limitar cualquier cosa que no sea buena en grandes dosis. La televisión y los caramelos están en primer lugar en la lista de la mayoría de los niños. Se han llevado a cabo numerosas investigaciones sobre la una y los otros y todas concluyen que el exceso tiende a sobreestimular a los niños. Los caminadores irritables y los fogosos son particularmente vulnerables. Pero puede haber otras actividades, ciertos alimentos, algunos tipos de juguetes o lugares que tienen un efecto contraproducente en nuestros hijos. Si ello es así, admita que su caminador no se desempeña bien en ciertas circunstancias o bajo ciertas condiciones, y respete sus reacciones en lugar de tratar de aclimatarlo constantemente.

Limitar el fracaso potencial. Aunque la destreza de su caminador crece día a día, no trate de empujarlo. Si le da un juguete demasiado avanzado, o lo obliga a ver una película demasiado larga, o lo lleva a un restaurante elegante donde los niños no son bienvenidos, no sólo lo abrumará sino que se estará buscando problemas. Lo mismo es válido en el caso de los hitos en el desarrollo, como lo explicaré en el capítulo cuarto. Cuando papá y mamá insisten, por ejemplo, en cogerle la mano a Rosita para ayudarla a "caminar", no están teniendo en cuenta el hecho de que la naturaleza diseñó una secuencia y un horario específicos para Rosita. ¿Qué afán hay? Estos padres suelen ser los mismos que llaman a preguntar qué hacer cuando Rosita se despierta en mitad de la noche, se para en su cuna y llora porque no sabe cómo sentarse. Si hubiesen permitido que la naturaleza siguiera su curso o si le hubiesen enseñado a sentarse después de pararse, Rosita no tendría dificultades por la noche.

Limitar sus propios comportamientos inadecuados. Los caminadores desarrollan sus habilidades mediante la repetición y la imitación. Mientras están despiertos, observan, escuchan y aprenden con su ejemplo. De manera que le corresponde a usted prestar atención a lo que podría estar enseñándole sin darse cuenta. Si usted maldice, no se sorprenda cuando su caminador empiece a decir las mismas palabras. Si usted es descortés, su hijo aprenderá a actuar de la misma manera. Y si usted sube los pies sobre la mesa y come papas fritas mientras mira televisión, le garantizo que tendrá problemas tratando de hacer que su caminador acate normas como "no comer en la sala" y "no subir los pies a los muebles".

Si la lista anterior le hace pensar que tiene que actuar todo el tiempo como un policía o como un juez, tiene razón, hasta cierto punto. Los caminadores están pidiendo todo el tiempo que les impongan límites. De otra manera, su propio panorama interior y el mundo exterior se convierten en lugares demasiado aterradores e inmanejables.

El encomio de las alabanzas

Las enseñanzas más positivas provienen, de lejos, del afecto y de los elogios por una labor bien hecha. El afecto es algo de lo que no se puede tener demasiado. Cuando yo era una niña pequeña, mi niñera solía darme un beso sin motivo alguno. "¿Y eso por qué fue?", preguntaba yo, y ella invariablemente respondía: "Porque sí" y yo me sentía la niña más querida de todo el mundo.

Hasta los científicos están de acuerdo en afirmar que el amor es el elemento mágico de la ecuación en la crianza. Cuando un niño se siente amado, también se siente seguro, quiere complacer a sus padres y, a medida que crece, quiere hacer las cosas bien, como las hacen ellos.

No hay tal cosa como querer demasiado, pero en el caso de las alabanzas no se puede decir otro tanto: es posible exagerar los elogios a un niño. Así que el truco está en recurrir a las alabanzas sólo en el caso de un trabajo bien hecho. Plantéese la siguiente pregunta: "¿Hizo mi hijo algo verdaderamente digno de alabanza?" Si no es así, sus palabras no significarán nada y no lograrán nada, porque él eventualmente dejará de oír sus elogios. Recuerde, además, que el objetivo de una alabanza no es hacer que su hijo sienta el bienestar que sentiría si lo besara y lo abrazara. Su propósito es reforzar una labor bien hecha, halagarlo por su buen comportamiento y reafirmarlo en sus destrezas sociales, que incluyen compartir, cooperar y ser gentil. En resumen, una alabanza sirve para que su hijo sepa que hizo algo bien o algo bueno.

Pero a veces los padres se dejan cegar por su amor y confunden el afecto y los elogios. Creen honestamente que exagerar las alabanzas es bueno para la autoestima del niño. Pero cuando hay un exceso de homenajes y de aplausos, sucede todo lo contrario: los niños no confían en las alabanzas cuando son demasiado abundantes.

Además, podría suceder que los ansiosos padres que ensalzan a su hijo demasiado enfáticamente por un logro menor estén alabando lo que no toca. Un día, por ejemplo, José se quita la media. "Muy bien, José", exclama Tatiana, emocionada. Al día siguiente, José insiste en no dejarse las medias puestas y Tatiana se pregunta por qué. En este caso, al darle demasiada importancia al hecho de que José se quitó la media, Tatiana le causó la impresión de que lo recompensaría todas las

---

La alabanza correcta

Para evitar ensalzar a su hijo sin motivo, tenga en cuenta las siguientes consideraciones:

✓ Alábelo sólo cuando el niño ha hecho algo bien o algo bueno. Puede hacerlo de muchas formas: con palabras ("¡Buen trabajo!", "¡Bien hecho!"), con una exclamación jubilosa, chocando esos cinco, o a través de acciones concretas (un abrazo, un aplauso).

✓ Alabe los momentos cotidianos y las actividades específicas ("Qué bien estás cogiendo la cuchara"), no su apariencia ("¡Eres tan linda!"), ni su comportamiento general.

✓ Píllelo en el acto ("Qué niño tan bien educado fuiste al pedirle perdón a Ricardo por haberlo empujado") o, cuando le da un juguete a un amigo: "Qué bueno eres compartiendo".

✓ Alábelo y dele las gracias ("Gracias por ayudarme a poner o recoger la mesa".)

✓ Alábelo con recompensas ("Hoy fuiste muy bueno limpiando en el grupo de juego. Podríamos parar en el parque y darles de comer a los patos".)

✓ A la hora de dormir, recuerde algo específico de su buen comportamiento durante el día ("Qué paciente fuiste en la zapatería", o "Fuiste muy bien educado al darle las gracias a la señora que te regaló la colombina".)

✓ Haga usted gala del comportamiento que merece alabanzas. Sea bien educado y respetuoso.

Una lista para todos los días

Mantenga estas cuatro reglas en mente a lo largo del día, en especial si se encuentra en una situación difícil. ¡Claro que con un caminador a bordo, se presentan situaciones difíciles varias veces al día! Piense si...

¿Me he estado conteniendo o quizás no he dejado a mi hijo solo ni un minuto y no he hecho más que interferir, entrometerme y rescatarlo antes de que me pidiera ayuda? Recuerde que la razón de ser de la contención es la observación, que no es lo mismo que desprenderse de su caminador, rechazarlo o serle indiferente.

¿He estimulado a mi hijo para que explore? Hay cientos de oportunidades de explorar durante el día, y todas y cada una de ellas se puede malograr con la intervención del padre. ¿Habla por él cuándo está jugando tranquilamente con otro niño? ¿Le arma los rompecabezas en vez de dejarlo que lo haga solo? ¿Apila sus cubos sin permitirle siquiera intentarlo? ¿Lo dirige constantemente, lo supervisa y le da instrucciones?

¿Le fijo límites o permito que las cosas vayan demasiado lejos? A los caminadores no les conviene nada en exceso. ¿Le da demasiadas alternativas a su hijo o permite un exceso de estimulación? ¿Espera demasiado antes de frenar las pataletas, la agresividad, o cualquier otro tipo de emoción desbordada? ¿Restringe aquellas actividades que no son buenas en grandes dosis, como comer golosinas o ver televisión? ¿Permite que su hijo participe en actividades que no son adecuadas para su edad y que podrían ser peligrosas, además de que lo angustian y le producen una sensación de fracaso?

¿Mis alabanzas son apropiadas o me excedo con ellas? ¿Sus alabanzas refuerzan actos específicos de colaboración, gentileza y buen comportamiento o un trabajo bien hecho? He visto padres que le dicen a su hijo: "¡Bien hecho!" cuando él no ha hecho otra cosa que permanecer ahí sentado y respirar. Esos padres no sólo usan la alabanza inadecuadamente sino que con el tiempo sus palabras perderán su significado.

veces que lo hiciera. (No se equivoque: debemos aplaudir los intentos del niño de independizarse, pero sin exagerar; en el capítulo cuarto hay más sobre este tema.)

Otro error que los padres cometen a veces es alabar a un niño anticipando un gesto. Estoy pensando, por ejemplo, en una clase de música a la cual asistí hace poco. Como las demás mamás, Lucía estaba sentada detrás de Sara, de once meses de edad. De los cuatro caminadores que escuchaban la cinta de "La araña chiquitica", sólo una, la mayor del grupo, intentaba imitar los movimientos de las manos del director. Los otros, incluyendo a Sara, permanecían sentados con las manos en el regazo, perplejos y con los ojos abiertos de par en par. "¡Muy bien!", exclamó Lucía cuando la canción acabó, ante lo cual Sara se volteó a mirar a su mamá con cara de: "¿De qué estás hablando?" Lucía tenía buenas intenciones, pero ¿qué era lo que en realidad le estaba enseñado a Sara? ¡A mi mamá le gusta que no haga nada!

¿Qué clase de padre es usted?

Al comienzo del capítulo dije que hay algunos padres que instintivamente saben cuándo contenerse y cuándo intervenir, que fomentan la independencia de su hijo a la vez que le imponen límites, que saben cuándo deben alabarlo. Estos padres toleran muy bien el comportamiento de los caminadores, y sus caminadores (y ello no es del todo accidental) tienden a ser más fáciles de manejar, al margen de su temperamento.

Estos padres han encontrado un equilibrio que les permite moverse con facilidad desde un extremo del ejercicio de la autoridad hasta el otro extremo del dejar hacer. No son ni demasiado estrictos ni demasiado relajados: están cómodos en el centro. Algunos padres, no obstante, tienden a un extremo o a otro: son mejores con el afecto que con los límites o al contrario. A continuación, encontrará un sencillo cuestionario que le ayudará a descubrir sus patrones de comportamiento como padre. No es una prueba científica: se basa más bien en las actitudes que yo he visto más comúnmente en los padres. Si responde estas preguntas honestamente, se hará una idea bastante exacta del lugar que usted ocupa entre los dos extremos.

¿Cuál es su estilo de crianza?

Marque la letra que mejor lo describa en cada pregunta. Sea lo más honesto posible y reflexione antes de contestar. Posteriormente encontrará las instrucciones para sopesar sus resultados.

1. Cuando mi caminador se dirige hacia algún peligro, yo
   a. dejo que descubra lo que le puede suceder
   b. lo distraigo antes de que llegue a su destino
   c. lo alzo inmediatamente

2. Cuando mi caminador recibe un nuevo juguete, yo suelo
   a. dejarlo solo; aunque tenga dificultades, con el tiempo descubrirá qué es lo que hay que hacer
   b. espero e intervengo sólo si parece frustrado
   c. le muestro cómo se usa

3. Cuando mi caminador hace una pataleta en el mercado porque no le compro golosinas, por lo general yo
   a. me pongo furioso, lo saco de la tienda y le digo que nunca lo voy a llevar de compras otra vez
   b. permanezco firme en no comprarle las golosinas y lo saco del supermercado
   c. trato de razonar con él mientras grita, y si eso no funciona, cedo

4. Cuando mi caminador le pega a otro niño mientras juegan, yo
   a. lo alejo del otro niño y le grito furioso: "¡No! ¡No se pega!"
   b. le sujeto la mano a mi caminador y le digo: "No se le debe pegar a nadie"
   c. le digo: "Eso no se hace", y se lo atribuyo a una fase pasajera

5. Cuando mi caminador se resiste a probar un nuevo alimento
   a. levanto la voz y me siento frustrado, como él; a veces lo obligo a quedarse ahí sentado hasta que se lo coma
   b. le ofrezco el mismo alimento en varias ocasiones, tratando todas las veces de convencerlo de que lo pruebe
   c. a veces trato de engatusarlo para que se lo coma, pero nunca lo obligo; me imagino que no le gusta

6. Cuando me siento molesto por el comportamiento de mi hijo, suelo
   a. intimidarlo para que actúe correctamente
   b. salirme de la habitación hasta que se me pasa la furia
   c. tragarme mis sentimientos y abrazarlo

7. Cuando mi caminador hace una pataleta
   a. reacciono furioso y trato de restringirlo físicamente
   b. hago caso omiso; si eso no funciona, lo alejo de la actividad que está desarrollando y le digo: "No puedes portarte así. Cuando te calmes, puedes volver".
   c. trato de razonar con él; si eso no funciona, lo halago y lo mimo para que se ponga de mejor humor y le doy lo que quiere

8. Cuando mi caminador llora porque no se quiere ir a dormir, yo usualmente
   a. le explico que tiene que hacerlo, y lo dejo llorar si es necesario
   b. lo calmo, me aseguro de que no necesita nada, y después trato de que se vaya a dormir solo
   c. me acuesto a su lado o lo llevo a mi cama

9. Cuando mi caminador actúa con timidez o con cierta reticencia en una situación desconocida, yo
   a. minimizo sus temores y lo empujo un poco para que se acostumbre
   b. lo estimulo con gentileza, pero le permito que se quede conmigo hasta que esté listo para unirse al grupo
   c. me voy inmediatamente porque no es bueno que se sienta molesto

10. Mi filosofía de crianza se podría resumir diciendo que yo creo que
   a. debo entrenar a mi hijo para que se adapte bien a la familia y a la sociedad
   b. debo darle amor y fijarle límites por igual, respetando sus sentimientos y guiándolo
   c. debo esperar a que mi hijo exprese lo que quiere, para no atrofiar ni sus instintos naturales ni sus intereses

¿En dónde se encuentra usted?

Para puntuar este test, sume un punto por cada respuesta A, dos por cada B y tres por cada C, y sume los puntos. A continuación, encontrará indicaciones sobre su estilo de crianza.

Entre 10 y 16 puntos. Es posible que usted sea lo que yo llamo un *controlador*, uno de esos padres que se inclinan hacia el extremo autoritario. Los controladores son estrictos, incluso rígidos en lo que se refiere a las pautas, y no tienen problemas en de fijarles límites a sus hijos o de imponerles castigos por sus faltas, pero tienden a darles muy poco margen. Dorita, por ejemplo, había sido particularmente eficaz fijándole límites a Alicia desde el día en que nació. Lo más importante para ella era tener una hija bien educada que se portara bien en público, y así es Alicia. Pero la niña, que solía ser muy extrovertida cuando era bebé, ahora es un poco reticente cuando prueba cosas nuevas o juega con otros niños. Siempre tiene un ojo puesto en la madre, a la espera de su aprobación. No tengo la menor duda de que Dorita adora a su hija, pero a veces no tiene en cuenta los sentimientos propios de ella.

Entre 17 y 23 puntos. Usted es un padre muy armonioso que logra mantener el equilibrio entre el afecto y los límites. Su instinto natural lo conduce naturalmente al cumplimiento de las cuatro reglas planteadas. Usted seguramente se parece a Sari, a quien he observado desde que nació su hijo Damián. Sari siempre ha sido una observadora perspicaz, pero deja que Damián cometa sus propios errores... a menos que corra peligro o que esté a punto de intentar algo para lo que no está listo. También es muy creativa resolviendo problemas, como lo demuestra el cuento (en el recuadro de la página 65) "Sari, Damián y la enorme y pesada jarra de vidrio".

Entre 24 y 30 puntos. Usted posiblemente es un *facilitador*, uno de esos padres relajados con los límites, que tienen la teoría de que hay que dejar que los niños hagan. Teme que el exceso de interferencia aplaste las inclinaciones naturales de su hijo. Es posible incluso que crea que el exceso de disciplina puede hacer que su hijo lo deje de querer. Tiende a ser, a la vez, un poquito sobreprotector; es posible

"Sari, Damián y la enorme y pesada jarra de vidrio"

Un día que Sari estaba sirviendo jugo de naranja en un vaso de bebé, Damián, que acababa de cumplir dos años, dijo:"¡Yo lo hago!" Sari sabía que no podía darle la enorme y pesada jarra de vidrio, así que le dijo:"Ésta pesa mucho, pero yo puedo conseguirte una jarra". Sacó del escaparate una jarrita plástica, la llenó con unas cuantas onzas de jugo y llevó a Damián al lavaplatos."Aquí puedes practicar y no tenemos que preocuparnos del reguero ni de limpiar el piso".A Damián le encantó la idea y en los días siguientes empujaba el asiento hasta el lavaplatos y decía:"Yo sirvo el jugo". En un par de semanas servía el jugo con bastante habilidad y podía manejar las cantidades cada vez mayores de líquido que su mamá ponía en la jarra.Al poco tiempo ya era capaz de sacar el cartón de jugo de la nevera, llevarlo hasta el lavaplatos y llenar su jarrita de plástico sin regar una gota.Así se lo explicó a un visitante que le preguntó qué hacía:"Aquí es donde vaciamos las cosas".

que persiga nervioso a su hijo en vez de permitir que él explore libremente. Clarisa, por ejemplo, es una facilitadora. Desde que Eliseo era un bebé, ella observaba todos y cada uno de sus movimientos. Más tarde, Clarisa supervisaba constantemente su juego. Ahora, siempre le está hablando, explicándole o mostrándole algo. Es mejor al enseñar que al imponer límites. Es muy respetuosa de su hijo, pero se inclina tanto en la otra dirección que un observador podría preguntarse: "¿Quién está a cargo?"

No es de sorprenderse que reciba más llamadas pidiendo ayuda de las facilitadoras que de las controladoras. Las madres como Clarisa, que tienen problemas en fijar límites, descubren de mala manera que sus hijos necesitan una vida más estructurada y estable. Sus llamadas de auxilio suelen tener que ver con hábitos alimenticios erráticos, problemas de sueño o comportamiento difícil. En cambio, las mamás como Dorita, que fijan límites sin ninguna dificultad, tienden a tener hijos que obedecen las normas. Pero la inflexibilidad de los controladores y la rigidez de sus pautas, con

---

¿Qué incide en los estilos de crianza?

Obviamente, yo creo que es mejor ser un padre que logra equilibrar el afecto y los límites. Pero las personas tienden hacia uno u otro extremo, por muchas razones.

Así eran sus padres. Es posible que usted haya repetido una y otra vez: "Nunca seré como ellos", pero fueron sus modelos. Muchos padres repiten los patrones que les fijaron durante su propia niñez. En palabras de una madre asfixiante: "Mi mamá me adoró hasta la muerte y yo planeo hacer lo mismo con esta niña". Hacer lo mismo que hicieron sus padres no es necesariamente malo. Pero hay que tener en cuenta lo que es mejor para su hijo y para usted.

Sus padres eran todo lo contrario. Estos padres descartan todo lo que se hizo durante su propia niñez, a veces sin darse cuenta de que lo están haciendo. De nuevo: lo mejor es pensar qué es lo mejor para el niño y para uno. Es posible que sus padres no se hayan equivocado en todo. Así que lo más conveniente es escoger algunos de sus hábitos y rechazar otros.

Tienen un hijo que es de una cierta manera. Es evidente que la forma de ser del niño influye en la forma como los padres reaccionan ante él en diversas situaciones cotidianas. Como dije anteriormente (páginas 38-40), es posible que su propio temperamento no se adapte al de su hijo. Algunos niños exigen más, son más obstinados, más sensibles, más beligerantes que otros, y es importante que el padre esté consciente de ello para manejarlo en la forma más adecuada. Si su reacción ante el temperamento de su hijo es que usted actúa con demasiada rigidez o demasiada laxitud, quizás debería preguntarse: "¿Es esto lo mejor para mi hijo?"

---

frecuencia inhiben la curiosidad y la creatividad de sus hijos. Alicia, por ejemplo, no tiene confianza alguna en sus propias percepciones y siempre está mirando a su mamá, no sólo en busca de aprobación sino para que ella le diga cómo debe sentirse.

No niego que no es fácil ser un padre ecuánime que logra mantener el equilibrio entre el afecto y los límites, que sabe cuándo intervenir y cuándo contenerse, cuyas alabanzas siempre surgen en el momento y en la cantidad más adecuada y que sabe cuándo y cómo disciplinar de manera que el castigo no exceda el crimen (en el capítulo séptimo hablo más sobre este tema). Además, es posible que usted se sienta más cómodo en uno de los dos extremos. En cualquier caso, si usted sabe dónde se encuentra, por lo menos tomará decisiones conscientes sobre cómo comportarse, cómo reaccionar y cómo tratar a su hijo. Habrá más sobre estas reglas a lo largo del libro, pues creo que constituyen una base esencial sobre la cual construir unos buenos hábitos de crianza. La idea de crear y mantener una rutina estructurada es igualmente importante, y de ella nos ocuparemos en el próximo capítulo.

CAPÍTULO TERCERO

Rutinas y rituales: Aliviar el tira y afloja del caminador

Las gotas de lluvia horadan la piedra no por la violencia sino por la caída constante.

—Lucrecio

Hasta los más insignificantes ritos del diario vivir son importantes para el alma.

—Tomás Moro,
Educación del corazón

¿Qué tienen de interesantes las rutinas?

Ésa fue la respuesta de Rosalía, actriz de telenovelas, cuando le sugerí que estructurara más el día de Martín. Rosalía me había consultado porque su hijo lloraba como si fuera el fin del mundo cada vez que su mamá se iba de la casa.

"¿Qué tiene que ver la rutina con la separación?", preguntó, y antes de que pudiera responderle, continuó: "Odio las rutinas porque hacen que todos los días parezcan iguales", insistió con una voz zumbona que lo decía todo sobre su propia necesidad de variedad y estímulo. Al fin y al cabo, en su profesión todos los días eran una nueva aventura.

"Es verdad", le repliqué, "pero piensa en tu vida cuando ibas al estudio todos los días. Te levantabas todas las mañanas, te bañabas, te desayunabas y te ibas a trabajar. Tus parlamentos cambiaban a veces y en ocasiones aparecían nuevos actores, pero también estaban los de siempre, aquellos en quien sabías que podías confiar, y otro tanto te sucedía con los escritores, con el director, con los camarógrafos. Todos los días surgían nuevos retos, pero eso no quiere decir que los elementos predecibles de tus días no te resultaran cómodos. La verdad es que tú tenías una rutina estructurada aunque no la consideraras como tal".

Rosalía me miró con cara de que no entendía una palabra de lo que le estaba diciendo, así que continué:

"Tú no estabas sometida al horror de tener que buscar trabajo todos los días, como les sucede a algunas actrices que tienen que preocuparse por el próximo cheque, o la siguiente comida. Tú tenías lo mejor de dos mundos: un trabajo estable que no obstante variaba y te hacía nuevas exigencias todos los días".

"Supongo que sí", asintió. "Pero no estamos hablando de mí sino de un niño de un año".

"A él le pasa lo mismo. De hecho, en su caso es aun más importante", le expliqué. "El suyo no tiene que ser un día aburrido, pero si su día es un poco predecible y un poco estable, Martín se sentirá menos ansioso. Si lo piensas en términos de tu propia profesión, es posible que lo entiendas mejor. Tú pudiste mejorar y afinarte porque no tenías que pensar en qué seguía después. Lo que trato de decir es que Martín se merece —y desea— la misma comodidad. Si sabe qué esperar, será más colaborador porque sentirá que tiene más control sobre su medio ambiente".

Conozco muchas madres como Rosalía. O bien no se dan cuenta de la importancia de establecer una rutina estructurada o bien piensan que ésta inhibirá su propio estilo. A mí me consultan sobre los dilemas de sus hijos: tienen problemas de sueño, comen mal, tienen problemas de comportamiento, o ansiedad de separación, como en el caso de Martín. Lo primero que yo hago es ayudarles a buscar rutinas y rituales.

¿Qué son rutinas y rituales?

Permítame explicarle qué quiero decir con rutinas y rituales. En este capítulo uso las dos palabras indistintamente porque creo que están íntimamente relacionadas. Cuando uno repite una acción y la refuerza, está practicando rutinas y rituales.

Las rutinas estructuran la forma como manejamos los aspectos ineludibles de la vida cotidiana del niño: la hora de levantarse, las comidas, el baño, la hora de acostarse. La mayoría de nuestras rutinas diarias son, en palabras de la experta en rituales Barbara Biziou (ver recuadro de la página 72), "rituales inconscientes": tendemos a llevarlos a cabo sin pensar en su significado. Por ejemplo, un abrazo por la mañana, una despedida con la mano y un beso de buenas noches son rituales de conexión. Uno repite las mismas palabras siempre que deja a su caminador en la guardería, o le hace un gesto de aprobación y estímulo cuando uno se va de la casa: esos también son gestos rituales. Y cuando les recordamos a los niños una y otra vez que digan gracias y por favor no sólo les estamos enseñando que deben ser educados sino que estamos reforzando las buenas maneras, que forman parte del ritual social.

Estos ritos cotidianos les permiten a los niños anticipar qué viene a continuación, qué pueden esperar y qué se espera de ellos. Su persistencia tranquiliza a los niños pequeños y los reafirma. "Los rituales ayudan a nuestros hijos y nos ayudan a nosotros mismos a dotar de sentido el mundo que nos rodea. Gracias a los rituales, los momentos más mundanos —el baño, la cena familiar— se vuelven sagrados, momentos de conexión y cercanía", asegura Biziou. El truco está, en el caso de los padres, en ser conscientes de estos momentos cotidianos y volverlos más significativos.

Las rutinas y los rituales pueden formar parte de los momentos más cotidianos o de los eventos extraordinarios. La primera parte del capítulo está dedicada a los rituales asociados con las rutinas diarias, y la segunda parte, a los rituales que refuerzan las tradiciones familiares y nos ayudan a conmemorar los acontecimientos importantes, las fiestas y otros eventos especiales. Pero primero quisiera explicar por qué son tan importantes.

¿Por qué los niños necesitan rutinas y rituales?

A los padres de los recién nacidos lo primero que les recomiendo es una rutina estructurada que les dé a los bebés unos cimientos sólidos y a los padres, momentos de descanso que les permitan sobrevivir a los rigores de la paternidad.*

Si su hijo tiene una rutina estructurada desde que llegó del hospital, tanto mejor. Usted ha logrado que su vida sea más estable y predecible. Pero ahora que anda de aquí para allá, las rutinas y los rituales —el establecimiento de una rutina y de otro tipo de rituales— son aún más importantes que durante la infancia.

Las rutinas y los rituales le dan seguridad. El mundo del caminador está lleno de retos y con frecuencia es aterrador. La velocidad de su crecimiento y la amplitud de su desarrollo resulta tan asombroso para él como para usted. Todos los días están llenos de pruebas y de contiendas. El peligro acecha a la vuelta de cada esquina. Las rutinas y los rituales son un apoyo sólido para su hijo mientras da sus primeros pasos, un refuerzo que no es sólo físico sino que lo ayuda a comprender y a controlar sus emociones y su nueva vida social.

---

* En mi primer libro, *Cómo comunicarse con su bebé*, aparece la rutina que incluye la alimentación, la actividad y el sueño y, por último, tiempo para usted mismo. Aunque no conozca esa rutina, ésta seguramente ya se ha incorporado de manera natural al día de su caminador. O así debería ser.

Las rutinas y los rituales ahorran esfuerzos al caminador. La feliz colaboración al cambiar el pañal es cosa del pasado. Su pequeño se ha convertido en una fuente de movimiento perpetuo. Una vez que arranca ya no quiere detenerse, lo cual quiere decir que usted debe desempeñar el papel de policía de tráfico y, en ocasiones, de carcelero. No estoy diciendo que pueda eliminar por completo el tira y afloje, pero sí puede fijar horas para comer y para dormir, y ciertas rutinas de juego que con seguridad disminuirán la ferocidad de las batallas. Las cosas predecibles permiten que los niños sepan qué esperar; la falta de una rutina, por el contrario, los deja a la deriva.

El otro día, por ejemplo, me llamó Denise porque su hija tenía problemas al dormir. Antes, al llegar la noche, Denise bañaba a Isabel, le daba un masaje, le leía un par de cuentos y le daba un poco de leche en el tetero, momento en el cual Isabel gorgoriteaba un poco y después se dormía. Sin embargo, esta rutina se acababa a las ocho de la noche y Denise quería que Isabel estuviese en la cama a las siete y media, así que decidió eliminar la lectura. Ahora, en vez de irse a dormir voluntaria-

---

La anatomía de un ritual

Barbara Biziou, autora de *The Joys of Everyday Rituals* y *The Joy of Family Ritual*, afirma que los componentes de un ritual deben ser los siguientes:

1. **El propósito.** Todos los rituales, incluso aquellos que llevamos a cabo todos los días, tienen un significado profundo. Por ejemplo, el propósito del ritual de acostarse, aunque no lo digamos en voz alta, es relajarse.

2. **La preparación.** Algunos rituales necesitan de ciertos ingredientes, que deben estar a mano con anticipación. La preparación es clave en el caso de los niños, y los ingredientes suelen ser muy sencillos: la mesita de comer, por ejemplo, o una toalla especial para secarse las manos, o un libro para la hora de acostarse.

3. **La secuencia.** Todos los rituales tienen un comienzo, un centro y un final.

4. **El seguimiento.** Cada vez que usted repite un ritual —ya sea que lo haga diariamente, como en el caso de las rutinas cotidianas, o anualmente, como en el caso de las fiestas o de los aniversarios de la familia—, refuerza su significado.

—Adaptación de *The Joys of Everyday Rituals* y *The Joy of Family Ritual,* © Barbara Biziou, St. Martin's Griffin, 2001. Derechos reservados.

mente, Isabel lloraba. ¿Qué estaba pasando? Denise olvidó que los niños funcionan según las rutinas y no según el reloj. Obsesionada con ahorrarse esa media hora, Denise cambió el ritual de su hija y ahora ambas estaban pasando muy mal rato. Le sugerí que restableciera la antigua rutina y que empezara un poco antes. Los problemas de Isabel desaparecieron "como por milagro".

Las rutinas y los rituales ayudan al caminador a manejar la separación. Esto es así puesto que las rutinas y los rituales permiten a los niños anticipar los eventos cotidianos. Los investigadores han descubierto que los niños desarrollan expectativas prácticamente desde los cuatro meses de edad. Con ello en

---

Lo que la investigación ha revelado sobre las rutinas

Los niños desarrollan la conciencia cuando "la vida cotidiana de una familia se caracteriza por rutinas que provocan la colaboración del niño con rituales tales como la hora de acostarse, la lectura de un cuento, una caminada, la hora de comer, el baño y otros sucesos predecibles y recurrentes. La presencia de estas rutinas es una forma de que el niño sepa esperar y de evitar constantes enfrentamientos. Así, los niños aprenden a colaborar... mediante el fluir predecible de la vida cotidiana".

—De *Neurons to Neighborhoods* (ver la página 16 para encontrar la referencia completa)

---

mente, las madres podrían enseñar a sus caminadores que aunque mamá se vaya, volverá más tarde. En el caso del pequeño Martín, le aconsejé a Rosalía que volviera su partida un ritual para aliviar la ansiedad de Martín. Al comienzo, abandonaba la habitación durante unos instantes, pero no sin antes prepararlo: "Mamá tiene que irse por un rato, mi amor", le decía, mientras salía del cuarto. "Ya vuelvo, cariño", y le mandaba un beso. A medida que aumentó la tolerancia de Martín a la ausencia de su madre, le aconsejé a Rosalía que incrementara paulatinamente el período que pasaba fuera de la habitación. Con el tiempo, esta rutina le permitió salir de la casa: hacía siempre lo mismo, repetía siempre las mismas palabras, y de esa manera preparaba a Martín y le ayudaba a sentir que controlaba más la situación. Su pánico no cedió de la noche a la mañana, pero gracias a estas rutinas de partida y de regreso ("Hola, Martinsote, ya llegué", acompañadas de un beso y un abrazo), Martín pronto se dio cuenta de que aunque mamá se fuera, regresaría (en los capítulos sexto y octavo me refiero más extensamente a la separación).

Las rutinas y los rituales facilitan el aprendizaje de todo tipo: destrezas físicas, control emocional y comportamiento social. Los niños aprenden gracias a la repetición y a la imitación. El aprendizaje debe ser un proceso natural y orgánico en vez de ser el resultado de los aguijonazos y los empujones de los padres, un día sí y otro no. Es el caso con las buenas maneras, por ejemplo. Si mamá siempre le dice gracias al caminador cuando le pasa una galleta para que mordisquee, con el tiempo él mismo dirá gracias. En últimas, las rutinas y los rituales ayudan a formar a los niños y a enseñarles no sólo habilidades sino valores, principios éticos y respeto mutuo.

Las rutinas y los rituales ayudan a evitar problemas porque les permiten a los padres fijar límites y ser consistentes. Los caminadores constantemente ponen a prueba los límites paternos, y los padres con frecuencia se derrumban ante la tensión, cosa que a su vez hace que sus caminadores se vuelvan más manipuladores. Las rutinas y los rituales ayudan a estructurar los momentos y a fijar las expectativas con tiempo, cosa que ayuda a evitar a un caminador descontrolado. Verónica, por ejemplo, detestaba que Otis saltara en los muebles, y yo le sugerí que lo corrigiera con delicadeza. "Le puedes decir: 'Otis, uno no salta en el sofá', al tiempo que le muestras dónde sí puede saltar: un colchón viejo en el cuarto de juegos". Verónica hizo exactamente eso y al otro día se lo encontró saltando en su cama, así que repitió la rutina. "No puedes saltar en tu cama, Otis", le dijo, al tiempo que lo llevaba al cuarto de juegos. A la tercera o cuarta vez Otis comprendió lo que se esperaba de él: "Ya veo. Puedo saltar aquí, pero no en el sofá ni en mi cama".

Las rutinas y los rituales ayudan a preparar al niño para las nuevas experiencias. En el capítulo sexto hablo de los ensayos para el cambio, una serie de experiencias pensadas para fomentar la creciente independencia del niño. La idea es que su hijo se familiarice con las nuevas ideas en casa y que los retos crezcan un poco cada vez, antes de salir de gira con el espectáculo. Así, por ejemplo, a los diez meses de edad, Graciela empezó a participar de la rutina de la cena en casa como preparación para la salida a un restaurante. Mamá la sentaba en su silla de comer al lado de la mesa donde estaban su hermano y su hermana y así participaba de la rutina diaria de la cena, que incluía prender una vela, tomarse de las manos y decir una oración. De esta manera, Graciela empezó a probar nuevos alimentos, aprendió a comer y a usar los cubiertos, y empezó a comprender qué tipo de comportamiento se esperaba de ella en la mesa del comedor. Sentarse quieta durante períodos cada vez más prolongados fue parte del ensayo para ir después a restaurantes, una experiencia que, sobra decirlo, manejó sin problemas.

Las rutinas y los rituales permiten que todos se relajen un poco y que las actividades más prosaicas se vuelvan momentos de conexión. ¿Qué podría ser más especial que la hora del baño o la del cuento? Y si nosotros los padres nos relajamos un poco y prestamos atención a estos acontecimientos ("mi intención es que la hora de dormir sea un momento para conectarme con mi hijo"), estaremos enseñando a nuestros hijos a través del ejemplo cómo investir de significado los momentos cotidianos. Estas ocasiones fortalecerán los lazos entre padres e hijos a la vez que transmitirían un mensaje importante a los niños: "Te quiero y quiero que sepas que estoy aquí para ti".

Aunque yo no era en absoluto inflexible y permitía las cosas más inesperadas, recurrí a las rutinas y a los rituales durante la crianza de mis hijas. Me atenía a una rutina estructurada mucho antes de que tuvieran edad para entender la idea de tiempo, así que siempre sabían qué esperar. Por ejemplo, cuando yo llegaba del trabajo, ellas sabían que contaban con una hora de atención absoluta, pues nada podía interferir en el tiempo que compartíamos: no hablaba por teléfono ni hacía tareas domésticas. Como aún no sabían leer el reloj, ponía un cronómetro: ellas sabían que cuando el cronómetro sonaba, había llegado la hora de preparar la cena y de hacer otras cosas en la casa. En general, me dejaban ir sin problemas y me ayudaban en lo que podían porque se sentían satisfechas después del tiempo sagrado que habíamos pasado juntas.

Rutinas y rituales
veinticuatro horas al día

Permítame recordarle que si bien casi todas las familias que conozco practican algún tipo de rutinas y rituales —el cuento a la hora de acostarse, por ejemplo—, éstas se deben acomodar a su familia, de manera que al leer las sugerencias que vienen a continuación debe tener en cuenta el temperamento de su hijo, su propio estilo de crianza y las necesidades de los otros miembros de la familia. Como se puede ver en el gráfico que aparece a continuación, algunos padres son mejores que otros para estructurar rutinas y mantenerlas. Es importante también que usted tenga en cuenta su propio horario. Sea realista. Si no puede comer con su hijo todas las noches, comprométase a hacerlo al menos tres veces a la semana. Además, los rituales son personales y son significativos porque reflejan los valores de los participantes. También, hay más probabilidades de que usted persevere con aquellos rituales con los que se siente cómodo. Algunas familias dicen una oración antes de comer, otras no. En algunos hogares el baño es un ritual del que se encarga el padre.

A continuación doy un vistazo a las rutinas de todos los días. Aunque éstas cambien un poco a medida que su caminador crezca, seguirán siendo soportes fundamentales en la vida familiar: me refiero a la hora de levantarse, la hora de comer, la hora del baño, las salidas y las llegadas, la hora de recoger, la hora de la siesta y la hora de acostarse. Aquí no encontrará ideas que le ayuden a resolver sus problemas: éste es un capítulo preventivo. Mediante la repetición de estos actos y al enseñarle a su hijo qué espera de él, lo más seguro es que logre evitar los problemas antes de que aparezcan.

Hay sugerencias, en cada una de las rutinas cotidianas, en relación con la intención (la fijación de un propósito, de una meta), con la preparación (qué habría que tener listo), con la secuencia (cómo empezar, cómo continuar y cómo terminar el ritual) y, cuando sea pertinente, con el seguimiento (en el caso de la mayoría de los rituales cotidianos no es necesario preocuparse por el seguimiento). La consistencia es clave. Recuerde además que usted es la única persona que puede idear rutinas y rituales creativos que sean confiables y divertidos para su familia. Piense en varias posibilidades.

Una investigación de rutina

Algunos padres tienen más facilidad que otros para establecer y mantener una rutina estructurada. En el cuadro que viene a continuación, veremos cómo manejan el tema los diferentes tipos de padres. Y usted, ¿dónde se encuentra?

	Controladores	Armoniosos	Facilitadores
Filosofía	Firmes creyentes en la estructura y la rutina.	Saben que es importante establecer y mantener una rutina estructurada.	Creen que el exceso de estructuras inhibirá el estilo de su hijo y su propia espontaneidad.
Práctica	Son buenos para fijar rutinas, pero a veces dan prioridad a sus propias necesidades sobre las de sus hijos.	Son buenos para fijar rutinas que se acomodan a las necesidades del niño, a las de los demás miembros de la familia y a las exigencias de su propio horario.	Creen que las rutinas son represivas; construyen su propio día alrededor del niño; no hay día que se parezca a otro.
Adaptabilidad	Podrían tener dificultades para adaptarse a las necesidades del niño o con los cambios de último minuto.	Son lo suficientemente flexibles como para salirse de la rutina cuando es necesario y los cambios no los sacan de casillas.	En su versión extrema, son como veletas: tanto que dan un nuevo significado a la palabra "adaptable".
Posibles resultados	A veces, las necesidades del niño se ponen en entredicho; el padre o la madre se siente frustrado y molesto porque no se cumple un horario.	El niño se siente seguro; su vida es predecible; se estimula la creatividad dentro de límites razonables.	El exceso de libertad con frecuencia se convierte en caos. Puesto que al padre o la madre se le dificulta hacer lo mismo día tras día, el niño nunca sabe qué va a pasar.

La hora de levantarse. Los caminadores se despiertan contentos o llorando. Cuando están recién nacidos, estos patrones dependen del temperamento. Pero cuando los bebés crecen y se vuelven caminadores, los hábitos al levantarse dependen menos de la personalidad del niño y más de lo que los padres refuercen. Las rutinas y los rituales adecuados al levantarse de hecho superan el temperamento.

PROPÓSITO: Enseñarle a su hijo que la cama es un lugar donde puede estar a gusto y tener un caminador que se levante sonriendo y haciendo gorgoritos y que pueda jugar tranquilamente por su cuenta durante veinte a treinta minutos.

PREPARACIÓN: Asegúrese de que su hijo juega en su cuna durante el día. Si se divierte en la cuna, aprenderá que éste es un lugar seguro y que además es un lugar estupendo para jugar. Si su caminador no comparte esta idea, métalo en la cuna una o dos veces al día, pero asegúrese de que tiene a la mano sus juguetes favoritos y, al comienzo, permanezca a su lado, tranquilizándolo con su presencia. Juegue con él a las escondidas y otros juegos que disfrute, para que ésta sea una experiencia grata. Al comienzo, no abandone la habitación. Aproveche el tiempo para doblar la ropa, ordenar los cajones o adelantar el trabajo de la oficina, de forma que él pueda sentir su presencia sin

---

Mi caminador se despierta llorando: ¿Qué esta sucediendo?

Cuando los padres me cuentan que su caminador se despierta llorando, generalmente deduzco que el niño no se siente cómodo en su propia cuna. Casi siempre formulo las siguientes preguntas:

- ¿Tiende usted a acudir presuroso al primer sonido? Quizás sin darse cuenta lo haya entrenado a llorar cuando usted no acude con la prontitud esperada.

- ¿Da también muestras de ansiedad gritando a todo volumen y aferrándose a usted con fuerza cuando usted aparece? Ésta es una señal clara de que la cuna se le ha convertido en un lugar terrible. Actúe para cambiar esto (ver la continuación).

- ¿Tiene períodos durante el día en que disfruta jugando en la cuna? Si ése no es el caso, puede ser buena idea incluir ratos como ese en las rutinas de juego conjunto (ver "Preparación" en esta página y la historia de Eliana en las páginas 259-267).

---

que usted intervenga físicamente. Aléjese poco a poco hasta salir del cuarto y aumente el tiempo que permanece fuera de la habitación (ver en las páginas 82-84 más sobre entradas y salidas).

DE COMIENZO A FIN: Trate de medir, por las mañanas, el tiempo que transcurre entre el juego independiente y los gorgoritos y el llanto. Eso le permitirá entrar antes de que su hijo empiece a llorar. Si usted tiene que cumplir un horario, es posible que tenga que entrar antes. Tampoco espere si sabe que hay que cambiar el pañal.

Entre a la habitación de buen humor y salude el nuevo día con entusiasmo. Algunos padres tienen una canción para despertar a sus hijos, o un saludo especial, como por ejemplo: "Buenos días, ranita. Qué rico verte". El ritual llega a su fin cuando usted lo saca de la cuna y ambos se disponen alegremente a empezar el nuevo día.

> **SUGERENCIA:** *De ninguna manera se muestre comprensivo con su hijo si llora por la mañana. Levántelo y abrácelo, pero no le diga: "¡Pobrecito!" Actúe con jovialidad, como si estuviera feliz de empezar el día. Recuerde que los niños aprenden por imitación.*

La hora de comer. Casi todos los caminadores molestan a la hora de comer, cosa que preocupa a muchos padres que me piden consejo (en el capítulo cuarto hablo de cómo alimentar a los niños y qué darles de comer). Siempre les digo lo mismo a estos padres ansiosos: "No intervengan. Concéntrense más en fijar una rutina consistente a la hora de comer que en hacer que su niño coma". Le aseguro que su caminador no morirá ni de hambre ni de desnutrición: hay muchos estudios que demuestran que, si sus padres no los obligan, los caminadores sanos se las arreglan para comer una cantidad suficiente de comida balanceada (ver páginas 116-132), aunque ocasionalmente estén inapetentes.

PROPÓSITO: Piense que la hora de comer es el momento adecuado para enseñarle a su caminador a sentarse a la mesa, a usar cubiertos, a probar nuevos alimentos y, lo que es más importante, a comer en familia.

PREPARACIÓN: Sirva las comidas aproximadamente a la misma hora todos los días. Los bebés son máquinas de comer, pero los caminadores suelen ser todo lo contrario. Están demasiado ocupados explorando el mundo y haciéndose un lugar en él. El hambre ya no es una motivación tan poderosa como solía serlo, pero podemos ayudarlos a que estén en disposición de saciar ésta y otras necesidades anunciándoles que la próxima comida se avecina.

Su caminador puede comer en familia desde los ocho a diez meses de edad, cuando ya se sienta y consume alimentos sólidos. Consígale un asiento especial para él, ya sea de esos que se ponen en las sillas del comedor o las sillas de comer para niños. Lo importante es que cuando lo ponga en su asiento especial, él (ojalá) sepa que es hora de quedarse quieto y comer. Si tiene niños mayores, deles la comida al mismo tiempo. Lo ideal sería que usted se les uniera al menos unas cuantas noches a la semana, aunque no cene con ellos y sólo consuma un tentempié. Su presencia hará que la ocasión se convierta en la "cena familiar".

DE COMIENZO A FIN: Lavarse las manos es un ritual previo a la comida ideal para anunciarle a su hijo que es hora de comer. Apenas su hijo pueda pararse solo, compre un banquito sólido que le permita alcanzar el lavamanos sin su ayuda. Déjelo que mire mientras usted se lava las manos y después pásele el jabón y aliéntelo para que lo intente. Podría colgar al lado del lavamanos una toallita que sea su toalla especial de secarse las manos.

Empiece la comida con una oración, prendiendo velas, o sencillamente diciendo: "Ya pueden empezar". Converse, como lo haría durante una cena con adultos. Hable de su día; pregúnteles a los niños por el suyo. Aunque al comienzo su caminador no pueda responderle, empezará a entender la mecánica de una conversación. Y si tiene hermanos, aprenderá un sinfín de lecciones escuchándolos.

La comida habrá llegado a su fin cuando su hijo deje de comer. Muchos padres, preocupados por la nutrición del niño, tratan de convencerlo de que se coma un bocado más y tratan de engatusarlo aunque voltee la cabeza. Peor aun, algunos lo siguen hasta el cuarto de juegos con la intención de empacarle unas cucharadas más mientras está jugando (ver la historia de Clara en las páginas, 279-282). Recuerde siempre el propósito de este ritual: enseñarle a su hijo las costumbres que deben prevalecer a la hora de comer. Uno no juega mientras come.

La comida debe terminar con un gesto apropiado para su familia. Algunos rezan una oración, otros apagan las velas, otros agradecen al encargado de preparar la cena. Un final adecuado podría ser sencillamente quitarle el babero a su hijo al tiempo que le dice: "Ya acabamos; ahora hay que recoger". Cuando su hijo pueda caminar y cargar cosas, podrá llevar su plato (preferiblemente irrompible) al lavaplatos. A mí me gusta que los niños adquieran el hábito de lavarse los dientes después de comer y se les puede enseñar a hacerlo apenas empiecen a consumir alimentos sólidos.

> **SUGERENCIA:** *Para que su hijo se acostumbre a lavarse los dientes, empiece con las encías. Envuélvase el dedo en una toalla limpia y suave y frótele las encías después de comer. Así, cuando le salgan los dientes, ya se habrá acostumbrado a la sensación. Compre un cepillo de dientes suave, de bebé. Lo más probable es que al comienzo lo chupe, pero con el tiempo aprenderá a cepillarse.*

SEGUIMIENTO: Respete las rutinas y los rituales de la hora de la comida dondequiera que vaya, ya sea a otra casa, a un restaurante, o durante un viaje largo. Esto le dará seguridad a su hijo y reforzará todo lo que ha aprendido sobre las comidas. (En el capítulo sexto, encontrará más información sobre cómo sacar a su hijo al "mundo real".)

La hora del baño. Algunos bebés temen la hora del baño, mientras que los caminadores suelen temer la hora de salirse de la tina. Un ritual consistente para este momento del día puede ser muy útil para evitar el forcejeo.

PROPÓSITO: Si es un baño vespertino, la intención es ayudarle a su caminador a relajarse y aprestarse a dormir. Si es un baño matinal (menos frecuente entre las familias que conozco), la intención es preparar a su hijo para el día que tiene por delante.

PREPARACIÓN: Anúnciele a su caminador, en tono jovial, que ya llegó la hora del baño. Llene la tina y ponga en el agua tazas, botellas de plástico, patos y cualquier otro juguete que sirva para el baño. Si su hijo no tiene piel sensible, podría añadirle burbujas. Yo recuerdo que cuando mis hijas estaban pequeñas había más juguetes en el baño que en la caja de juguetes. También es importante que tenga a mano dos toallas, una para usted y otra para él.

SUGERENCIA: Abra siempre primero la llave del agua fría y después añada la caliente. Para evitar que su caminador prenda por accidente el agua caliente y se escalde, compre un protector para la llave del agua caliente, o si tiene una sola llave, un protector que lo cubra todo. También debe usar un tapete de plástico para evitar que el niño se resbale y fijar en el termostato de su calentador una temperatura máxima de 52 grados centígrados.

DE COMIENZO A FIN: Meta a su niño entre la tina o déjelo que se meta solo, si es lo suficientemente grande (pero tenga cuidado: las bañeras son notoriamente resbaladizas). A mí me gusta cantar durante el baño una canción que les ayuda a aprender las partes del cuerpo y los anima a lavarse solos.

Como los caminadores suelen detestar que interrumpan su baño, no lo haga abruptamente. Empiece sacando los juguetes de la tina y después quite el tapón para que el agua salga. La hora del baño llegará a su fin cuando lo cobije con una toalla suave.

SUGERENCIA: Aunque su confianza en la destreza de su caminador haya aumentado, bajo ninguna circunstancia debe dejarlo solo en el baño (en la página 115 hay una lista de pequeños consejos relacionados con la seguridad de su hijo).

Las entradas y las salidas. Todos los niños pasan por una etapa en la que se les dificulta separarse de sus padres, aunque sólo sea cuando la mamá deja la habitación para ir a la cocina a preparar la comida. Evidentemente, para algunos es más difícil que para otros, pero eso depende tanto de los niños como de los padres. Si éstos trabajan fuera de casa y se van de la casa a una cierta hora y regresan también a una cierta hora, y si esto sucede desde que el niño era un bebé, cuando crezca le será más fácil acostumbrarse a esta rutina porque ya sabe qué esperar. Las cosas se complican un poco cuando uno de los padres o los dos se van de la casa y regresan de forma más errática. Por otra parte, he visto a algunos niños que aparentemente se habían acostumbrado a la ausencia de su padre o madre y que de pronto empiezan a sentir temor cuando éste se va de la casa.

PROPÓSITO: Hacer que su hijo se sienta seguro sabiendo que usted regresará a la casa.

PREPARACIÓN: Hable con su hijo sobre su partida. Si usted empieza a hacerlo cuando tiene aproximadamente seis meses de edad, a los ocho meses seguramente ya estará jugando solo hasta cuarenta minutos. También puede ayudarle a su hijo a acostumbrarse a la idea de su ausencia jugando a las escondidas con él. Este juego le enseña que usted sigue ahí aunque él no pueda verlo. Pero no inicie este tipo de juegos si está cansado o malhumorado. Y si se asusta y empieza a llorar, inténtelo otro día.

Cuando usted ya pueda abandonar la habitación, asegúrese de que él no corre ningún tipo de peligro porque está en la cuna o en el corral o porque alguien más lo vigila. Cada vez que salga de la habitación, dígale a dónde va: "Voy a estar en la cocina, si me necesitas". Y regrese cuando él la llame, para que aprenda que puede confiar en usted. Si tiene un intercomunicador o un *walkie-talkie*, háblele mientras está en la otra habitación para que no se inquiete o llámelo de vez en cuando: "Estoy en el comedor, mi amor". Devuélvase y tranquilícelo si es necesario. Incremente estos períodos lejos de la vista de su caminador.

Cuando finalmente salga de su casa, dígale la verdad, ya sea que se vaya a demorar quince minutos o que vaya a pasar todo el día en la oficina. No le diga: "Ya vuelvo" o "Vuelvo en cinco minutos" si piensa demorarse cinco horas. Aunque los caminadores aún no tienen idea del tiempo, cuando usted le prometa dentro de unos días que lo llevará al parque "dentro de cinco minutos", él se enfadará porque creerá que es mucho tiempo.

DE COMIENZO A FIN: Use las mismas palabras y los mismos gestos siempre que se vaya: "Me voy a trabajar, cariño", y un beso y un abrazo. También puede decirle que irán al parque a su regreso, pero no le haga promesas que no puede cumplir. También es importante que sepa qué resulta más tranquilizador para su hijo. Por ejemplo, a algunos niños les gusta ir hasta la ventana y decir adiós con la mano mientras que a otros les molesta porque prolonga la partida.

No niego que hay una tenue línea divisoria entre el respeto a los sentimientos del niño ("Yo sé que no quieres que me vaya...") y la verbalización de la realidad ("... pero tengo que ir a trabajar.") Recuerde: con frecuencia lo que molesta al niño no es que usted se vaya sino la forma como se va. Si usted va y vuelve y va y vuelve, sólo incrementará la ansiedad del niño. De alguna manera le está diciendo que su llanto realmente lo obliga a devolverse.

> *SUGERENCIA: Para su tranquilidad mental, llame a la niñera desde el carro o desde la oficina si su hijo se quedó llorando. Le aseguro que cinco minutos después de la partida de mamá, la mayoría de los niños ha dejado de llorar.*

Cuando regrese, entre a la casa pronunciando siempre las mismas palabras: "Ya llegué" o "Aquí estoy, cariño." Salude a su caminador con toneladas de besos y de abrazos y explíquele: "Me voy a cambiar de ropa, para poder jugar contigo." (Había una serie de televisión que empezaba siempre con el personaje principal, míster Rogers, cambiándose los zapatos, un ritual con el que buscaba decirles a los niños de la audiencia: Éste es el tiempo de pasarla juntos.) Después, pase al menos una hora con él: que éste sea su momento especial.

Algunas madres prefieren anunciar su llegada con antelación, para que la niñera pueda decirle al niño que "mamá ya viene". La niñera también puede llevar al niño a la ventana a esperarla (suponiendo que usted no viva en una de esas ciudades donde el tráfico endemoniado impida prever una hora aproximada de llegada). Resulta interesante el hecho de que muchos niños cuyos padres trabajan acaban adoptando rituales que no fueron diseñados específicamente para ellos. En mi casa, cuando Nana ponía la tetera al fuego al caer la tarde, mi hija Sara sabía que yo ya iba a llegar.

> *SUGERENCIA: Nunca traiga un regalo al llegar a casa. Usted es el regalo.*

La hora de recoger. Como los caminadores suelen tener dificultades con las transiciones, a mí me gusta incorporar la hora de recoger a la rutina diaria. En mis grupos, por ejemplo, incluso los de niños de hasta ocho meses de edad, siempre recogíamos antes de música, que era una actividad más sosegada. Además nunca es muy pronto para empezar a aprender sobre la responsabilidad y el respeto.

PROPÓSITO: Enseñar responsabilidad al niño e inculcarle respeto por las pertenencias propias y las ajenas.

PREPARACIÓN: Su caminador debe contar con una caja, varios colgaderos y, si es posible, unos cuantos anaqueles en un armario que él pueda alcanzar.

DE COMIENZO A FIN: Cuando entren a la casa con su hijo, dígale: "Vamos a colgar el saco". Vaya al armario y haga lo propio y él lo imitará. Después de jugar en su habitación y antes de comer o de hacer la siesta, establezca "la hora de recoger". Al comienzo usted tendrá que ayudarlo. Lo que hago con mis grupos es que tomo una caja y empiezo a guardar cosas en ella y los niños hacen otro tanto. Es posible que su hijo se acerque a la caja y trate de sacar juguetes, pero usted debe insistir: "Ahora estamos guardando los juguetes en la caja. Estamos recogiendo". Aprenderá a recoger si este ritual se repite una y otra vez.

SEGUIMIENTO: Este ritual de limpieza debe repetirse dondequiera que el niño vaya, ya sea a la casa de la abuela, o donde la prima, o en el grupo de juego.

La hora de la siesta y la hora de acostarse. No hay nada más delicioso que cobijarse y leer un libro antes de dormir. Los padres suelen disfrutarlo tanto como los niños. Después llega el momento de irse a dormir. Algunos niños necesitan más apoyo que otros, pues el sueño es una destreza que hay que aprender, como cualquier otra (ver páginas 260-261). Aunque su caminador no tenga problemas en ese sentido, y duerma la siesta y se vaya a la cama sin molestar, es importante fijar rituales consistentes para la hora de acostarse. Los problemas de sueño pueden surgir en cualquier momento a medida que su hijo adquiere más movilidad, usualmente entre el primero y el segundo año de vida. Los sueños y la impaciencia pueden interferir con sus horas de sueño: ¡por ningún motivo quiere quedarse acostado! En el capítulo octavo me ocupo del tema del sueño, pero quisiera adelantar algunas sugerencias para las rutinas y rituales a la hora de dormir y a la hora de la siesta.

PROPÓSITO: Su meta es ayudar a su hijo a calmarse a la hora de la siesta y por la noche, para que pase de las exigencias y la agitación del juego a la relajación necesaria para el descanso.

PREPARACIÓN: Suspenda las actividades estimulantes, como el juego o la televisión. Recojan los juguetes (ver el ritual para la hora de

recoger) y dígale que ya casi es hora de ir a dormir. Cierre las cortinas y baje las persianas. Incorporar el baño vespertino al ritual de la
hora de acostarse le ayudará a su hijo a relajarse físicamente; el masaje también ayuda, si su hijo lo disfruta.

DE COMIENZO A FIN: Después del baño y cuando ya se haya puesto la
pijama, invítelo a escoger un libro. Si su caminador tiene entre ocho
y doce meses de edad y aún no tiene un libro favorito, escoja uno
por él. Decida de antemano cuántos libros piensa leerle (o cuántas
veces le leerá el mismo libro), dígaselo y cúmplalo. Si no lo hace así,
se está buscando problemas (más sobre el tema en el capítulo noveno).

Además de lo anterior, que resulta evidente, las familias tienden
a diseñar a su gusto este tipo de rituales. Roberta y Úrsula se sientan
en una mecedora todas las noches y entre las dos acunan al conejo
favorito de Úrsula. Roberta lee un cuento, la consiente un rato y
después la mete entre la cuna, sin que Úrsula oponga resistencia
alguna. Jaime, el hijo de Débora tiene una cobijita para la hora del
cuento, que suele consistir en un casete acompañada de un libro
ilustrado. Cuando Jaime se baja de las rodillas de Débora porque
quiere jugar con su camión, ella le recuerda suavemente que es la
hora de dormir.

Algunos caminadores toman seno o un tetero antes de dormir.
Si eso contribuye a que el niño se relaje, no hay problema, mientras
no necesite el tetero o el seno para dormirse (como en el caso de Eliana, páginas 259-267). Además, no es bueno para los dientes de los
niños que tomen tetero o seno en la cuna.) Daniel tiene diecinueve
meses y todavía toma tetero, pero su mamá se lo da abajo, no en su
habitación. De esa forma, Daniel cuenta con la familiaridad y la
seguridad que le proporciona el tetero pero puede dormirse sin él.
Daniel tiene otros rituales que lo tranquilizan. Se despide de la luna
y de las estrellas por la ventana, y si papá no está en casa, besa su
retrato.

El ritual de la hora de dormir habrá llegado a su fin cuando
usted pone al niño en la cuna. Algunos padres pueden abandonar la
habitación inmediatamente; otros se quedan ahí unos minutos más
para tranquilizar a su bebé, cantarle una canción, o darle palmaditas en la espalda. Si usted conoce a su hijo, sabrá qué lo serena. (En
el capítulo octavo hay consejos para lograr que un niño renuente se
quede en cama cuando el ritual ha terminado.)

Rutinas y rituales para las ocasiones especiales

Tal como dije al comienzo de este libro, hay innumerables ocasiones en las que los rituales conscientes pueden hacer que el día, la semana o el año familiar sean memorables. Como en el caso de los rituales cotidianos, el significado que les otorguemos es importante. Lo que funciona para una familia puede ser completamente irrelevante para otra. Además, algunas familias tienen necesidades especiales. En su libro, Barbara Biziou describe, por ejemplo, el "día del te tengo", en el que se celebra la llegada de un niño adoptado a la familia. Estoy segura de que en su clan también hay tradiciones significativas y únicas. A continuación, me refiero a algunas de las ocasiones especiales más comunes.

El tiempo de la unión familiar. Ya sea que lo haga una vez a la semana o una vez al mes, regularmente debe organizar reuniones familiares durante las cuales se puedan compartir ideas y emociones o simplemente divertirse. Algunos padres incorporan a estas reuniones sus propias tradiciones familiares, otros se inventan nuevas tradiciones y los más mezclan lo nuevo y lo viejo.

PROPÓSITO: Fomentar la colaboración, la comunicación y la conexión.

PREPARACIÓN: Si además de su caminador tiene hijos mayores de cuatro años, podría convertir este momento en un ritual más formal de reunión familiar en el cual se pueda compartir y perdonar, además de otras actividades divertidas. Si son sólo usted, su pareja y su hijo, reserve algunas horas a la semana para que todos puedan estar juntos. El ritual de la reunión familiar de Biziou es inspirador, pero habría que adecuarlo; sin embargo, varios de sus elementos se pueden incorporar a una reunión con un niño de corta edad; por ejemplo "el bastón de hablar" es una buena forma de enseñarle a un caminador a tener paciencia y a desarrollar su capacidad de escuchar.

DE COMIENZO A FIN: Empiece con un anuncio: "Ésta es nuestra reunión familiar especial". Prenda una vela para señalar el inicio del ritual, pero manténgala lejos del alcance de su hijo pequeño. Incluso si planea una cosa menos seria, puede designar este tiempo como sagrado, libre de las intromisiones de la responsabilidad o de las preocupaciones: no responda al teléfono, no haga las tareas de la casa, no se ocupe de los asuntos propios de los adultos. Éste es el momento de estar con su hijo: puede ser que compartan una comida, o que vayan al parque, o que hablen, o jueguen, o canten (sería deseable que la televisión estuviera apagada). Apague la vela para indicar que el ritual ha llegado a su fin.

SEGUIMIENTO: Quizás esta idea le suene tonta porque su caminador es pequeño (apenas cumplió el año). Quizás piense que él no va a entender, y es posible que tenga razón. Pero yo sé que mediante la repetición del ritual de la reunión familiar su hijo no sólo entenderá su importancia sino que además esperará impaciente su ocurrencia.

El tiempo con papá. Ya lo dije en la introducción: aunque los padres de ahora participan mucho más que los de las generaciones pasadas, las madres con las que hablo por lo general sienten que a los hombres de su vida —incluidos los abuelos— les falta recorrer un largo trecho. En parte es una cuestión territorial. Algunas mamás sencillamente no quieren soltar las riendas, o inconscientemente desalientan la participación del padre (ver recuadro). En parte puede ser también una cuestión de disponibilidad. Si el padre está en la oficina todo el día y la madre en la casa, no hay forma de que él supla esa ausencia. Pero incluso en los hogares donde la mamá también trabaja, el papá es más bien un ayudante que un verdadero compañero de crianza. (Hay casos en los que es el padre quien se queda en la casa y entonces la situación se invierte, pero no es muy usual).

Cuando los niños pasan el mismo tiempo con su padre que con su madre es porque aquél hace un esfuerzo para estar con su hijo o sus hijos y la madre lo apoya. Es posible que no suceda así con un recién nacido. Los papás tienen más dificultades para manejarlos. Cuando los niños empiezan a caminar, los papás suelen empezar a sentirse más cómodos si se quedan a cargo de los niños. Marcos, por ejemplo, era un padre un poco distante cuando acababa de nacer Federico. Pero ahora no ve la hora de llevar a su hijo de dieciocho meses al parque, cosa que hace todos los sábados por la mañana; no los domingos, porque es fanático del fútbol. Pero de todas maneras le da un respiro a Mireya, y lo que es más importante, se da tiempo de conocer a su hijo sin la intervención de la madre. No deja de ser interesante el hecho de que Marcos se mostró un poco reticente ante la idea de sacar a Federico solo. Pero cuando empezó a hacerlo, no demoró en convertirlo en un ritual semanal. A muchos padres les sucede lo mismo.

PROPÓSITO: Ayudar al niño a conectarse con su padre por su propia cuenta.

PREPARACIÓN: Quizás sea necesario planear un poco y negociar otro poco, sobre todo si ambos padres trabajan. Prevea los posibles obstáculos en el horario, de manera que cuando papá se comprometa a pasar este tiempo con su hijo, nada se lo impida.

DE COMIENZO A FIN: Cuéntele a su hijo que éste es el tiempo especial con papá: como siempre, al decir las mismas palabras y hacer las mismas cosas todas las veces se marcará el comienzo del ritual. Marcos, por ejemplo, le dice a Federico: "Hora de irnos, socio", y lo levanta del piso y lo pone sobre sus hombros. Federico acaba de cumplir un año, pero ya sabe instintivamente que el tiempo que pasa con mamá es diferente del tiempo que pasa con papá. A Federico le gusta cantar, así que de camino al parque Marcos le canta una canción que él inventó: "El niño y el papá al parque juntos van, es sába-

Poniéndosela difícil a papá

Muchas mamás entorpecen sin darse cuenta la relación entre su hijo y el padre porque:

- Le dicen al padre qué pensar: Greta y su papá están jugando con una aspiradora de juguete. "Ella no quiere jugar con la aspiradora", explica la mamá. "Ya la habíamos guardado". Es importante que el padre averigüe por su cuenta lo que le gusta a Greta y lo que no le gusta.
- Critican al padre delante del hijo: "Así no se le pone la camiseta".
- Le transmiten al niño el mensaje de que no es seguro estar con papá: Cuando el padre está con Greta, la madre la persigue nerviosa todo el tiempo; si Greta llora, ella corre a rescatarla de los brazos de su padre.
- Convierten al papá en el malo. Cuando Greta se niega a acostarse, ella manda al papá a que ponga orden. Cuando Greta se porta mal, ella le dice: "Espera a que tu papá llegue a casa".
- No quieren dejar de ser la fuente principal de afecto: Papá le está leyendo un cuento a Greta y mamá entra, la levanta del regazo de su padre, y dice: "Deja, yo termino".

do y al parque juntos van". Federico no puede repetir las palabras, pero Marcos asegura que ya lo sigue en su propia jerga. Se quedan en el parque más o menos una hora, después de la cual Marcos le dice a Federico: "Hora de volver a casa, socio. A descansar". Cuando llegan a casa, Marcos se quita los zapatos con gran alharaca y le ayuda a Federico a hacer lo propio. Después del parque, viene la siesta.

El tiempo con papá no tiene que ser siempre para jugar. Es bueno que papá se haga cargo de alguna de las rutinas diarias: el baño vespertino, por ejemplo, es muy popular entre los padres. A otros les gusta hacer el desayuno. Cualquier cosa puede ser tiempo con papá mientras éste tenga la intención de repetirlo regularmente, de convertirlo en un acontecimiento recurrente.

Eventos familiares importantes. Los cumpleaños, los aniversarios y otros días especiales son siempre motivo para celebrar en familia. Pero hay que tener cuidado: no abrume a su caminador con una celebración demasiado grande o demasiado pomposa y por tanto inapropiada, y no limite sus celebraciones a los eventos en los cuales su hijo es la estrella. En otras palabras, es conveniente que aun los niños muy pequeños abandonen el escenario de cuando en cuando y aprendan a rendir honores a los demás.

PROPÓSITO: Ayudar a su hijo a comprender el significado de los eventos especiales sin el énfasis usual en las adquisiciones materiales.

PREPARACIÓN: Cuéntele a su hijo lo que se avecina unos días antes del evento. Su comprensión del tiempo es muy limitada, así que no puede hacerlo con mucha anticipación porque sería anticlimático. Si es su cumpleaños, invite a unos cuantos parientes cercanos. Un amigo por año es una buena medida: si su hijo cumple dos años, invite a dos amigos. Muchos padres no se ciñen a esta norma, pero tratan de invitar sólo a aquellos con quienes juega a menudo.

Si se trata de realzar el gran día de alguien más —el cumpleaños de un hermano, por ejemplo, o de la abuela—, trate de explicarle a su caminador la importancia de este día especial. Anímelo para que haga algo para ese día: un dibujo, un objeto de plastilina, una tarjeta que usted escribe según su dictado y él firma con un garabato. Si su hijo es demasiado pequeño para las manualidades, sugiérale que le regale a la persona uno de sus juguetes ("Es el cumpleaños de Nana, ¿no querrías regalarle esta muñeca?"). Otro regalo maravilloso para un abuelo es enseñarle a su hijo a cantar el "Cumpleaños feliz" (o a llevar el ritmo con las palmas).

DE COMIENZO A FIN: Cuando los padres de un niño de un año organizan una barbacoa monumental, yo sé bien que la fiesta es para ellos más que para su hijo. Las mejores fiestas de cumpleaños para niños son muy relajadas y duran poco. Empiezan con un poco de juego y terminan con la comida y una torta y soplar las velas. Sin embargo, trate de que las celebraciones no duren más de dos horas, sin importar cuál sea la ocasión. Yo conozco a muchos padres que contratan payasos y animadores para las fiestas de cumpleaños de sus hijos, pero no le veo la gracia. Los caminadores no necesitan que los animen ni que los entretengan. Una madre me contó hace poco de una fiesta de cumpleaños en la que la festejada acabó llorando y tuvo que irse. Si contrata un animador, al menos cerciórese de que conoce las mismas canciones que su hijo.

No olvide, cuando organice estas celebraciones, que no sólo se trata de celebrar un evento sino de darles a los niños la sensación de que pertenecen a una familia, de empezar a enseñarles buenas maneras, de inculcarles la generosidad. Si la fiesta es para Susanita, asegúrese de que Susanita dé las gracias cada vez que reciba un regalo (o hágalo usted en su nombre). Si la fiesta es para un hermano o para un pariente, o si es el Día de la Madre, asegúrese de que Susanita sea atenta con el festejado.

SEGUIMIENTO: Si la fiesta es para su caminador, nunca es demasiado temprano para enseñarle a enviar notas de agradecimiento. Aunque no sepa leer ni escribir, ni pueda expresarse verbalmente, usted puede escribir la nota en su nombre, leérsela en voz alta y decirle que la firme con un garabato. Debería ser lo suficientemente corta como para que su hijo la entienda:

> *Querida abuela:*
> *Gracias por venir a mi fiesta. Me gustó mucho mi muñeca nueva. Gracias por traérmela.*
> *Un beso,*
> *Mabel*

La Navidad. Es maravilloso constatar que muchas familias intentan que la Navidad de sus hijos mantenga vivo el espíritu de las fiestas y no sea un acontecimiento estrictamente materialista. Sé que no es fácil combatir el materialismo rampante de nuestra cultura.

PROPÓSITO: Celebrar la Navidad haciendo énfasis en el origen de dichas fiestas y en su razón de ser y no en los regalos que uno podría recibir.

PREPARACIÓN: Compre un libro que hable de la Navidad y léaselo a su hijo. Piense en cómo él podría participar activamente en las celebraciones; haciendo galletas, decorando la casa, haciendo regalos para los demás. Recuérdeles a sus hijos que la Navidad es un buen momento para desprenderse de los juguetes que ya no usan y dárselos a los niños más necesitados.

DE COMIENZO A FIN: Echémosle una mirada a la temporada decembrina (aunque estos principios se aplican a cualquier festividad). Empiece el día en una casa de oración o en compañía de amigos. Antes de hacer cualquier otra cosa, invierta algún tiempo en un cuento, en unas reflexiones. Cuando los niños crecen en medio de valores espirituales, se vuelven muy sensibles a las necesidades de los demás. Es un buen momento para enseñar a su hijo a contenerse, permitiéndole que abra sólo un regalo en la Nochebuena. En cualquier caso, limite el número de regalos que recibe su hijo.

SEGUIMIENTO: El seguimiento es el mismo que para los eventos familiares importantes (en la página 91).

Rutinas y rituales para siempre

Los padres que crean rutinas y rituales para sus hijos consideran que éstos le dan consistencia a la vida cotidiana y un buen cimiento a sus propios valores. Estas costumbres y estos eventos permanecerán para siempre con su hijo, mientras él crece y se vuelve más independiente gracias a los avances en su desarrollo. Y no son sólo los rituales: es lo que los padres piensan de ellos. Las rutinas y los rituales aportan un halo de conciencia a la vida cotidiana y a las ocasiones especiales que hace que los padres y los hijos vayan más seguros por la vida. En los próximos capítulos veremos otros tipos de rituales familiares, entre ellos los rituales que señalan cambios en el desarrollo (el destete), facilitan las transiciones (un nuevo bebé) y ayudan al niño a manejar sus emociones (tiempo de pausa). Cuando nos damos el tiempo necesario para ejecutar estos ritos y desaceleramos el ritmo de la vida, nos damos también el tiempo para conectarnos y para hacer de cada uno de los momentos de nuestra vida un momento especial.

CAPÍTULO CUARTO

No más pañales: Camino de la independencia

Las comparaciones son odiosas.
—Refrán popular del siglo XIV

Es bueno tener un destino final
hacia donde viajar; pero al final es
el viaje el que importa.
—Ursula K. Le Guin

Mas rápido no es mejor

Hace poco fui a visitar a Linda, cuya pequeña, Noelia, acababa de cumplir un mes. Su hijo Bruno, de quince meses, había invitado a jugar a Diego, su mejor amigo. Naturalmente, como estaba escribiendo este libro, presté especial atención a los caminadores (además tuve la suerte de que Noelia durmió la primera hora que estuve allí).

Mientras observábamos a los niños, Linda me contó que Silvia, la mamá de Diego, y ella se habían conocido en un seminario para nuevos padres cuando las dos estaban embarazadas y habían descubierto con gran regocijo que vivían muy cerca la una de la otra. Resultó cómodo porque cuando una de las dos tenía que hacer una diligencia o ir a una cita, la otra usualmente se quedaba con los niños, de manera que sus hijos pasaban mucho tiempo juntos desde su nacimiento. En un momento dado Linda me explicó, casi pidiendo disculpas, que Diego había hecho "todo primero, porque nació tres semanas antes que Bruno". Después, con un tinte de ansiedad en la voz, preguntó: "Pero Bruno va bien, ¿no crees?"

Siento una gran tristeza cada vez que me topo con padres como Linda. En vez de disfrutar cada etapa y de vivir el momento, miden constantemente el progreso de su hijo, se preocupan, tratan de que su hijo "vaya más rápido". Constantemente comparan a su hijo con los demás niños, ya sea en la clase de estimulación, en el parque o en una sesión de juego en una casa ajena, y parecen considerar que todos están en competencia. La madre cuyo hijo es el primero en caminar, se pavonea; las demás se sienten mal. Hacen preguntas como: "¿Es que Catalina no camina todavía?" o se inventan disculpas: "Bruno nació tres semanas después".

Recientemente fui a la fiesta de Ana y Verónica, que cumplían dos años de edad y habían nacido exactamente el mismo día. Ana caminaba con mucha eficiencia, en tanto que Verónica prácticamente no podía pararse, pero ya nombraba varios objetos y llamaba a su perro por su nombre, y lo que es más importante, sabía que el enorme y ruidoso vehículo que pasaba por la calle era un "camó" (camión) como el "camó" de juguete que tenía en casa. Mirando a Verónica, la mamá de Ana me preguntó: "¿Por qué Ana no habla todavía?" Ella no sabía que unos segundos antes la mamá de Verónica me había preguntado: "¿Por qué Verónica no camina todavía?" Le expliqué a cada una de las madres que cuando un niño se adelanta en su desarrollo físico, generalmente se atrasa un poco en el desarrollo del habla, y al revés.

Las comparaciones son sólo una parte del problema que en realidad empieza durante la infancia. Los padres consideran que los avances normales en el desarrollo son logros de su hijo: "Mira, ya sostiene la cabeza", "Ya se voltea", "¡Si se sienta solo!" "Ah, ya se para". Estos comentarios siempre me resultan divertidos porque esos hitos realmente no son logros. Más bien son la forma que ha escogido la naturaleza para decirnos: "Presta atención: tu hijo se alista para la etapa siguiente".

No niego que parte de la presión que soportan los padres hoy día proviene de los abuelos. Un comentario del tipo: "¿Por qué Ana no se sienta todavía?" en labios de la suegra es suficiente para que un padre o una madre empiecen a caer en picada. Pero son peores los comentarios de este tipo: "¿No deberías de sentarla para que aprenda a hacerlo más rápido?" Porque dan a entender no sólo que Ana es lenta sino que papá y mamá no están haciendo lo suficiente.

La excitación de los padres y de los abuelos con las destrezas en aumento de los niños es natural, como es natural comparar un poco, e incluso es deseable si usted es capaz de observar a los demás niños desde una óptica que no sea competitiva. Puede ser muy tranquilizador constatar la gran variedad de comportamientos y de patrones de crecimiento que hay dentro de los límites de un crecimiento "normal". Sin embargo, cuando los padres se obsesionan con las comparaciones o intentan acelerar el proceso entrenando a su hijo, en realidad le hacen un flaco favor a su caminador. En vez de darle una ventaja al pequeño, lo más probable es que le provoquen una gran ansiedad.

Yo manejo los grupos de caminadores con las riendas sueltas para disminuir la competencia y evitar la intromisión agresiva de los padres. Naturalmente, tengo una estructura: por ejemplo, hay música al final de cada sesión porque creo que es una manera encantadora y tranquilizante de cerrar. Pero me mantengo alejada de todo lo que tenga un tufillo pedagógico, porque el propósito de estas reuniones es socializar, no educar.

Sin embargo, según he podido observar, no en todas las clases sucede lo mismo. Hay grupos en los que el instructor, en lugar de instruir a los padres para que perciban las señales que indican que su caminador está listo para caminar, les explica que deben sostener a su hijo de pie, teóricamente para fortalecer sus piernas y lograr de esa forma que camine antes.

El problema es que mientras que algunos niños se paran (porque ya es hora), otros no lo hacen. Créame que un padre o una madre podrían pasar toda una condenada hora, semana tras semana, jalando a su niño hacia arriba, y el niño de todas maneras se dejará caer apenas lo suelten, a menos que esté listo para pararse. En lugar de aceptar esto, los padres proceden entonces a comprar un aparato diseñado para que el niño camine antes. Sin embargo, la presteza no tiene nada que ver con la calistenia ni con los aparatos.

Lo que viene a continuación es aun más inquietante. Cuando el niño se deja caer, los padres se sienten desilusionados. Los demás niños de la clase van más "adelantados". ¿Y cómo creen que se siente el heredero? En el mejor de los casos, confundido: "¿Por qué mis papás se la pasan levantándome y poniendo cara de tristeza?" En el peor de los casos, seremos testigos del surgimiento de un patrón que durará toda la vida y que podría lastimar su autoestima: "No respondo a las expectativas de mis padres y no me aman como soy, así que debe ser que no soy muy bueno".

Sin demostraciones

"Miren", les dice Madre Orgullosa a sus invitados. "Ya sabe aplaudir". Luego cuando el pobrecillo adorable se queda quieto, la madre dice decepcionada. "Pero si lo hizo esta mañana".

Los niños no son acróbatas de circo. Los padres no deberían pedirles que hagan maromas para los abuelos o adultos invitados. Es posible que el hijo de Mamá Orgullosa no haya entendido las palabras de la madre, pero es seguro que notó el tono de voz y vio la decepción reflejada en su rostro cuando él no respondió a la señal.

Los niños hacen exactamente lo que pueden hacer cuando pueden hacerlo. Si pueden aplaudir, aplauden. No es que se abstengan de hacerlo a propósito. Al pedirle a su hijo que haga algo que logró ya hacer una vez, está montando el escenario del fracaso y la decepción. Y si por casualidad le suena la flauta en el momento indicado, quizás reciba aplausos, pero usted estará mostrando satisfacción por lo bien que hace maromas en lugar de estar satisfecho de que él es quien es.

La verdad es que prácticamente todos los niños hacen más o menos lo mismo cuando cumplen los tres años, sin importar lo que sus padres hayan hecho por ellos. (Y hasta ahí llegó la ventaja.) Yo creo que hay una *progresión natural* en el desarrollo; creo que las cosas suceden automáticamente. Algunos niños se desarrollan físicamente más rápido que otros y algunos niños avanzan más emocional y mentalmente que otros. Cualquiera que sea el camino que escojan, lo más seguro es que recorran los mismos pasos que sus padres, pues la velocidad y los patrones de desarrollo obedecen básicamente a un fenómeno genético.

Eso no quiere decir que usted no deba jugar con su hijo ni estimularlo; no quiere decir tampoco que usted deba negarse a ayudarlo cuando empiece a interesarse por una nueva destreza. Sí quiere decir que usted debe desempeñar el papel de guía perspicaz y no el de maestro agresivo. Estoy completamente a favor de que los niños se independicen, pero espere a que su pequeño esté listo. Permítale que su cuerpo y su mente abran el camino en vez de empujarlo para que sobresalga en todo.

En este capítulo le ayudaré a distinguir las señales, a saber cuándo intervenir y a aprender a guiar el curso natural del desarrollo de su hijo hacia una mayor independencia. Son muchos los temas que veremos aquí: la movilidad, el juego, comer, vestirse e ir al baño. (En los siguientes dos capítulos me ocupo del crecimiento cognitivo, emocional y social.) Quisiera que, mientras lee este capítulo, tenga siempre en mente que debe contenerse, estimular la exploración, fijar límites y alabar.

Conténgase: Espere a que su hijo dé señales de estar listo antes de intervenir.

Estimule la exploración: Dele a su hijo la oportunidad de explorar pero de acuerdo con sus destrezas, de forma que pueda enfrentar nuevos retos y ampliar su repertorio.

Fije límites: No abandone su triángulo de aprendizaje (ver páginas 109-114), y cerciórese de que su hijo no intente nada que lo lleve a la frustración extrema, al descontrol emocional o al peligro.

Alábelo: Aplauda un trabajo bien hecho, una nueva destreza o un comportamiento admirable, pero no se exceda.

Cuidado: ¡un caminador suelto!

La fuerza que impulsa a los niños en esta época de su vida es la movilidad. Su pequeño arrancó y no quiere parar. A él le parece que todo lo que no sea andar —como comer y dormir, por ejemplo— es un obstáculo. Pero piense en lo maravilloso que puede ser esto: en un período de nueve o diez meses, su hijo dejó de ser un bulto inerme con muy poco control sobre sus extremidades y se transformó en un niño que se mueve por toda la casa como puede: con las rodillas, sobre el trasero o con los pies. Es más, su creciente destreza física le ofrece una nueva perspectiva. El mundo se ve diferente cuando uno está sentado, y más aun si uno está de pie. Además, querido amigo, caminar sin ayuda significa que uno puede acercarse a las cosas que le gustan y alejarse de las que le dan miedo. En otras palabras, ¡uno está por su propia cuenta!

No olvide que cada uno de los pasos en la escalera del desarrollo aparece en el momento adecua-

El acertijo del gateamiento

Se sabe desde hace mucho que hay niños que pasan de estar sentados a estar parados, y su número crece en la actualidad. Los científicos creen que la razón es que los bebés pasan menos tiempo boca abajo, como resultado del temor al síndrome de muerte súbita.

Antes de 1994, cuando se lanzó en Estados Unidos la campaña "Back to sleep" [Volver a dormir], la mayoría de los padres ponía a sus bebés a dormir boca abajo y éstos, para ver mejor el mundo, aprendían a voltearse, un movimiento precursor del gateamiento. Pero ahora que de rutina se aconseja a los padres que acuesten a sus bebés boca arriba, los pequeños no necesitan voltearse.

Dos estudios recientes —uno en Estados Unidos y otro en Inglaterra—concluyen que muchos de los niños que duermen boca arriba (un tercio de la población estudiada en Estados Unidos) no se voltean ni gatean cuando toca y algunos se brincan el gateamiento. Si su hijo es uno de estos niños, no se preocupe. A los dieciocho meses prácticamente ya no hay diferencias entre los gateadores y los no gateadores, y ambos empiezan a caminar a la misma edad. Además, la antigua creencia de que gatear era necesario para el desarrollo cerebral no tiene ningún fundamento.

do y sucede lentamente. Al fin y al cabo, los niños realmente no se sientan a los ocho meses. Todo este tiempo, su cuerpo ha estado madurando y sus extremidades se fortalecen. Generalmente, les toma más o menos dos meses para pasar del punto en el que se pueden quedar precariamente sentados al punto en el que pueden verdaderamente sentarse solos. Lo mismo sucede con el gateamiento. Cuando su hijo empieza a nadar boca abajo y a patear, está practicando para gatear. Pero faltan al menos cuatro o cinco meses para que todas las piezas necesarias encajen.

En el cuadro de las páginas 103-106 aparecen los hitos de la movilidad, los cambios típicos que contribuyen a transformar a los bebés en caminadores. Sobra decir que a medida que la fisiología de su hijo madure, madurará su percepción de sí mismo y su conciencia social, su capacidad para manejar el estrés y la separación. No podemos actuar como si las diferentes áreas del desarrollo no estuvieran relacionadas entre sí. Sin embargo, podemos empezar con las destrezas físicas. El tipo de juguetes que puede manipular su hijo, su comportamiento con otros niños o su capacidad para sentarse a comer a la mesa dependen de su desarrollo corporal.

Mientras lee el cuadro, no olvide que el control muscular varía según la familia: aunque aproximadamente la mitad de los bebés gatean a los trece meses, si usted o su pareja caminaron tardíamente, es posible que su hijo también llegue a estas etapas más tarde que sus amigos. Algunos niños se ponen al día; otros permanecen rezagados durante unos cuantos años. Es posible que, a los dos años, su hijo no sea tan ágil como algunos de sus coetáneos, que ya saltan y corren, pero a los tres años las diferencias, si persisten, serán mínimas.

Independientemente de la velocidad individual de desarrollo de su hijo, siempre habrá caídas en el camino, y algunos desencantos y regresiones. Si hoy se cayó y se pegó duro, tiene sentido que mañana esté un poco renuente a levantarse. Pero no se preocupe: ya volverá a arrancar en el punto donde lo dejó. Mientras adquiere estabilidad al caminar, aliéntelo para que experimente con diferentes superficies; así mejorará su control motriz.

SUGERENCIA: Si su hijo se cae, no corra a recogerlo sin antes evaluar si realmente se hizo daño. Su ansiedad puede hacerle daño porque lo asusta y destroza su autoconfianza.

Se dará cuenta de que apenas menciono edades "típicas" para los diferentes hitos. La razón es que quiero que usted le preste más atención al proceso que al resultado final. Aunque a usted le parezca que su hijo está "demorado", lo más probable es que él esté muy a tiempo con su propio cronograma. Nosotros los adultos también tenemos que hacer las cosas a nuestro propio ritmo, como es evidente cuando vamos al gimnasio, por ejemplo. El manejo de un equipo desconocido exige que sus músculos, su coordinación y su cerebro se acostumbren antes de que pueda dar la impresión de que sabe qué está haciendo. O si empieza a asistir a una nueva clase de aeróbicos, tanto su mente como su cuerpo sentirán al comienzo que los movimientos son extraños. Quizás usted sea de los que aprenden rápido y se acostumbran fácilmente, o quizás sea de los que necesita practicar más que sus compañeros de clase. Dentro de doce semanas, será difícil distinguir a aquellos que empezaron más lentamente.

Lo mismo vale para su caminador y cada nuevo nivel de desarrollo al que se lanza. Si lo observa con atención, verá las señales

Correo electrónico de parte de una madre sabia

Una de las formas que ideamos para manejar esos "terribles dos años", como se los califica constante e inadecuadamente, fue pensar que mi hijo Mauricio estuvo padeciendo de SPM (síndrome premenstrual)durante un año: eso me permitió identificarme con sus rabietas, su "mal" comportamiento, sus derrumbes. Pensaba en mí misma durante el SPM y en mi sensación de impotencia, en la presencia constante de las hormonas, en mis altibajos. Imagínese que usted tiene dos años y no sabe por qué se siente como se siente, y toda esta gente está furiosa o frustrada por su causa y usted no puede explicar cómo se siente ni qué es lo que realmente quiere, ¡porque no tiene ni idea de qué hacer para sentirse mejor! Yo tengo treinta y dos años y sé exactamente lo que me pasa y sin embargo siento que no lo controlo, así que no quisiera ni imaginarme lo que siente un caminador. Así que rezamos y quisimos mucho a Mauricio mientras todo pasó. Le habíamos dado mucho afecto desde que nació, así que seguirlo queriendo a pesar de la frustración, reorientarlo cuando estaba en peligro, razonar con él de la mejor manera posible y apoyarnos el uno al otro mientras superamos esta etapa no fue más que otro paso en el camino.

que indican que ya está listo, y podrá estimular su progreso natural. Respete su forma de ser: en lugar de sentirse ansioso o de apurarlo, dese cuenta de que él está justo donde debe estar. Si usted siente que su hijo está muy rezagado en relación con el grupo o que no parece estar respondiendo a pesar de que usted lo ha dejado avanzar a su propio ritmo, coméntele su preocupación al pediatra en la próxima visita. Un repaso de rutina por los hitos del desarrollo le indicará si hay problemas.

Una última cosa: los saltos en el desarrollo tienden a voltear el auto. Me regocija recibir mensajes de correo electrónico como el que aparece en el recuadro de la página 101 (esa madre tiene una maravillosa actitud mental). Pero sigo oyendo comentarios de los padres que insisten en considerar malos los cambios en su caminador: "Solía dormir toda la noche. Después aprendió a pararse y ahora no puede volver a acostarse solo. ¿Qué le pasa?" No le pasa nada. Su hijo está creciendo y volviéndose más independiente. Es posible que a veces parezca confundido, pero de usted depende que él tenga la oportunidad de poner a prueba sus destrezas recién adquiridas.

> **SUGERENCIA:** *Los brotes de movilidad inusual tienden a provocar problemas en el sueño. Las extremidades de su hijo están vivas gracias al movimiento, y él las siente como siente usted su cuerpo después de hacer ejercicio. Él no está acostumbrado. Es posible que su caminador se despierte en medio de la noche, se pare en su cuna y empiece a llamarlo llorando porque no sabe cómo volver a acostarse. Tendrá que enseñarle... de día. Póngalo en su cuna para que juegue un rato por la tarde (esto debería formar parte de su rutina: ver páginas 78-79). Cuando se pare, tome sus manos, póngalas en los barrotes de la cuna y deslícelas suavemente hacia abajo. Cuando tenga las manos abajo, tendrá que doblar las rodillas y sentarse. Aprenderá a hacerlo después de dos o tres ensayos.*

La verdad es que los caminadores atraviesan diferentes fases. Cuando usted se haya acostumbrado a que su hijo haga las cosas de una cierta manera, él las hará de otra. Lo cierto es que lo único que usted puede esperar de su caminador es que cambie. Usted no puede controlarlo y no puede (y no debe) evitarlo. Pero sí puede cambiar su propia actitud al respecto. Piense en la forma como el cambio altera la vida de los adultos: un nuevo trabajo, la muerte de un pariente, un divorcio, la llegada de un bebé. ¡Ahora imagínese cómo será ser un caminador! Aprenda a apreciar la naturaleza y la velocidad del cambio en la vida de su hijo y dele un giro positivo. En vez de quejarse porque ¡una vez más! ha cambiado, disfrute de lo maravilloso que eso resulta.

Hitos de la movilidad

Logro	Etapas que el niño atraviesa	Consejos/ comentarios
Sentarse	Si uno sienta al niño, se queda sentado sin ayuda y se estabiliza con los brazos, pero el equilibrio es precario; la postura es tiesa, y el niño parece un robot o un Frankenstein sin las costuras.	Ponga cojines a su alrededor para su seguridad.
	Puede alcanzar un juguete sin caerse.	
	Rota el cuerpo de un lado a otro.	
	Se sienta sin ayuda.	
Gateamiento	"Nada" boca abajo y patea, con movimientos que usará después cuando ande a gatas.	
	Se da cuenta de que si se retuerce, se puede mover.	
	Se apoya en los pies y gatea hacia atrás.	Esta etapa puede ser muy frustrante porque cuando trata de alcanzar un juguete lo que hace es alejarse de él.

Logro	Etapas que el niño atraviesa	Consejos/ comentarios
	Se arrastra con una especie de culebreo que le permite avanzar. Se pone en cuatro patas y se mece.	Apenas empiece a moverse, tape los tomacorrientes y quite los cables de su alcance; nunca deje solo a un niño menor de dos años (vea el recuadro en la página 109 y otros consejos pertinentes a la seguridad en la página 115).
	Logra finalmente que los brazos y las piernas funcionen al tiempo.	Los niños que prefieren gatear a caminar vuelan por toda la casa en cuatro patas. Pero si su hijo se brinca esta etapa, no le pasará nada (ver recuadro de la página 99).
Levantarse	El recién nacido tiene un reflejo que lo hace entiesar las piernas, pero éste desaparece. A los cuatro o cinco meses de edad, adora pararse en su regazo cuando usted lo ayuda sosteniéndolo por las axilas. Se levanta solo.	Cuando pueda pararse solo, ofrézcale sus dedos para que él se sienta un poco más seguro.

Logro	Etapas que el niño atraviesa	Consejos/ comentarios
Caminar agarrado	Camina agarrado de las manos de otro o de los muebles. Se suelta de una mano.	Si lleva más de dos meses en esta etapa y todavía no se siente seguro, intente apartar un poco los objetos de los cuales usualmente se agarra (una silla, una mesa). Eso lo obligará a superar la distancia si quiere seguir andando.
Caminar tambaleante	¡Mamá, sin manos! Camina solo, pero se cae apenas se le acaba el impulso.	Cuando su hijo empiece a caminar, trate de despejar el piso lo más posible y cerciórese de que no haya bordes o puntas a su alrededor contra los que pueda golpearse la cabeza. A medida que adquiera estabilidad, aliéntelo para que camine sobre diferentes superficies: ello mejorará su control motriz.
	Mejora su control muscular y es más capaz de manejar esa cabezota que tiene sobre los hombros. No tiene que mirarse constantemente los pies mientras tambalea.	No le quite el ojo de encima en ningún momento y cerciórese de que los objetos sobre los cuales podría apoyarse no son tan livianos como para que se caigan si se apoya.

Logro	Etapas que el niño atraviesa	Consejos/ comentarios
Caminar	Después de un mes o más de andar tambaleante, empieza a ampliar su repertorio. Camina y carga un juguete. Camina y mira hacia arriba. Puede subir las manos mientras camina. Puede voltearse, trepar y descender por una pendiente, acuclillarse y levantarse sin esfuerzo.	¡Alístese! Su pequeño, como Pinocho, se acaba de convertir en un niño (o una niña) de verdad. Si tiene puertas de vidrio, cúbralas con una película transparente: un niño que ya camina pero que no se detiene con facilidad puede atravesar una puerta de vidrio.
Usted dígame (correr, saltar, dar vueltas, patear, bailar, trepar...)	Puede saltar, dar vueltas y bailar. Corre todo el tiempo e incluso juega a perseguirse con sus amigos. Corre por toda la casa y trata de encaramarse a todo y sobre todo.	No tiene ni idea de qué es peligroso y qué no lo es, así que usted necesita ojos en la espalda. Dele la posibilidad de trepar, pero señálele aquellas cosas sobre las cuales no se puede subir, como el sofá de la sala (en la página 74, formas de impedir que se suba al sofá).

Jugando por su cuenta

El juego es la ocupación más importante en esta época de la vida del niño. Durante el juego los niños aprenden y amplían sus horizontes. Hay muchas formas de jugar: solo o con otros niños (ver páginas 206-211 sobre los grupos de juego y las citas para jugar), afuera o adentro, con juguetes o con objetos que su hijo encontró en la casa. El juego sirve para mejorar las habilidades motrices y para afinar la inteligencia de su hijo, y lo prepara para el mundo. Los juegos y las actividades deben ser adecuados para su edad (ver más adelante), y es importante darles alguna estructura a las horas de juego para estimular al niño a que juegue por su cuenta y para ayudarle a que deje de jugar cuando llegue el momento de hacerlo.

A los ocho meses de edad, su hijo debería ser capaz de jugar por su cuenta durante aproximadamente cuarenta minutos. Algunos niños son por naturaleza más independientes que otros; pero si su hijo ya está a punto de cumplir el año y aún la necesita a su lado constantemente, es posible que esté padeciendo ansiedad de separación (una ocurrencia normal entre los caminadores de los ocho a los dieciocho meses de edad). Sin embargo, también sería conveniente que usted se preguntara si le ha permitido volverse independiente. ¿Lo lleva a todas partes? ¿Siempre se sienta con él cuando está jugando? ¿Necesita a su hijo más de lo que él la necesita a usted? Si es así, quizás le esté transmitiendo sin darse cuenta el mensaje de que no confía en él estando solo (ver recuadro).

Es hora de que empiece a transmitirle un mensaje diferente. Si su hijo está jugando en el suelo, siéntese en el sofá. Aléjese un poco más todos los días. Póngase a hacer algo para no estar pendiente de él exclusivamente. Des-

Fomentar la confianza

Según el diccionario, la confianza es seguridad, familiaridad, esperanza, ánimo, vigor para obrar. Cada uno de estos significados ilumina diversos aspectos de la relación entre padre e hijo. Nosotros somos los encargados de cuidar a los niños y debemos fortalecer nuestra propia confianza para que ellos, a su vez, confíen en sí mismos.

La confianza es un camino de doble vía. Si fomentamos la capacidad de nuestro hijo para jugar por su cuenta, le dejamos saber que confiamos en él. Pero primero hay que fomentar su confianza en nosotros:

- Es importante anticiparse al cambio y pensar en él desde el punto de vista del niño.
- Hay que separarse poco a poco.
- No le dé a su hijo más responsabilidad de la que pueda manejar.
- No le pida a su hijo que haga cosas que todavía no puede hacer.

pués de unos cuantos días, podrá salir de la habitación. Empiece a incrementar el período durante el cual su hijo juega solo, sabiendo que usted está en la habitación de al lado. (Es el momento de darle un objeto que le dé seguridad, si es que aún no lo tiene; ver páginas 181-182 y 272-276.)

Algunos padres enfrentan el dilema contrario: a sus hijos les cuesta trabajo dejar de jugar, abandonar el grupo de juego, venir a la mesa del comedor o alistarse para la cama. Los niños deben aprender a delimitar el tiempo que pasan jugando, a darse cuenta de que en algunas actividades hay estimulación, imaginación, sensaciones e incluso la posibilidad de ensuciarse, y en otras —como comer y dormir— hay que quedarse quieto, callar o cobijarse. Los niños que aparentemente entienden esto son aquellos cuyos padres dotan sus períodos de juego con una estructura predecible: un comienzo, un centro y un final.

El comienzo. Podría empezar la hora de divertirse con un anuncio: "Es hora de jugar". Es posible que no pueda hacerlo siempre porque gran parte del día del caminador supone jugar, pero cada vez que pueda señale el hecho de que ya llegó la hora de empezar a jugar. Con ello además replicaría lo que sucede en el mundo real —en las casas de otros niños, en la guardería, en el preescolar—, así que más le vale hacer todo lo posible para que su hijo se acostumbre.

El centro. Reduzca al mínimo la cantidad de objetos de juguete durante los períodos de juego. Por ejemplo, si le va a dar cubos a su hijo, no se los de todos de una vez. Un niño de un año puede manejar de cuatro a seis cubos para empezar, y un niño de dieciocho meses, diez, para empezar. Cuando cumpla los dos años estará listo para manejar todos los cubos porque a esa edad ya pueden construir una torre y derribarla. Deshágase de los juguetes que no se usan (ver recuadro de la página 111).

El final. Los caminadores no tienen idea del tiempo, así que no servirá de nada que usted diga: "En cinco minutos vamos a acabar de jugar". Lo mejor es que le haga una advertencia verbal y visual. Mientras saca la caja de guardar los juguetes, dígale lo siguiente: "Ya casi es hora de acabar". Si él está demasiado concentrado, no lo retire abruptamente. Es posible que esté tratando de dilucidar si la figura cuadrada cabe en el hueco redondo y usted debe respetar su necesidad de terminar. Al mismo tiempo, recuerde que usted es el adulto; usted impone los límites. Si su hijo sigue negándose a dejar de jugar o se rehúsa a guardar sus juguetes, acepte sus sentimientos pero dígale con firmeza: "Me doy cuenta de que no quieres parar, pero es hora de cenar". Por último, concéntrese en el ritual de la hora de recoger (páginas 84-85).

SUGERENCIA: Si usted sabe que a su hijo le cuesta trabajo abandonar una actividad o ponerle término a un juego, ponga el cronómetro y avísele que "cuando suene el timbre, tenemos que [comer, irnos al parque, irnos a dormir]". Si el control está en manos de un objeto, usted no tiene que molestarse repitiendo lo mismo una y otra vez.

Señales de peligro potencial

Nunca deje solo a un niño menor de dos años. Métalo en la cuna o en el corral o deje a otro adulto a cargo. Cuando el niño ha cumplido los dos años, lo puede dejar solo por períodos cortos porque eso refuerza su confianza en sí mismo, pero solo si usted sabe que el área en cuestión es a prueba de niños y usted ha observado a su hijo mientras juega ahí y sabe que no estará tentado a correr riesgos. También puede permitirle que salga de la habitación en la que usted se encuentra. Sin embargo, aunque su hijo sea extremadamente hábil y cauteloso, usted sabrá que debe ir a investigar si:

• No oye nada
• Empieza a llorar de pronto
• Oye ruidos extraños
• Oye un golpe seguido de un grito

El triángulo de aprendizaje de su caminador

Naturalmente, en el juego importa el cuándo, pero también el qué. Yo sugiero que los padres permanezcan siempre dentro del triángulo de aprendizaje de su caminador, lo cual significa que él debe poder manejar las tareas físicas y mentales que se le asignen y sacar placer de su realización por su propia cuenta. Las actividades y los juguetes deben ser los adecuados para su edad, de manera que sirvan para ampliar las destrezas de su hijo pero no resulten tan exigentes que el juego siempre acabe en frustración y lágrimas. Eso no quiere decir que usted no pueda ofrecerle retos; pero sí que las dificultades a las cuales lo enfrenta sean razonables, y que los problemas que le proponga sean de tal naturaleza que pueda manejarlos y que las actividades en general sean seguras. No digo que un poco de frustración no sea bueno —así es como todos aprendemos—, pero el exceso de derrotas hace que el niño desista. Si usted quiere saber de qué consta el triángulo de aprendizaje de su hijo, observe lo que el niño es capaz de hacer.

Se puede sentar. Estará feliz como una lombriz en el piso de su cocina explorando sus ollas y tazones, o afuera, en el césped, examinando las hojas individuales de hierba o las ramitas que se encuentran a su alcance. Su destreza manual ha mejorado mucho, y otro tanto le sucedió a su coordinación entre el ojo y la mano. De hecho, antes usaba la boca para explorar el mundo y ahora las manos se han convertido en su herramienta más útil. Puede ver un objeto, alcanzarlo y pasarlo de una mano a otra. Entre sus actividades favoritas está jugar a escondidas y a batir palmas, echar a rodar una pelota, pasar las hojas de un libro de cartón. También ha perfeccionado mucho su capacidad de formar una pinza con los dedos, así que es posible que encuentre pedacitos en el piso que su aspiradora no recogió. Se deleita usando sus dedos como herramientas para explorar y sentir. Aunque puede recoger cosas, todavía no sabe muy bien cómo soltarlas. Es el momento de empezar a reforzar los límites con actos, si bien todavía no con palabras (ver la sugerencia de la página 111).

Puede gatear. Su hijo controla cada vez mejor sus músculos. Puede señalar y gesticular, abrir y cerrar cosas, menear la cabeza, arrojar torpemente una pelota y apilar cubos. Le gustan los centros de actividades, con botones, discados y palancas, y los juguetes que reaccionan, como los payasos de las cajas de sorpresas, que hace unos meses seguramente lo habrían asustado. Ya puede recoger cosas y dejarlas caer. Como se mueve de aquí para allá, podría encontrárselo un día explorando un armario (que ya debería ser) a prueba de niños (sin objetos cortantes, nada rompible, nada pesado, nada tan pequeño que se pueda tragar). Sin embargo, su capacidad de atención es limitada y todo el tiempo está cambiando de juguete porque le interesa más ir de un lugar a otro que hacer algo en particular. Le encanta tumbar la torre de cubos que usted le construyó, pero quizás no tenga la paciencia necesaria para esperar mientras usted le construye una tercera torre. Jugar a escondidas le ayuda a empezar a comprender la permanencia de los objetos, gracias a la idea de que aunque no vea algo (o a alguien) eso no significa que no esté ahí. Le gusta hacer ruido, y como ya puede coordinar ambas manos, es perfectamente capaz de golpear una olla con una cuchara. Afuera en un día soleado (manténgase a su lado para evitar el peligro), el agua en un balde le permite hacer ruido y sentirla. No importa qué objetos le dé usted: su creciente movilidad y curiosidad le provocan a uno la sensación de que sólo le interesan las cosas con las que pueda hacerse daño o dañar algo a su alrededor. Así que éste es un buen momento para cerciorarse de que su casa y su jardín sean a prueba de accidentes (ver página 115).

¡A limpiar la casa!

La cantidad de juguetes que hay en los cuartos de los niños hoy en día es asombrosa. Además de comprar demasiados, para empezar, los padres nunca se deshacen de aquellos juguetes que no le interesan al niño o que ya no son adecuados para su etapa del desarrollo. Guarde los juguetes sin usar en el ático para otros niños por venir o regálelos. Yo prefiero esto último, sobre todo si los niños participan en el proceso. Nunca es demasiado pronto para mostrarle al niño los beneficios de las buenas acciones. Conviértalo en un ritual que incluya, por ejemplo, señalar en el calendario una fecha cada tres o seis meses que sea el "Día de regalar juguetes". Si su niño es demasiado pequeño para ayudar o está renuente a hacerlo, hágalo cuando esté dormido. Probablemente no notará la ausencia de un juguete en particular. Si lo hace, tráigalo de vuelta: seguramente era uno de sus favoritos.

SUGERENCIA: Si su hijo se encamina hacia un tomacorriente, una olla caliente o un objeto valioso, no se limite a amonestarlo ("¡Más te vale no tocar eso!"): haga algo. Recuerde que en esta etapa de su vida, una acción vale más que mil palabras. Tiene tres opciones: (1) distraerlo ("Mira, cariño ¡Un perrito!"), (2) interrumpirlo (a veces basta con llamarlo) y (3) alejarlo comple-

tamente. Dele una explicación sencilla: "Es peligroso" o "Está caliente", o "Ése plato es de tu mamá".

Puede levantarse y caminar agarrado de algo. Su caminador tiene una perspectiva completamente nueva porque ahora ve el mundo desde arriba, y además sus habilidades cognitivas también han mejorado. Quizás le ofrezca una galleta y la retire después, riéndose: está empezando a desarrollar su sentido del humor. Quizás deje caer cosas desde su silla de comer para ver qué pasa y para medir su respuesta. El mero hecho de levantarse le parece increíblemente divertido. Pero además puede alcanzar cosas que están más arriba. Sus cosas de valor, que siempre le resultaron fascinantes, ahora están al alcance de su mano. ¡Cuidado! Una vez más, la seguridad es la clave: recuerde que su hijo se agarra de cualquier cosa para levantarse y bien podría pasar que el objeto y él acaben en el suelo. También es importante que recuerde que debe contenerse, pues la sensación de autonomía de su hijo está aumentando constantemente y es posible que arme una pataleta si usted interviene. Obsérvelo, pero no se meta a menos que él le pida ayuda o que se encuentre en peligro. Dele la

---

¿Juguetes para niños? ¿Juguetes para niñas?

He notado, en mi grupo de caminadores, que las madres de los niños —más que las madres de las niñas— tienen ideas muy claras sobre los juguetes apropiados para el género de su hijo. A Roberto, de diecinueve meses de edad, le gustaban, por ejemplo, las muñecas de la caja de juguetes, pero su madre, Elena, intervenía sin falta cuando él tomaba una: "Eso es para niñas, mi amor". El pobre Roberto se quedaba cabizbajo. Cuando le pregunté a Elena por qué lo hacía, me respondió que su compañero se molestaría mucho si supiera que su hijo jugaba con muñecas. ¡Pura basura! Así como alentamos a los niños a usar juguetes que aumenten sus destrezas y amplíen su mente, deberíamos estimularlos para que superen los estereotipos de género. Cuando los niños juegan con muñecas, aprenden a cuidar a otro ser. Cuando las niñas juegan con un camión de bomberos, aprenden sobre la excitación asociada con la actividad. ¿Por qué les negamos a cualquiera de ellos toda la gama de las posibles experiencias? Después de todo, cuando los caminadores de hoy crezcan, tendrán que aprender a ser afectuosos y capaces.

---

posibilidad de experimentar con sus nuevas habilidades físicas. Ponga música y déjelo bailar. Los mejores juguetes son objetos sólidos que pueda agarrar, con piezas que se dan vuelta o puertas que se abren y se cierran y que le permitan poner a prueba su recién descubierta capacidad. Podría ser un buen momento para subirlo a un columpio, pero tenga cuidado: use un asiento de bebé al comienzo, mientras él aprende a agarrarse y mejora su equilibrio.

Puede caminar tambaleándose. Cuando su hijo empiece a caminar a mayor velocidad, tendrá dificultades para de detenerse. Pero cuando haya ganado estabilidad, dele juguetes que pueda empujar o jalar. (Si se los da antes, podría suceder que los juguetes vayan más rápido que el niño y éste acabe en el suelo.) Si camina desde hace más de un mes, levantar, agarrar y cargar son actividades que lo mantienen ocupado y feliz y —no por coincidencia— le ayudarán a mejorar su equilibrio y su coordinación entre el ojo y la mano. Dele su propia bolsa o un morral en los que pueda empacar y desempacar sus juguetes favoritos y cargarlos a donde quiera que vaya. Sus actividades y sus objetos preferidos son mucho más definidos ahora porque entiende mucho más. Ahora que ha entendido, entre otras nuevas ideas, el concepto de "mío", podría ser que se mostrara más posesivo con sus cosas, especialmente si hay otro niño alrededor. Pero también se puede convertir en su asistente. Para el ritual de la hora de dormir, usted podría encargarle que escogiera un libro y lo trajera antes de meterse a la bañera. También puede sacar la pijama si está en un cajón a su alcance, extender una toalla y meter en la bañera los juguetes que quiera. Aunque podría prender el agua, no lo recomiendo porque podría querer hacerlo cuando está solo y quemarse. Si tiene un columpio en el jardín o si hay columpios en el parque, tenga cuidado: a veces los asientos están a la altura de la cabeza de los niños y un caminador podría toparse con ellos.

Puede caminar bien, saltar, trepar y correr. Se ha vuelto muy hábil con las manos, así que permítale atornillar, desatornillar, golpear, construir y servir. Dele una colchoneta para que pueda brincar y revolcarse: es una buena forma de estimular su necesidad de experimentación física. En esta etapa, el niño empieza a resolver problemas: por ejemplo, arrastra un banquito hasta el anaquel donde vio un juguete que quiere pero que está demasiado alto. Puede ayudar con las tareas domésticas más sencillas, como preparar la ensalada o poner la mesa (con utensilios de plástico, por favor). Si le da crayones gruesos, es posible que los use para garabatear y no para metérselos a la boca, cosa que habría hecho hace unos meses. También puede armar los rompecabezas de madera más fáciles, los que tienen las piezas grandes y una clavija en la parte superior que le permite manipularlos. Como su mente se desarrolla a la velocidad del rayo, tiene más confianza en sí mismo y es más inquisitivo. Lo que tachamos de "malo" o de "destructivo" es realmente su curiosidad. Todo el tiempo se pregunta: "¿Que pasaría si... arrojo esto, lo aplasto, lo rompo, lo piso? ¿Rebotará? ¿Podré tumbarlo? ¿Qué tiene adentro?" Es el momento de esconder el control remoto de la televisión: si no lo hace, corre el riesgo de descubrir que ha sido reprogramado. También se le podría ocurrir usar la ranura de la videocasetera para poner una tostada al correo. Lo mejor sería darle réplicas de los objetos que los adultos a su alrededor usan cotidianamente, como una aspiradora de juguete. Pero lo cierto es que ahora ya puede aparentar que el palo que tiene en la mano es una aspiradora, o que el cubo que tiene en la mano es comida, y él finge que lo está masticando. También levanta el auricular del teléfono y se lo pone en la oreja y conversa (aunque sólo esté barbullando). Mi abuela tenía un teléfono de juguete al lado del teléfono de verdad, y cuando éste sonaba, nos pasaba el otro. Era la forma ideal de mantenernos ocupados mientras ella hablaba por teléfono. Su pequeño seguirá mostrándose muy posesivo con las cosas, así que es un buen momento para enseñarle a compartir y a turnarse (ver páginas 201-206). Las cajas de arena y los juegos con agua son sensacionales a esta edad. Saque la vieja tina del bebé que guardó en el ático y llénela de arena o de agua. Nunca deje a su hijo solo si está jugando con agua (ver página 115). Dele botellas plásticas, tazas, jarras y todo lo que contribuya a ampliar su experiencia. Las tazas y las jarras también son adecuadas para jugar en la arena, lo mismo que los baldes y las palas.

LA SEGURIDAD DE SU CAMINADOR

La expresión "hacerlo todo" resume esta etapa de la vida de los niños. La buena noticia es que prácticamente todo le resulta fascinante a su caminador. La mala noticia es que prácticamente todo le resulta fascinante a su caminador, incluyendo los tomacorrientes, la ranura de su videocasetera, las delicadas figuras de porcelana de la abuela, las rejillas del aire acondicionado, los ojos de los animales, las cerraduras, la basura, el contenido de la caja del gato. De manera que si bien no es difícil mantener contento a su hijo, mantenerlo a salvo requiere de un esfuerzo enorme. Compre un botiquín de primeros auxilios. Mire a su alrededor y ponga a funcionar su sentido común. Aquí hay una lista de algunas cosas que debe evitar, y cómo hacerlo:

- Tropezones y caídas: Mantenga las habitaciones lo más despejadas que le sea posible; ponga topes en las esquinas puntiagudas; instale seguros en las ventanas y ponga una verja al comienzo de las escaleras; ponga tapetes antideslizantes en la bañera y debajo de las alfombras que haya sobre piso liso.

- Envenenamientos: Ponga cerraduras de seguridad en todos los muebles que contengan medicamentos o sustancias tóxicas; el enjuague bucal y el maquillaje también deberían permanecer fuera del alcance de su hijo. (Comerse la comida del gato o del perro no matará a su hijo, pero quizás también quiera ponerla fuera de su alcance.) Si cree que ha ingerido una sustancia venenosa, llame a su doctor primero que todo, o váyase a urgencias. Mantenga en la casa una botella de jarabe de ipecacuana que le ayude a inducir el vómito en caso de envenenamiento.

- Atoramientos: Quite los móviles de la cuna; guarde cualquier objeto que quepa por entre el rollo del papel higiénico, como las pilas que parecen botones.

- Estrangulamiento: Acorte los cordones de las cortinas y de las persianas y los cables eléctricos, o use cinta de enmascarar o ganchos para alejarlos de su hijo.

- Ahogamiento: Nunca deje a su hijo solo en la bañera, ni en una tina, ni siquiera con un balde, y mucho menos en una piscina para niños; instale seguros para las tapas del retrete.

* Quemaduras: Mantenga los asientos, los bancos y las escaleras lejos de la mesa de la cocina y de las estufas; instale protectores para los botones de la estufa; igualmente, ponga un protector sobre las llaves de la bañera o tápelas con una toalla; mantenga la temperatura de los calentadores por debajo de los 40 grados para evitar escaldaduras.

* Electrocuciones: Cubra los tomacorrientes y cerciórese de que todas las lámparas de su casa tengan bombillo. Es aconsejable que todos los padres tomen un curso de resucitación cardiopulmonar; si el que tomó se concentraba en los bebés, tendrá que tomar otro porque las maniobras de resucitación y el manejo de otro tipo de urgencias —la extracción de un objeto atorado en la garganta, por ejemplo— no son iguales para los recién nacidos que para los niños pequeños.

De alimentarlo a que coma

Aunque la comida no está en la lista de prioridades de su hijo —preferiría estar explorando por ahí—, éste es el momento en el que los niños dan el paso gigantesco que supone empezar a comer solos. Mientras que su bebé se contentaba con chupar su seno o un tetero, su niño ya puede comer alimentos sólidos. Coge la cuchara cuando usted le está dando de comer, y dado que es capaz de coger pedacitos de comida sin su ayuda, muchas gracias, va camino de convertirse en un comedor independiente.

La nutrición no es un tema complicado tratándose de un bebé porque el seno o el tetero suministran todo lo que su hijo necesita. Pero a medida que madura, no sólo necesita alimentos sólidos para seguir andando y para seguir creciendo, sino que debe aprender a comer por su cuenta. Y esto puede complicarse porque su preferencia por unos u otros alimentos, su apetito en un momento determinado y su capacidad de consumo cambian de mes a mes, casi de un día para otro. Si a esto le añade el hecho de que quizás usted también tiene sus propias creencias en lo que se refiere a la comida, no es de sorprenderse que el trayecto resulte un poco tormentoso. Esto dependerá de tres elementos: el ambiente (la actitud de los padres hacia la comida y el ambiente que ella genera en su hogar); la experiencia misma de comer (el placer —o tensión— emocional y social alrededor de las comidas) y la comida (lo que su hijo efectivamente consume).

A continuación describo cada uno de estos elementos, pero mientras lee no olvide lo siguiente:

> Usted controla el ambiente y la experiencia misma de comer, pero su vida será mucho más fácil si recuerda que su hijo controla la comida.

El ambiente. Aquellos padres cuyos hijos comen bien tienden a adaptarse sin problemas, y durante las comidas crean una atmósfera de diversión y tranquilidad. Nunca obligan al niño a comer algo en especial ni insisten en que el niño siga comiendo aunque no esté hambriento. Aunque el niño sea quisquilloso con la comida, estos padres saben que comer debe ser una experiencia grata. Las buenas maneras se enseñan, pero no las preferencias por la comida (nada más desatinado que: "¡Tiene que aprender a comer verduras!"). Para poder crear una atmósfera agradable en su hogar, empiece por examinar sus propias actitudes hacia la comida. Trate de responder estas preguntas:

¿CÓMO ERAN LAS COMIDAS EN SU FAMILIA DE ORIGEN? En todas las familias hay costumbres y actitudes particulares a la hora de comer y en torno a la comida, y los niños se ven afectados por ellas. En consecuencia, las ideas sobre la comida se transmiten inconscientemente de una generación a otra. Éstas pueden suponer una actitud jubilosa y de gozo en lo que se refiere a la comida, o bien ansiedad; ideas de abundancia o de escasez; una sensación de tranquilidad y comodidad ("Come solo hasta que estés satisfecho"), o una de tensión ("Termina lo que tienes en el plato").

Usted debe conocer su propio lastre. Si creció en medio de una familia donde las comidas eran tensas y había castigos involucrados, quizás haya creado un ambiente similar en su propia casa, y ello indudablemente no ayudará a que su caminador disfrute de la comida. Si lo obligaban a terminar hasta el último bocado, quizás se sienta tentado a recurrir a las mismas estrategias ahora, y le garantizo que así no llegará a ninguna parte.

¿LOS HÁBITOS ALIMENTICIOS DE SU CAMINADOR LE PRODUCEN ANSIEDAD? Desde que los humanos empezaron a cazar y a recolectar, los mayores se hicieron responsables de la alimentación de los bebés. Pero ellos no podían obligar a sus hijos a comer, y usted tampoco puede hacerlo. Quizás usted piense que es un mal padre porque su hijo no come bien; o quizás fue un niño extremadamente delgado, o padeció de algún desorden alimenticio durante la adolescencia. Si esas ansiedades están presentes a la hora de darle de comer a su hijo, lo más seguro es que la hora de la comida sea una lucha sin fin con su pequeño aventurero, que preferiría bajarse de su silla de comer que esperar a que lo alimenten. Mientras más intente obligarlo a probar algo nuevo o a que se coma "unos bocados más", más notará que ésta es una forma de controlarlo, y usted tiene la pelea perdida. Es más: seguramente la comida se convertirá en tema de discusión en los próximos años.

A pesar de que la vida de su hijo se ha vuelto mucho más activa, no siempre estará de humor para comer y no necesariamente le gustará siempre lo que usted le sirve en el plato. Así que en lugar de volverse obsesivo con la comida que no se come, mire bien a su hijo: si está alerta, contento y activo, lo más probable es que esté bien nutrido. Algunas investigaciones han demostrado que incluso los bebés tienen una capacidad innata para controlar su insumo calórico. Unos cuantos días de mal comer vienen seguidos de otros días de bien comer. Hablar con otros padres también ayuda. Muchos niños entre los dos y los tres años de edad son quisquillosos para escoger sus comidas y a la larga sus padres tendrán un par de historias divertidas qué contar.

¿CUÁLES SON SUS PREFERENCIAS Y SUS HÁBITOS A LA HORA DE COMER? Si a usted no le gustan los plátanos, lo más seguro es que no disfrute dándoselos a su bebé. Si usted no comía bien, lo más probable es que su bebé no lo haga tampoco. O si usted, como yo, es de los que les gusta comer exactamente lo mismo durante varios meses seguidos, no se sorprenda cuando su hijo insista en comer cereal y yogur todos los días. Los niños también pueden ser lo opuesto a sus padres: una de mis hijas molesta con la comida; la otra, no. De cualquier forma, es importante que usted sea consciente de su propia actitud hacia la comida. Yo recuerdo una vez que entré a mi casa y la niñera le estaba dando a Sara coles de Bruselas; a mí me dieron ganas de vomitar, pero ella me impidió cualquier gesto con la mira-

da, pues sabía que mi reacción afectaría a Sara. En cambio, me pidió un favor: "¿Me traes el suéter, Tracy? Creo que lo dejé arriba", cosa que me permitió subir y permanecer arriba un rato, mientras Sara terminaba su comida.

¿QUÉ SIENTE ANTE EL HECHO DE QUE SU HIJO SE ALIMENTE SOLO? Para algunos padres la transición de una etapa a otra puede ser bienvenida mientras que para otros puede resultar perturbadora. Muchas madres (ellas suelen ser las encargadas de la alimentación del bebé) esperan ansiosas el momento de que su hijo coma solo. Le dieron seno un rato y poner una cucharada tras otra en la boca de su hijo es una labor que pierde su encanto muy pronto. Pero hay mujeres que necesitan sentirse necesarias. Como disfrutan de la intimidad de la alimentación, se niegan inconscientemente a atender las señales de su bebé, señales que dicen: "Ya no quiero más seno (o tetero)", o "Quiero comer como un niño grande".

Cerciórese de que ésta no es su actitud, porque si su hijo se da cuenta de que usted no quiere soltarlo, ello afectará su camino hacia la autonomía. Desde el momento en que le quita la cuchara de la mano cuando usted le está dando de comer o cuando le pide un sorbo de su vaso o de su botella de agua, le está diciendo que quiere hacerlo solo. A usted le corresponde ayudarle a desarrollar las habilidades necesarias para que pueda lograrlo. Pero si usted es uno de esos padres que entran en la categoría de los que no quieren soltar, es posible que tenga que hacerse un autoexamen. ¿A qué se aferra? ¿Y por qué? ¿Evita con ello enfrentar otra área de su vida que no le resulta tan satisfactoria (su pareja, por ejemplo, o su trabajo)? Mírese en el espejo y pregúntese lo siguiente: "¿Quiero que mi bebé siga siendo dependiente porque hay algo más que no quiero enfrentar?"

Recuerde que la vida con un caminador cambia constantemente, evoluciona. Un día su hijo depende completamente de usted y al otro día no le permite que haga nada por él. Éste fue un proceso especialmente duro para Carolina, que se sintió rechazada por su bebé de diez meses, José, su tercer hijo. José ya no estaba en absoluto interesado en que lo alimentaran y hacía rato había empezado a quitarle la cuchara, pero Carolina insistía en darle de comer sentado en su regazo porque eso le hacía sentir que lo tenía cerca y le recordaba la época en que le daba seno. Pero José se retorcía en el regazo y trataba por todos los medios de quitarle la cuchara de la mano a su mamá. Las comidas se volvieron batallas campales. Le expliqué a Carolina que no podía seguir aferrada al pasado y a los momentos de quietud e intimidad que compartían mientras lo alimentaba. José ya no era un bebé sino un caminador con sus propias opiniones y habilidades físicas mucho más desarrolladas. Este progreso natural no significaba que la rechazara: ella debía entender que José se portaba así porque era su forma de pedirle la independencia que tanto necesitaba. "Tienes razón", admitió. "Pero eso me produce una gran tristeza. Con mis otros hijos no fue así: lloré cuando entraron al colegio, pero me sentí muy feliz de verlos entrar brincando en su salón de clase sin agarrarse a mí ni mirar atrás".

¡Alerta!

Los padres extremadamente ansiosos a veces convierten a sus hijos en niños ansiosos con dificultades para comer. Si su hijo se queda con la comida en la boca durante largo rato, o si escupe la comida una y otra vez, o si vomita o siente nauseas, puede ser que su hijo esté captando sus preocupaciones con la comida, o puede ser que usted lo esté obligando a quedarse en la mesa demasiado rato.

Entiendo bien a las madres como Carolina que no quieren soltar a su bebé. Pero en últimas hay que recordar siempre que no es lo mismo criar que malcriar. Hay muchas ocasiones en la vida de nuestros hijos en las que debemos aprender no solo a quererlos sino a dejarlos ir.

La hora de comer. Tal como lo señalé en el capítulo anterior (páginas 79-81), las rutinas y los rituales de la hora de comer son vitales. Sentarse a la mesa ayuda a su hijo a entender lo que hacen las personas grandes a la hora de las comidas y lo que se espera de él. El hecho de comer es tan importante como lo que come. Y mientras más expuesto esté a la actividad social de comer, más mejorará su capacidad de quedarse quieto, de alimentarse solo y de disfrutar la ocasión de estar en comunidad. Comer es una destreza social y él aprenderá a ser paciente y a ser bien educado en la mesa mientras observa a sus hermanos y a sus padres.

SIENTE A SU HIJO A LA MESA LO MÁS PRONTO POSIBLE. Su hijo está listo para unirse a la familia en la mesa del comedor tan pronto se siente solo.

Y cuando le quite a usted la cuchara de la mano, usted sabrá que es el momento de empezar a alentarlo para que coma solo.

COMPARTA SUS COMIDAS CON ÉL. Aunque no tenga hambre, cómase un bocado de algo —tronquitos de zanahoria, una tostada— y siéntese con él a la mesa. Eso convierte las comidas en un proceso interactivo, cosa que no pasaría si usted se limitara a darle de comer. De la otra forma, no todo el proceso se concentrará en él, lo cual aliviará la presión. ¡Están en eso juntos!

NO LE PONGA UNA TAZA LLENA EN FRENTE... a menos que quiera que el contenido acabe en su regazo o regado por toda la cocina. Ponga sobre la bandeja de comer cosas que él pueda coger con los dedos y meterse a la boca; deje el tazón en su regazo y dele de comer mientras él intenta alimentarse solo.

TENGA CUATRO CUCHARAS A LA MANO, DOS PARA ÉL Y DOS PARA USTED. Cuando los niños empiezan a consumir alimentos sólidos, muerden la cuchara y la agarran. Dele la primera cuchara. Use la segunda para la segunda cucharada. Antes de que usted se dé cuenta, estará golpeando la mesa con la primera y agarrando la segunda. En ese momento, la tercera y la cuarta cucharas entran en el juego. La idea es que siempre haya una cuchara en la correa transportadora para reemplazar la que él tomó.

¿Es tiempo de darle su propia taza para las bebidas?

- No se la dé hasta que él empiece a pedirle un sorbo de su vaso o de su botella.
- Aliéntelo para que beba por su cuenta, pero no olvide que le tomará tiempo aprender a hacerlo bien, y mientras tanto todo el líquido se regará por los lados.
- Póngale un babero de plástico o cúbralo con un chubasquero. Recuerde siempre que él necesita practicar. (Algunos padres dejan a sus hijos sólo con los pañales a la hora de comer, pero no me parece recomendable porque la gente civilizada come vestida, y, como lo veremos en el capítulo sexto, los caminadores hacen en otras partes lo que les enseñamos en casa.)
- Alábelo sólo cuando se las arregle para consumir el líquido. No le diga que ha hecho un buen trabajo si lo único que hizo fue tomar la taza y regar el líquido.

TRATE DE QUE LA MAYOR PARTE DE SU COMIDA SEA DE ALIMENTOS QUE PUEDA COGER CON LA MANO. No solo lo liberará a usted sino que él se sentirá más grande porque se está dando de comer a sí mismo. La mayor parte de su comida acabará en el suelo: que eso no lo sorprenda; está aprendiendo, y, al menos durante los primeros meses, es posible que la mayor parte de los alimentos no lleguen nunca a su boca. Más vale prevenir que curar: compre un gran babero con un bolsillo que recoja la comida. Ponga un plástico debajo de su asiento o de su silla de comer. Créame: si hace caso omiso del desorden, que forma parte de su exploración de este nuevo mundo de la comida sólida, superará más rápidamente esta etapa de pintar con la comida que si trata de evitar que juegue con la comida o que haga reguero. La mayoría de los caminadores maneja bien la cuchara a los quince a dieciocho meses de edad. No intervenga, ¡a menos que trate de meterse la cuchara en la oreja!

NO JUEGUE CON LA COMIDA Y NO ASOCIE LA COMIDA CON EL JUEGO. Todo lo que usted hace es un ejemplo para su caminador. Así que si usted juega al avión ("Abre la boooooooca, aquí viene el avión..."), él pensará que está bien que la comida vuele de aquí para allá en los restaurantes, por ejemplo, o en otras casas. Si le da un juguete para que se divierta a la hora de comer, pensará que la comida y el juego son sinónimos. O si prende la televisión para que se distraiga, es posible que se porte mejor, pero no sabrá qué está comiendo y no disfrutará de la experiencia.

ESTIMULE SUS ESFUERZOS Y ALÁBELO CUANDO HAGA GALA DE SU BUENA EDUCACIÓN, PERO NO LO CONSIDERE UNA OFENSA PERSONAL CUANDO NO LO HAGA. Recuerde que su hijo no nació sabiendo cómo comportarse en la mesa; apenas está aprendiendo. Obviamente, usted debe enseñarle a decir gracias y por favor, pero no se porte como una maestra de escuela. Él aprenderá de etiqueta por imitación.

PERMÍTALE QUE SE LEVANTE CUANDO HAYA TERMINADO. Uno se da cuenta inmediatamente cuando el niño ha perdido el interés en la comida. Lo primero que hace es voltear la cara y apretar los labios. Si está comiendo comida con la mano, empezará a botarla al piso o a golpear con más fuerza de lo usual. Si usted lo obliga a quedarse ahí y le sigue dando comida, muy pronto empezará a patear, a culebrear para bajarse del asiento o a llorar. No deje que las cosas lleguen tan lejos.

La comida. Tal y como lo señalé anteriormente, éste es el terreno de su hijo. Claro que usted tiene que ayudarlo a hacer la transición dándole la oportunidad de aprender a comer solo y a disfrutar de la misma comida que come el resto de la familia. Infortunadamente, mientras esto sucede, él está aprendiendo, además, que él es una persona independiente, que puede moverse solo, y lo que es más importante, que puede decir no. Y el hecho es que usted puede ofrecerle a su hijo sólo comida *gourmet*, pero en últimas lo que él se mete a la boca depende únicamente de él. Quizás se sorprenda al saber que los caminadores no necesitan tantas calorías: de 1000 a 1200 por día. La mayor parte de estas calorías sale de las 16 a 26 onzas de leche (seno o fórmula) que toman diariamente y de la leche entera que empiezan a tomar entre los doce y los dieciocho meses, mientras usted empieza a darle alimentos sólidos (ver recuadro). Pero a continuación hay ciertas cosas que usted no debe olvidar.

Leche entera y sólo leche entera

La leche entera se debe introducir entre los doce y los dieciocho meses de edad, ya sea que su hijo haya estado tomando seno o fórmula. Los caminadores deben consumir al menos 24 onzas de leche al día para suplir sus necesidades de vitaminas, hierro y calcio. Empiece con un tetero al día por tres días, dos teteros los tres días siguientes y, por último, tres teteros al día. El queso, el yogur y el helado son buenos sustitutos de la leche entera. Entre las reacciones alérgicas más comunes están la mucosidad abundante, la diarrea y las ojeras. Consúltelo con su pediatra o con un nutricionista si su hijo es alérgico o si usted quiere darle leche de soya.

DESTÉTELO COMO MEDIDA PREVENTIVA. La mayoría de los pediatras estadounidenses sugieren que se destete al bebé a los seis meses de edad. En lugar de esperar a que se cumpla el plazo, sugiero que observe a su bebé y que le empiece a dar alimentos sólidos más temprano que tarde. Primero que todo, si espera demasiado tiempo, podría suceder que se acostumbre tanto a consumir líquidos que rechace los alimentos sólidos; acostumbrarlo a masticar se volverá un proceso más complicado.

Segundo, el destete puede ayudar a evitar problemas de sueño. Recibo muchas llamadas de madres cuyos hijos de seis o siete meses de edad, niños que normalmente dormían toda la noche, han empezado a despertarse en mitad de la noche. Para calmarlo, la madre le da seno o tetero (tampoco lo recomiendo, pero ya hablaremos de eso en el capítulo octavo, páginas 259-267). Si él niño solo da unas chupaditas, lo más probable es que se haya despertado por causa de la ansiedad o porque tuvo una pesadilla, y chupa para tranquilizarse. Pero si se toma todo el tetero, sospecho que está necesitando más calorías.

Sé muy bien que las alteraciones del sueño provocadas por el incremento en la movilidad y los temores recién descubiertos son inevitables en este período. Pero sí podemos evitar las interrupciones del sueño causadas por la falta de calorías. Una señal inequívoca de que esto es así es que su hijo ha empezado a comer más durante el día. En vez de darle un tetero adicional antes de dormir o más seno, dele las calorías adicionales en forma de alimentos sólidos.

Cómo y cuándo destetar

Algunos padres (y algunos libros) creen que el término destetar significa, literalmente, dejar de darle seno al bebé; en realidad, el término se refiere al paso de una dieta líquida a una dieta sólida. Su bebé está listo para el destete cuando:

✓ **Ha cumplido cinco o seis meses de edad.** Anteriormente, se destetaba a los bebés desde las seis semanas, pero ahora se recomienda empezar el proceso aproximadamente a los seis meses de edad. Para entonces, su bebé podrá sentarse solo y sostener la cabeza; habrá desaparecido el reflejo que hace sobresalir la lengua; los intestinos podrán digerir alimentos sólidos más complejos y las alergias serán menos probables.

✓ **Parece más hambriento durante el día, toma seno durante más tiempo o se toma un tetero adicional y/o se despierta en mitad de la noche y toma una comida completa.** Esto nos indica que necesita alimentos sólidos porque no recibe las calorías necesarias de la leche materna o de la fórmula.

✓ **Muestra interés en los alimentos que usted consume.** Quizás se quede mirándolo fijamente y después, con un gesto o con la boca abierta, le pida una prueba. Quizás intente meterle el dedo a la boca si usted está masticando. (En algunas culturas, las madres mastican la comida primero y después se la dan al bebé.)

ALERGIAS

Se calcula que entre el cinco y el ocho por ciento de los niños menores de tres años son alérgicos a ciertos alimentos. Entre los posibles culpables se encuentran los cítricos, las claras, el cordero, las fresas, algunos quesos, la leche de vaca, el trigo, las nueces, los derivados de la soya, las zanahorias, el maíz, el pescado y los crustáceos. Esto no quiere decir que evite todos estos alimentos; sólo que debe permanecer atento a sus reacciones potenciales. Las alergias suelen ser heredadas, pero a veces aparecen sin historia familiar de por medio. Algunas investigaciones señalan que, al crecer, más del veinte por ciento de los niños dejan de ser alérgicos, pero no porque los padres los vuelvan insesibles dándoles más de aquel alimento que les provoca reacciones alérgicas. En realidad, lo que sucede es todo lo contrario: las alergias se vuelven más peligrosas cuanto más consuman el alimento que las causa, y se convierten en un problema de por vida.

Al introducir sólo un alimento nuevo por semana, sabremos qué causó la reacción alérgica si la hay. Si su hijo parece alérgico a un nuevo alimento, deje de dárselo inmediatamente y evítelo por lo menos durante un mes. Si al cabo de un mes vuelve a presentar una reacción alérgica, espere al menos un año y hable con su doctor.

Las reacciones adversas a los alimentos pueden ser graves y, en ocasiones, fatales, como en el caso del *shock* anafiláctico, una reacción alérgica que afecta simultáneamente varios órganos. Los síntomas más leves aparecen primero y se van empeorando con el tiempo.

✓ deposición suelta o diarrea
✓ brotes
✓ cara hinchada
✓ estornudos, congestión nasal y otros síntomas similares a los de un resfriado
✓ mala digestión u otros síntomas del dolor de estómago
✓ vómito
✓ los ojos pican y lagrimean

SUGERENCIA: *Se pueden comprar muchos alimentos de buena calidad para bebé, pero si usted quiere prepararlos, lo que debe hacer es hervir vegetales frescos o frutas y después volverlos puré con un procesador. Congele el puré en cubetas de hielo (prácticas porciones de una onza) y al día siguiente páselo a una bolsa plástica y descongélelo cuando lo vaya a consumir. No eche sal a los alimentos del caminador.*

RECUERDE QUE EL DESTETE ES UN PROCESO GRADUAL. En las páginas 128-129 aparece un plan para pasar de líquidos a sólidos en seis semanas, empezando a los seis meses de edad. Este plan no es más que una sugerencia. La mayoría de los bebés digieren las peras fácilmente, razón por la cual es el primer alimento que aparece en la lista. Pero si su pediatra sugiere empezar con cereal de arroz, eso es lo que debe de hacer.

Como podrá darse cuenta, sólo añado un alimento a la semana y siempre por la mañana (ver recuadro sobre las alergias). A la semana siguiente puede darle a su hijo ese alimento a media mañana y uno nuevo a la hora del almuerzo. A la tercera semana, su hijo estará consumiendo alimentos sólidos tres veces al día. En las semanas subsiguientes se debe aumentar la cantidad y la variedad de los alimentos. Mantenga un diario con la fecha en que le da los nuevos alimentos, y la cantidad: será de gran ayuda para su pediatra y para usted si surgen problemas. (En la página 130 aparece la lista de nuevos alimentos que se le pueden dar al niño al mes. Si usted se ciñe a esta lista, lo único que tiene que hacer es anotar las fechas y las cantidades, y ¡listo!, ya tiene su diario.)

DELE COMIDA QUE PUEDA COMER CON LOS DEDOS LO MÁS TEMPRANO POSIBLE. Los purés no tienen nada de malo, pero a medida que amplíe la dieta de su hijo y él tolere más y más alimentos, déselos en una presentación más adulta, de manera que se los pueda comer solo y que exijan más intervención de su parte. Por ejemplo, cuando se cerciore de que sí puede comer pera, dele peras escaldadas y cortadas en pedacitos. Ahora que ya usa sus dedos como pinzas, puede no sólo coger la comida sino metérsela a la boca; y apenas se dé cuenta de que puede hacerlo, se deleitará alimentándose solo. Usted querrá que él se acostumbre a las diversas texturas. Aunque aún no tenga dientes, un niño de siete meses de edad puede masticar ciertos alimentos y tragárselos sin peligro alguno. También puede darle bocados que se derritan entre la boca.

Corte los alimentos en pedacitos cuyo tamaño dependa de la suavidad (mientras más duros, más pequeños pueden ser). A los vegetales como las zanahorias, el bróculi, la coliflor y algunas frutas como las peras y las manzanas se les debe dar primero un hervor. Las posibilidades son ilimitadas. Prácticamente todo lo que servimos en una comida adulta se puede convertir en comida para caminadores. He aquí algunas ideas: Cheerios (el cereal), pedacitos de tortitas o de tostadas a la francesa, la mayoría de los vegetales y de las frutas blandas (fresas o moras maduras, plátanos, duraznos), pedacitos de atún, pescado cocinado en trocitos, pedacitos de queso.

> **SUGERENCIA:** *Evite los cítricos (excepto la toronja rosada), las claras, el trigo y los tomates hasta que su hijo cumpla un año, en caso de que sea alérgico. Después del año, puede añadir a los alimentos de comer con la mano pollo desmenuzado, huevos revueltos o cocinados y frutíllas, pero debe seguir teniendo cuidado con las nueces (son difíciles de digerir y es fácil atorarse con ellas), los crustáceos, el chocolate y la miel, por lo menos hasta los dieciocho meses de edad.*

DELE A SU CAMINADOR ALIMENTOS APETITOSOS PERO FÁCILES DE PREPARAR. Aunque los caminadores no son discriminatorios con la comida, nunca es demasiado temprano para exponerlos a las delicias de la buena mesa y a su increíble variedad. No creo que deba pasar horas frente a la estufa preparando algo que su hijo podría botar al piso, pero sí que debe ser creativo. Corte el pan en formas diferentes o sirva la comida en el plato de tal manera que forme una cara. Trate de darle a su caminador alimentos nutritivos y una dieta balanceada, pero nunca lo obligue a comer o discuta con él por eso. Si a su hijo sólo le gustan dos o tres alimentos, espárzalos sobre el resto de la comida. Por ejemplo, si le gusta la compota de manzana, échesela al bróculi. Si eso no funciona, recuerde que nadie se muere por falta de variedad en su alimentación o por no comer demasiados vegetales (las frutas tienen muchos de los nutrientes de los vegetales).

DE LÍQUIDOS A SÓLIDOS:
CÓMO ARRANCAR, EN SEIS SEMANAS

Semana/ edad	7 am	9 am	11 am
#1 26 semanas (6 meses)	el bebé se despierta, toma seno o tetero	4 cucharadas de pera; complemente con seno o tetero	seno o tetero
#2 27 semanas	seno o tetero	4 cucharadas de batatas (o cualquier otro nuevo alimento); complemente con seno o tetero	seno o tetero
#3 28 semanas	seno o tetero	4 cucharadas de calabaza (o cualquier otro nuevo alimento)	seno o tetero
#4 29 semanas	seno o tetero	1/4 de un banano (o cualquier otro nuevo alimento); complemente con seno o tetero	seno o tetero
#5 30 semanas (7 meses)	seno o tetero	4 cucharadas de compota de manzana; complemente con seno o tetero	seno o tetero
#6 31 semanas	seno o tetero	4 cucharadas de habichuelas, cuatro cucharadas de pera; complemente con seno o tetero	seno o tetero

1 pm	4 pm	8 pm	Comentarios
seno o tetero	seno o tetero	seno o tetero	Empiece con un alimento nuevo por la mañana; las peras son fáciles de digerir.
4 cucharadas de pera; complemente con seno o tetero	seno o tetero	seno o tetero	Pase las peras a la hora del almuerzo e introduzca el nuevo alimento por la mañana.
4 cucharadas de batatas; complemente con seno o tetero	4 cucharadas de pera	seno o tetero	El nuevo alimento de la semana anterior pasa al almuerzo; el niño recibe alimentos sólidos tres veces al día.
4 cucharadas de batatas, cuatro cucharadas de calabaza; complemente con seno o tetero	4 cucharadas de pera; complemente con seno o tetero	seno o tetero	Se aumentan las cantidades al almuerzo.
4 cucharadas de batatas, cuatro cucharadas de pera; complemente con seno o tetero	4 cucharadas de calabaza, 1/4 de un banano; complemente con seno o tetero	seno o tetero	Se aumentan las cantidades al almuerzo y a la comida.
4 cucharadas de calabaza, cuatro cucharadas de compota de manzana; complemente con seno o tetero	cuatro cucharadas de batatas, 1/4 de un banano; complemente con seno o tetero	seno o tetero	A medida que se añaden nuevos alimentos, se le pueden dar dos en cada comida; las cantidades también se deben aumentar de acuerdo con el apetito del niño.

REGISTRO DE ALIMENTOS NUEVOS

6 meses	7 meses	8 meses	9 meses	10 meses	11 meses	un año
manzanas	duraznos	arroz integral	aguacate	ciruelas	kiwi	trigo
peras	ciruelas	galletas de sal	espárragos	brócoli	papas	melón
bananos	zanahorias	pan	calabacines	remolachas	nabos	melón blanco
calabaza	alverjas	pollo	yogur	pasta sin huevo	espinaca	naranjas
batatas	habichuelas	pavo	queso de ricota	cordero	habas	sandía
arroz	cebada		queso blando	quesos suaves	berenjena	arándanos
avena			queso crema		yemas	frambuesas
			caldo de carne		toronja rosada	fresas
						maíz
						tomates
						cebollas
						pepino
						cohombro
						coliflor
						lentejas
						garbanzos
						pescado
						cerdo
						ternera
						claras

MI HIJO, ¿VEGETARIANO?

Los padres vegetarianos se preguntan con frecuencia si su hijo pequeño puede someterse a la misma dieta que ellos. La mayoría de las dietas vegetarianas no cumplen con las necesidades diarias mínimas, en especial cuando eliminan los productos lácteos y los huevos. Los vegetales tienen mucho volumen, pero no tienen suficiente vitamina B, ni calorías derivadas de la grasa ni el hierro suficiente para los requisitos de crecimiento. Para estar seguro, consulte con su pediatra o con el encargado de la atención en salud de su hijo; también sería sensato hablar con un nutricionista.

DEJE QUE SU HIJO COMA EN CUALQUIER ORDEN Y HAGA CUALQUIER COMBINACIÓN. ¿Quién dijo que hay que comerse la compota de manzana después del pollo o que no se puede mojar el pescado con yogur? Los niños aprenden las normas durante las comidas cuando se sientan a la mesa e imitan a los mayores. Pero al comienzo permita que su hijo coma lo que quiera.

LOS BOCADILLOS NUTRITIVOS TAMBIÉN SON COMIDA. Antes de empezar a preocuparse porque su hijo no come lo suficiente, piense en lo que come entre comidas. Algunos niños no pueden consumir una comida abundante de una sentada: les va mejor si "pican" a lo largo del día. Eso está muy bien si usted le da bocadillos saludables, como vegetales ligeramente cocidos o frutas, o galletas de sal, o bocaditos de tostada con queso fundido encima. Los niños prefieren naturalmente los carbohidratos, pero todo dependerá un poco de su forma de presentar la comida. Si desde el comienzo usted hace que las comidas sanas tengan una aureola de encanto ("Mmmm... te tengo una manzana deliciosa"), su hijo querrá comerlas. Si suma todo lo que se come a lo largo del día, podría descubrir, para su sorpresa, que consume más nutrientes de los que usted creía.

PERMITA QUE SU HIJO PARTICIPE EN LA PREPARACIÓN DE SU COMIDA DESDE EL COMIENZO. Cuando su hijo llegue a la etapa en que quiere hacerlo todo, es preferible dejarlo que participe a discutir con él para mantenerlo alejado. Casi desde los quince meses de edad los niños pueden mezclar, partir a mano las hojas de la lechuga, decorar galletas y preparar bocadillos. Y lo mejor es que la cocina les ayuda a desarrollar una motricidad excelente y contribuye a mejorar su relación con la comida.

NO CLASIFIQUE NINGÚN ALIMENTO DE "MALO". Usted sabe lo que se dice de la fruta prohibida. Aquellos niños cuyos padres evitan religiosamente las galletas y otros dulces suelen ansiar este tipo de alimentos y se convierten en niños pedigüeños apenas ponen un pie fuera de su casa. Y no suponga que su hijo es demasiado pequeño para entender. Créame, si usted sataniza ciertos alimentos, él se dará cuenta inmediatamente.

NUNCA TRATE DE ENGATUSAR A SU HIJO O DE SOBORNARLO CON COMIDA. Con demasiada frecuencia, cuando un niño está a punto de hacer algo que no debe o está al borde de un berrinche, sus padres tratan de evitarlo con un: "Toma una galleta". Con ello no solo recompensa un comportamiento inadecuado (en el capítulo séptimo hablaremos sobre cómo manejar estas situaciones) sino que convierte la comida, a los ojos del niño, en un elemento de negociación y no en el producto placentero que es. La relación de los seres humanos con la comida dura toda la vida. Si prestamos atención a la forma de ofrecerle comida al niño y el momento de hacerlo, fomentaremos su amor por la comida y su aprecio por la buena mesa, y también le permitiremos disfrutar del intercambio social implícito en la actividad.

Un menú de muestra

Ésta no es más que una guía; no es la ley. Tengo en mente a un niño de un año, pero lo que coma su hijo dependerá de su peso, de su temperamento y de su capacidad estomacal.

Desayuno
1/4-1/2 taza de cereal
1/4-1/2 taza de fruta
4-6 onzas de fórmula o de leche materna

Media mañana
2-4 onzas de jugo de fruta
un vegetal cocido o queso

Almuerzo
1/4-1/2 taza de queso blando
1/4-1/2 taza de un vegetal amarillo o anaranjado
4-6 onzas de fórmula o de leche materna

Comida
1/4 de taza de pollo o de carne de res
1/4-1/2 taza de una verdura verde
1/4 de taza de pasta, arroz o papa
1/4 de taza de fruta
4-6 onzas de fórmula o de leche materna

Antes de irse a dormir
4-8 onzas de fórmula o de leche materna

Vestirse para el éxito

Mi coautora y yo tuvimos la tentación de titular esta sección de una forma mucho menos positiva porque seguramente así es como se siente usted cuando su caminador sale corriendo con la camiseta en la cabeza y se estrella con una valiosa herencia familiar. Que no le quepa la menor duda: los días felices en los que usted le cambiaba el pañal y lo vestía sin resistencia llegan a su fin en el momento en el que él se da cuenta de lo divertido que es moverse todo el tiempo. A la mayoría de los caminadores los desespera quedarse quietos sobre una mesa. Algunos arman un berrinche ante la sola idea. He aquí algunas ideas sobre cómo enfrentar los posibles problemas:

Tenga todo listo antes de empezar. La preparación es la clave. Usted no quiere perder tiempo buscando una cosa u otra mientras su caminador se retuerce. Quítele la tapa a la crema para las quemaduras, extienda el pañal y tenga a la mano las toallitas.

Escoja el momento adecuado. El niño no debería estar hambriento, ni demasiado cansado, ni demasiado concentrado en algún juego. Si está a punto de terminar algo en lo que ha estado trabajando y usted llega y se lo lleva, no se va a sentir muy contento.

> *SUGERENCIA: Muchos padres permiten que sus hijos jueguen en pijama después del desayuno, pero obligarlos a cambiarse más adelante puede resultarles confuso, particularmente si están ocupados jugando. Él oye a sus padres decir: "Es hora de vestirse", ¡pero ya está vestido! Así que recomiendo que los niños se vistan al final del ritual del desayuno. El niño termina de comer, se lava los dientes, se quita la pijama y se pone su ropa de jugar, y ya está listo para empezar el día.*

Anuncie lo que va a hacer. Como ya se habrá dado cuenta, no creo que tenderle una emboscada al niño o sorprenderlo sea lo más adecuado. Así que dígale a su hijo lo que está pasando: "Es hora de vestirse", o "Voy a cambiarte el pañal".

No apresure el proceso. Seguro que usted quiere salir del asunto pendiente lo más rápidamente posible, pero el afán no facilita el procedimiento ni lo acelera. De hecho, apresurarse con los caminadores irritables, los fogosos o los gruñones significa buscarse problemas. Lo mejor es que cambie la perspectiva: piense que ésta es una buena oportunidad de conectarse con su hijo. Después de todo, vestirse es un acto muy íntimo. Los resultados de las investigaciones indican que los padres que miran a sus hijos directamente a los ojos tendrán menos problema de índole disciplinaria más adelante. Es un buen momento para mirarse a los ojos.

Vestirse puede ser divertido. Hable con su hijo mientras le está cambiando el pañal o vistiéndolo. Explíquele lo que está haciendo. Podría recurrir a una canción para explicarle lo que hace: "Ésta es la camisa, la camisa, la camisa, ésta es la camisa y me la pongo así". Use sus propias palabras; invéntese una melodía. Conocí a una mamá que era muy buena inventándose poesías simples para la ocasión: "A la rueda rueda de pan y canela, ponte la camisa y vamos a la escuela." Usted ya sabe qué distrae la atención de su hijo: es el momento de sacar a relucir todos sus recursos. Si empieza a retorcerse o a llorar, trate de engatusarlo (y es el único caso en el que lo recomiendo): yo, por ejemplo, intento primero una especie de juego de las escondidas en el que me agacho y después levanto la cabeza: "¡Aquí estoy!" Si trata de voltearse, le digo con voz juguetona: "¿A dónde crees que vas?", y lo vuelvo a voltear. Si empieza a llorar, podría tratar de distraerlo con un juguete absolutamente prohibido, algo con lo que sólo puede jugar cuando lo está cambiando o vistiendo. Anúnciele con mucho entusiasmo: "¡Mira lo que mamá tiene aquí!"

(Sé que siempre le advierto a los padres que no hagan nada de lo que se arrepientan después, pero ésta es una excepción. Aunque le permita a su hijo jugar con el reloj que heredó de su abuela mientras lo cambia, él no va a pensar que es uno de sus juguetes. Los niños aparentemente se dan cuenta de que el juguete prohibido es sólo para ese momento y ese lugar. Además, la etapa de las dificultades para cambiarlo y vestirlo es muy breve. Su abuela se sentiría feliz si supiera que su reloj les está ayudando a los dos a superar este difícil período.)

SUGERENCIA: Compre ropa floja con cintura elástica, botones grandes y cierres con velcro. Es más fácil ponerle las camisas que tienen botones o cremalleras. Cuando compre camisetas, cerciórese de que tienen botones a cada lado del cuello o de que la abertura es lo suficientemente grande para ponérsela y quitársela sin dificultades.

Deje que el niño participe. Aproximadamente entre los once y los dieciocho meses de edad, su hijo empieza a quitarse la ropa (empiezan jalando una media). Alabe su esfuerzo: "¡Qué bien, como un niño grande! Ahora le puedes ayudar a mamá a desvestirte".*

Para asegurarse de que todo funcione bien, enrolle la media un poco y jale la punta para que tenga de dónde agarrar. Déjelo que termine de sacarse la media. Con las camisetas, sáquele los brazos y deje que él se la saque por encima de la cabeza. A medida que aumente su destreza, podrá hacer más cosas solo. Vuélvalo juego: "Yo te quito esta media y tú te quitas la otra".

Aproximadamente a los dos años de edad (meses más, meses menos), su hijo se mostrará interesado en ponerse la ropa. Generalmente los primeros intentos son con las medias. Igual que antes, anímelo y ayúdelo un poco (lo menos posible). Póngale la media en el pie y deje que él la suba. Cuando ya sepa hacer eso, enrolle la media, póngasela en la punta del pie y deje que él la lleve hasta el talón y la acabe de subir.

Haga lo mismo con la camiseta: al comienzo, ayúdelo a meter la cabeza y estire las mangas para que él pueda meter los brazos con facilidad. Con el tiempo aprenderá a hacerlo solo. Si la camiseta tiene un dibujo en la parte de adelante, señáleselo. Si no es así, enséñele que las etiquetas van atrás.

PIENSE EN OTRAS ALTERNATIVAS SI LA SOLA IDEA DE LA MESA DE CAMBIAR SUSCITA UNA REACCIÓN NEGATIVA. Es tan fácil cambiar pañales en el piso o en el sofá como en una mesa. También he visto a algunos padres tratar de cambiar el pañal con el niño de pie, pero no me gusta mucho la

---

* No se exceda en las alabanzas. Recuerde a la madre de la página 59, que armó tanto escándalo cuando su bebé se quitó una media, que ésta se convirtió en su actividad favorita. Él no podía entender por qué se molestaba cuando él se quitaba la media cada vez que podía, si inicialmente se había mostrado tan entusiasta con su habilidad.

idea. No es tan fácil lograr que queden bien puestos y hay más probabilidades de que su hijo salga corriendo antes de que usted haya terminado.

Divida las tareas en porciones más pequeñas. Las madres suelen saber qué es lo que molesta a su hijo. Si cambiarle el pañal o vestirlo es agotador, prepárese. A veces la mejor manera de superar estos momentos es controlar plenamente su capacidad de tolerancia. Me acuerdo de Mariana, quien sabía que cada vez que debía cambiar a su hijo Julián, su muy fogoso caminador, debía enfrentar resistencia. Julián siempre trataba de darse la vuelta o de agarrar la camiseta, de manera que Mariana no podía metérsela por la cabeza. Una semana antes había intentado pelear con Julián, pero eso solo hizo que su caminador se volviera más reticente y que el momento de vestirlo se tornara en una pesadilla. Tampoco había manera de engatusarlo.

Correo electrónco de parte de una niñera experta

Hace unos años cuide dos niños, de dos y tres años. El mayor empezó a rebelarse contra el ritual de vestirse en la mañana. Era una lucha permanente hasta que opté por hacerlo sentir que él elegía. Por ejemplo, le preguntaba si quería ponerse primero la media en el pie derecho o en el izquierdo, de manera que el proceso adquirió interés para él, pues aportaba sus ideas. Al comienzo era más demorado, pero eventualmente se convirtió en un juego que compartíamos.

Así que esta sabia mamá dividió el proceso, y sólo trataba de ponerle una prenda a la vez cada quince minutos. Mientras no tuviera quieto a Julián durante mucho rato y anunciara la meta en cada etapa ("Ahora te vamos a poner la camiseta"), él se dejaba vestir. En menos de un mes empezó a mostrarse sorprendentemente colaborador.

No niego que se trate de un último recurso. Pero si su hijo es como Julián, usted debería respetar el hecho de que vestirse le resulta incómodo, al menos por ahora. Si divide el proceso de esta manera, quizás él se sienta más cómodo. Obviamente usted se demorará más y tendrá que empezar antes a alistarse. Pero cuando uno se afana (sobre todo en el caso de los caminadores renuentes a vestirse), lo único que logra es que el niño se resista cada vez que hay que cambiarlo. Créame, si usted respeta sus necesidades, él superará esta difícil etapa más rápidamente que si pelea con él a cada paso.

Pídale su opinión. Hay dos razones por las cuales su autónomo caminador detesta que lo vistan: primero, porque lo inmovilizan; y segundo, porque no controla la situación. Aunque vestirse no es opcional (ver más adelante), le puede ofrecer algunas alternativas en relación con el cuándo, el dónde y el qué:

Cuándo: "¿Quisieras vestirte ya o cuando acabe de lavar los platos?"

Dónde: "¿Quisieras que te cambiara el pañal en la mesa o en el piso?"

Qué: "¿Quisieras ponerte la camiseta roja o la azul?" (Si no se sabe los colores, muéstrele las dos camisetas y déjele escoger.)

Sobra decir que si ha estado persiguiendo a su hijo por toda la casa durante una hora o si tiene una pataleta, esta forma de abordar el problema es completamente inútil. Lo mejor que puede hacer es seguir al pie de la letra la recomendación que viene a continuación.

Recuerde que usted sí sabe lo que hace. Independientemente del tipo de distracciones que utilice para que su hijo le colabore más, o de los trucos a los que recurra para facilitar el proceso, no olvide nunca que en realidad su hijo no tiene opciones cuando debe vestirse o de cambiarse. Si lo deja con el pañal sucio, se quemará. Tarde o temprano usted tendrá que imponer su voluntad y su hijo tendrá que colaborar o al menos ceder en sus pretensiones cuando haya que cambiarle el pañal.

Cuando los padres permiten que sus hijos anden por ahí desnudos, con la excusa de que: "No me deja vestirlo", me dan ganas de gruñir. Vestirse, como comer, es una actividad con un alto componente social. No podemos salir a la calle sin ropa. Señáleselo a su hijo: "No podemos ir al parque si no te vistes". Ni siquiera a la piscina, ni a la playa. "No puedes seguir jugando hasta que te pongas un vestido de baño seco".

> **SUGERENCIA:** *No cambie a su hijo en público. El hecho de que aún no pueda hablar no quiere decir que le parezca divertido vestirse en público. ¿A usted le gustaría*

cambiarse de ropa en el supermercado, o en un parque, o en la playa, frente a todo el mundo? No lo creo, y creo que tampoco a su hijo le gustaría. Si no pudo encontrar un área de servicios, métase entre el carro. Si no tiene más opciones, al menos use una cobija o un saco para cubrirlo.

Establezca un ritual final. Bastaría con un simple: "¡Listo!" o "Ya podemos irnos al parque" para dejarle saber al niño que ya pasó todo. Se dará cuenta inmediatamente de la relación causa efecto: "Lo soporté bien, estoy vestido y ya puedo jugar".

Anime a su hijo para que también él cuide de la ropa. Instale ganchos para la pijama, la bata, el saco y otras prendas de uso frecuente, de modo que él pueda coger y colgar algunas cosas. A los niños además les encanta botar la ropa sucia en la canasta de la ropa. Gracias a estos rituales, los niños aprenden que hay ropa que se guarda o se cuelga para usarla otro día y hay ropa que se echa a lavar.

Vestirse es una habilidad que su hijo seguirá perfeccionado. Le he dado algunas herramientas para ayudarlo a que empiece a hacerlo por su cuenta, pero mientras lo maneja completamente, usted tendrá que ser paciente y estar atento a las pistas que él le da. Cuando tenga problemas, ayúdelo. Pero cuando dice que lo quiere hacer solo, déjelo. Puede que una mañana usted esté de afán, pero si él ya ha aprendido a ponerse unas cuantas prendas, usted no puede esperar que hoy precisamente se deje poner todo. A menos que quiera pelear con él, no intente hacerse cargo. Esta vez llegará tarde y la próxima vez ya sabe que tiene que planear las cosas con más tiempo. Como lo he repetido una y otra vez, los caminadores no conocen el reloj y a ellos no les importa si usted está retrasado. Lo único que les importa es su propia independencia.

La frontera final:
No más pañales

Puede que Buzz Lightyear quiera llegar al infinito y más allá, pero en su casa hay una frontera final que separa a los bebés de los niños, y en ella se dejan los pañales. Al mismo tiempo, me da la sensación de que los padres se enredan con el tema, y a veces entrenar al niño para ir al baño es fuente de una gran cantidad de confusiones. Entre las preguntas más frecuentes que me hacen los padres están las siguientes: ¿Cuándo debemos hacerlo? ¿Cómo debemos hacerlo? ¿Qué tipo de asiento es el más indicado? Si empezamos antes de tiempo, ¿le causaremos un daño irreparable? Si empezamos después de tiempo, ¿le causaremos un daño irreparable?

Más sorprendente todavía es el hecho de que haya niños de tres o cuatro años que todavía usen pañales. Claro que no creo en empujar al niño a hacer algo para lo que su cuerpo aún no está listo, pero sí creo firmemente en darle la oportunidad de

Ir al baño: nivel elemental

La disposición física para el entrenamiento de ir al baño depende en parte de los esfínteres de su hijo. Las mamás saben de qué estoy hablando, sobre todo si tuvieron que hacer los ejercicios Kegel después del parto. En cuanto a los papás, la próxima vez que estén orinando, intenten detener el chorro antes de terminar: son sus esfínteres los que les ayudan a lograrlo. Solía creerse que estos músculos no maduraban hasta los dos años, pero ahora hay opiniones divergentes. De cualquier manera, enseñarles a los niños a ir al baño es una cuestión tanto de disposición física como de práctica. A los niños discapacitados logramos entrenarlos para ir al baño calculando el momento correcto de ponerlos en el retrete. En estos casos, una buena guía y la práctica superan la inmadurez.

aprender. Infortunadamente, muchos padres confunden el comportamiento que hay que enseñar con el progreso natural (marcado por aquellos hitos en el desarrollo que suceden automáticamente). Por ejemplo, golpear a otros niños no forma de ninguna manera parte del progreso natural de los caminadores, y sin embargo, muchos padres lo disculpan en sus hijos argumentando que es una etapa que dejará atrás con el tiempo. No, no es cierto. Usted tiene que enseñarle a que no lo haga.

En realidad la mayoría de los logros durante la niñez son el resultado de la combinación de dos elementos: la madurez física y la guía de los padres. Esto resulta fácil de entender cuando hablamos de construir una torre con cubos. Cuando su hijo tiene la madurez suficiente para poner un cubo sobre otro, teóricamente está listo para construir una torre. Pero si usted no le da los cubos y le permite experimentar, nunca aprenderá a hacerlo.

Lo mismo pasa con el uso del retrete. Un niño de tres o cuatro años cuyos padres siguen esperando a que él deje los pañales por su cuenta ya controla sus esfínteres (ver recuadro de la página 139), pero quizás nunca se muestre interesado en aprender a usar el retrete a menos que lo estimulen, lo guíen y le den la oportunidad de aprender. Y ese es el oficio de sus padres.

En el mundo hay casi tantas teorías sobre cómo enseñar a los niños a usar el retrete como familias. Como de costumbre, mi consejo es que los padres actúen con moderación y animen al niño en lugar de empujarlo. Deben estar atentos y bien informados, de manera que identifiquen el mejor momento para empezar el entrenamiento; o sea, cuando el cuerpo y la mente de su hijo estén preparados y antes que esto sea un motivo de peleas entre su caminador y ustedes. En la mayoría de los casos, el momento óptimo para empezar es entre los dieciocho meses y los dos años de edad. No obstante lo cual, repito, deben observar a su hijo y contenerse, estimular su deseo de lograr nuevas metas, fijarle límites y alabarlo.

Conténgase hasta que su hijo empiece a dar señales de que está listo. Yo nunca le pregunté a nadie cuándo debía empezar a ense-

---

¡Siéntate, amor!

Yo personalmente prefiero el asiento que va sobre el retrete a la bacinilla, que es necesario vaciar. El asiento, además, es más fácil de cargar si uno va de viaje. Pero hay que ser muy cuidadoso con el uno y con la otra. Los niños se pueden resbalar o quedarse atascados y ambas experiencias pueden ser aterradoras para un niño que para empezar teme que la taza se lo trague. Compre un banquito para que tenga dónde apoyar los pies: esto lo hará sentirse más seguro que si tiene los pies en el aire.

ñarles a mis hijas a ir al baño: me limité a observarlas. Ir al baño es una actividad que suele ir precedida de una sensación. Si usted observa cuidadosamente a su hijo, sabrá en qué momento éste empieza a ser consciente de esa sensación. Algunos niños se detienen de pronto. Se quedan muy quietos, aparentemente se concentran y de pronto arrancan a moverse de nuevo. Es posible que pujen o que la cara se les ponga roja cuando están haciendo una deposición. Algunos niños se van detrás del sofá a hacerlo, o detrás de un asiento. Otros señalan el pañal y hacen un gesto o un ruido. Esté atento a las señales de su hijo. A los veintiún meses, la mayoría de los niños son conscientes de sus funciones corporales, pero esto puede suceder incluso desde los quince meses. (Las niñas suelen madurar antes que los niños, pero no siempre.)

Aliente a su hijo para que asocie las funciones corporales con palabras y acciones. Apenas se dé cuenta de que su hijo está empezando a ser consciente de sus funciones corporales, amplíe su vocabulario. Por ejemplo, si señala el pañal, dígale lo siguiente: "Tu pañal está mojado. ¿Quieres que te lo cambie?" Si empieza a jalarse los pantalones, tratando de quitárselos, propóngale que: "Cambiemos el pañal: tiene popó".

Cada vez que le cambie el pañal, haga explícita la situación: "Este pañal está muy mojado. Está empapado de pipí". Si hizo popó, muéstrele cómo lo bota por el retrete. Me doy cuenta de que si usa pañales desechables lo usual sería envolverlos y botarlos, pero en este momento es recomendable que su hijo vea cómo el popó se va por el retrete. Si usted no es muy pudoroso, podría dejar que su hijo lo acompañe al baño y explicarle: "Aquí se hace pipí (use las palabras comunes en su hogar)".

Trucos de entrenamiento

A continuación, dos sugerencias creativas por parte de madres con experiencia.

Una —madre de cuatro hijos— no utilizó aro especial para achicar el retrete, pues sentaba a los niños al revés. "De esa forma podían observar lo que salía de ellos, lo cual encontraban fascinante. Me costaba trabajo retirarlos del inodoro. Con cada uno de los cuatro el entrenamiento fue corto y fácil.

La otra madre añadía diversión poniendo cereal Cheerios a flotar en el inodoro e invitanto a su hijo a "practicar su puntería".

Es un buen momento para iniciar ciertas acciones: empiece por invertir en una bacinilla o en un asiento para poner sobre el retrete (ver recuadro de la página 140) y muéstrele cómo su muñeco o su animal favorito van al baño. Si se muestra receptivo e interesado en intentarlo, empiece poniéndolo en la bacinilla apenas se levante; háblele, distráigalo con un juguete o con una canción. Otro momento adecuado para sentarlo en la bacinilla es veinte minutos después de que se haya tomado algo. De cualquier manera, la situación debe ser divertida, no tensionante. No olvide recurrir a un juguete o a un juego. Si lo distrae, él se relajará y es más probable que vaya al baño. En cambio, si usted se queda ahí, esperando a que él termine, pensará que se trata de una exigencia.

Equipo para el entrenamiento

¿Bien vestido qué lleva puesto el bebé en entrenamiento?

- **Pañales.** Los pañales desechables hoy día son tan obsorbentes que los niños no siempre se dan cuenta cuándo están mojados. Si bien los pañales de tela ocasionan más trabajo, a la larga puede que acorten camino, pues el niño se dará cuenta cuando necesita cambio y podrá dejar el pañal más fácilmente.
- **Pañal-pantalón.** Al igual que los desechables, éstos son muy absorbentes. Apenas el niño empieza a identificar el lugar donde va al baño, y la sensación que acompaña este acto, y puede controlar esfínteres mientras llega hasta allí, estará muy adelante en el proceso.
- **Ropa interior de niño o niña grande.** Cuando esté orinando o haciendo popó en el baño tres veces al día puede ponerle durante el día ropa interior "de niño grande" o de "niña grande". Si le ocurre un accidente, no haga gran escándalo. ¡Y nunca lo reprenda! Simplemente cámbielo, límpielo y póngale un interior limpio.

Póngale un límite al tiempo que su hijo pasa en la bacinilla. El período no debe ser de más de dos o tres minutos, para empezar. Si usted convierte la ida al baño en una experiencia estresante, se está buscando un conflicto. Así que respire hondo y póngale límites también a su frustración. Si usted se relaja, su hijo también lo hará. No se trata de que él logre algo, se trata de enseñarle algo. Si hace pipí o popó, qué bueno. Felicítelo (más adelante tocaré el tema de las alabanzas) y verbalice lo que acaba de suceder: "Muy bien, hiciste pipí en la bacinilla". Añada, cuando lo levante: "Ya terminamos".

Si no fue al baño, no ponga cara de desconsuelo. Levántelo y no diga nada, sin hacer aspavientos de ninguna especie. Por último, evítele a su hijo la incomodidad adicional de ponerlo con demasiada frecuencia en la bacinilla o de llevarlo al retrete cuando se levanta de mal humor o cuando no quiere hacerlo.

Felicítelo jubilosamente y pásele el papel higiénico. Elogie a su hijo desmesuradamente cuando efectivamente deposite algo en el retrete (pero no cuando se ha limitado a sentarse). Ésta es la única ocasión en la que las alabanzas exageradas están permitidas. "¡Muuuy bien, hiciste pipí en la bacinilla!" Cuando una de mis hijas lo lograba, yo gritaba y aplaudía como loca. "Ahora vamos a soltar el agua: ¡adiós, pipí!" A los niños no les toma mucho tiempo darse cuenta de que es un juego divertido. Seguramente mis hijas pensaron más de una vez que yo estaba loca, pero ¡qué divertido! Y no sobra decir que se puede exceder en las alabanzas, pero no en las explicaciones: algunas madres, por ejemplo, le explican al niño que de ahora en adelante allí es donde hará pipí siempre. No haga eso: sus alabanzas deben ser descomplicadas y divertidas, siempre al nivel del niño.

Los cuatro elementos esenciales del éxito de la bacinilla

1. Una bacinilla que no sea demasiado grande.

2. Mucha paciencia: nunca trate de apurar el proceso ni deje traslucir su desencanto cuando el niño no hace pipí o popó; él progresará a su propio ritmo.

3. Mucha práctica (toda la que sea posible).

4. Su presencia: siéntese con él, acompáñelo y anímelo.

Si se lo toma con calma, aprenderá a reconocer los hábitos de su hijo y eso le ayudará a él a estar mejor dispuesto. Recuerde que la personalidad de su hijo tiene una enorme incidencia en su receptividad. Algunos niños hacen cualquier cosa con tal de ver a sus papás haciéndoles fiestas con sus triunfos en el retrete; a otros los tiene sin cuidado.

Una última palabra sobre la independencia

Su caminador crece de a poquitos, pero sin parar. Sea paciente con su crecimiento. Todos estarán más contentos si se dejan guiar por los procesos en vez de tratar de apurarlos. Deles la bienvenida a los cambios y sea paciente en las etapas más difíciles. Aprenda a reconocer la diferencia entre aquellas cosas que requieren de su guía y las que la naturaleza controla. A veces los pasos de su hijo hacia la independencia le parecerán súbitos y dramáticos, como el momento en el que finalmente se pone de pie. Pero aunque usted no perciba los cambios más sutiles, su cuerpo se fortalece progresivamente y su coordinación mejora día a día. Simultáneamente, está acumulando experiencias, asimilando nuevos sonidos y nuevas visiones, trabajando en las destrezas que adquiere a diario. Y además su intelecto se desarrolla al mismo tiempo. Su mente es como un computador que ordena cada gota de información que se le atraviesa. Aunque él se comunica con usted desde que nació, ahora podrán, literalmente, hablar la misma lengua. En el capítulo siguiente veremos cómo se desarrolla este increíble proceso, que contribuye a fortalecer aun más los lazos entre padre e hijo.

CAPÍTULO QUINTO

Balbuceos de caminadores: Aprendiendo a dialogar con afecto

> Las palabras son la droga más poderosa de la humanidad
> —Rudyard Kipling

> Escucha, o tu lengua te mantendrá sordo
> —Proverbio indioamericano

Adelante con el diálogo

Si los bebés son como viajeros en tierra extranjera (analogía a la que recurro con frecuencia), los caminadores son como estudiantes de intercambio: empiezan a aprender el lenguaje sólo porque están ahí, absorbiendo fragmentos de la conversación, a veces entendiendo más de lo que pueden expresar. Su día en ese sentido es mucho más rico que el de los turistas que llevan apenas una semana en el país. Y sus probabilidades de que les pongan un plato de pasta debajo de las narices cuando preguntan por el baño son menores. Pero no llegaron hace mucho tiempo, así que su conocimiento se limita a las palabras básicas. Y aún se sienten frustrados cuando quieren algo o quieren expresar una idea un poco más compleja. Afortunadamente, los caminadores tienen la suerte de tener siempre a su lado guías que hablan la lengua, conocen el país y sus costumbres y pueden ayudarles a mejorar su vocabulario y a comprender mejor lo que les rodea.

Los padres deben ser los guías de sus hijos du-

¿Cuándo hablará mi hijo?

Son varios los elementos que inciden en la velocidad del desarrollo del lenguaje infantil. Tal como lo discutimos en el primer capítulo, la naturaleza y la crianza trabajan mancomunadamente. Algunos de esos elementos son:

- La exposición al lenguaje y la interacción con niños que ya hablan (la conversación constante y el contacto visual estimulan el lenguaje en los niños).
- El género (las niñas aparentemente empiezan a hablar antes que los niños).
- La precedencia de unos aspectos del desarrollo sobre otros (es posible que las habilidades comunicativas se demoren un poco en aparecer cuando el niño empieza a caminar o a ampliar su repertorio social).
- El orden de nacimiento en la familia: los niños con hermanos mayores que hablan por ellos tienden a demorarse en hablar (ver recuadro de la página 156).
- La disposición genética (si usted o su pareja se demoraron en hablar, su hijo posiblemente también lo hará).

Nota: En ocasiones, los niños empiezan a hablar, y después dejan de hacerlo cuando hay un cambio súbito en el hogar, como una nueva niñera, un bebé, la enfermedad de alguien, el regreso de los padres al trabajo o un viaje de los padres.

rante el sorprendente proceso mediante el cual aprenden a hablar y se convierten en miembros activos de la familia y en participantes de la vida misma. La lengua es la clave para la comunicación, y además es una puerta abierta a un mundo de independencia y actividad. Le permite al caminador formular preguntas ("¿Qué es eso?"), reafirmarse ("¡Yo solo!"), coordinar ideas diferentes ("Papá se va, mamá se queda") y, por supuesto, negarse a cooperar ("¡No!"). A través de la lengua aprende lo que se espera de él ("Perdón") y otras gracias sociales como la buena educación ("Por favor") y la gratitud ("Gracias"). Y además puede involucrar a otros en sus aventuras ("Mamá, ven").

No sucede de la noche a la mañana. El desarrollo del habla es un proceso lento y seguro, como el de las proezas físicas de su hijo. Cada nueva etapa se basa en la anterior y lo prepara para la siguiente. Primero gesticula para identificar objetos o para pedirlos. Después, los balbuceos preceden las palabras ("tete", "tetero"), razón por la cual es tan importante hablarle al niño: aprende por repetición.

Ni siquiera los científicos pueden explicar los intrincados procesos mediante los cuales los niños imitan los sonidos, convierten los sonidos en palabras, dan significado a las palabras, las unen y, por último, usan grupos de palabras para expresar pensamientos complejos. Pero hay algo que sí sabemos con seguridad y es que los padres no enseñan a los niños a hablar sino que les muestran cómo se hace. Es más: como sucede con todos los procesos de desarrollo, su hijo empieza a prepararse para hablar mucho antes de que la primera palabra salga de su boca; y aunque esto es de lo más emocionante, no es señal de la primera vez que usted puede comunicarse con él.

En mi primer libro hice mucho énfasis en la importancia del diálogo, en hablar *con* los bebés en lugar de hablarles *a* los bebés. Su hijo habla en su propio idiolecto y recurre a su cuerpo y a su voz para expresar sus necesidades; usted habla en el suyo: español, francés, inglés o coreano. Usted escucha, conversa con él, él lo escucha a usted. Usted reacciona ante él y lo respeta porque comprende que es un ser humano independiente. A medida que lo conoce mejor y entiende un poco su lengua, se vuelve más eficiente al suplir sus necesidades. A su vez, él también empieza a aprender su lengua. A medida que crece, el diálogo continúa. Pero cuando se convierte en caminador, ha llegado la hora de darle una buena dosis de afecto a través de su capacidad de escucharlo y de hablarle.

Hablar, escuchar, aclarar

Los niños de todas las edades necesitan de afecto y de cuidados, pero los años durante los cuales se desarrolla el habla son particularmente críticos en este sentido. Es además fundamental hablar, escuchar y aclarar, tal como lo veremos en detalle un poco más adelante. Ninguno de estos tres componentes se puede manejar por separado: funcionan en conjunto. En todos los diálogos con su hijo, usted habla, escucha y aclara, aunque no esté pensando en ello. Mi propósito es iluminar el proceso. (A partir de la página 158 hay sugerencias específicas para cada una de las etapas de desarrollo del habla).

Hablar, escuchar y aclarar a vuelo de pájaro

Háblele de cualquier cosa y de todo. Cuéntele de su día, descríbale las actividades de él y el mundo que lo rodea.

Escuche atentamente las expresiones verbales y no verbales de su hijo, para que él se sienta atendido y aprenda, a su vez, a escuchar.

Aclare replicando con la palabra correcta o ampliando sus ideas, pero sin que su hijo se sienta regañado o sienta que su manera de hablar es incorrecta.

Hablar. El habla es un puente entre el caminador y sus padres. Tal como lo señalé anteriormente, la magia de la lengua radica en que los padres no tienen que enseñarles a sus hijos a hablar; ellos aprenden cuando les hablamos. Claro que ayudamos a los niños a aprender los colores y los nombres de algunos objetos y de algunas figuras, pero el grueso de la instrucción, incluso en los casos mencionados, es un proceso orgánico que se desarrolla en el toma y daca de las actividades cotidianas. Las investigaciones han demostrado que los niños cuyos padres les hablan durante las actividades más intrascendentes tienen un vocabulario más amplio a los tres años que aquellos que están menos expuestos a la conversación diaria. Y las consecuencias de la conversación sostenida a lo largo del día los acompañan en la escuela, donde su desempeño en comprensión de lectura es mejor.

La mayoría de nosotros sabemos que hay dos formas de hablar, la verbal y la no verbal. Entre las conexiones no verbales se cuentan las miradas amorosas, una palmada en la mano, un abrazo, un beso, tomarse de la mano, despelucar al niño afectuosamente mientras van en el auto. Su hijo siente que usted es consciente de su presencia aunque no haya intercambio de palabras, que usted está ahí para él, que usted se preocupa por él. Las expresiones verbales, en las cuales se incluye el idiolecto propio de los padres (ver recuadro de la página 150), se deben convertir en un diálogo constante, en canciones, juegos de palabras, cuentos y libros. El truco radica en ser consciente todo el tiempo de la importancia de hablarle a su hijo: cuando juegan en el parque, cuando están preparando la comida, cuando se están alistando para irse a dormir.

No es necesario que espere hasta que su hijo le pueda responder. Usted puede conversar con él aunque su pequeño apenas balbucee y se limite a ensartar sonidos uno detrás del otro sin mayor orden ni concierto. En lugar de hacer caso omiso de las cosas que no entiende, estimúlelo con unas cuantas frases bien puestas aquí y allá: "Tienes toda la razón", o "Estoy completamente de acuerdo". Es lo mismo que hacía cuando él era un bebé y usted, lleno de esperanza, formaba palabras con sus sílabas sin sentido. Imagine que él está en la silla de comer y le dice: "Tadalatatu" y usted le responde con una pregunta: "¿Quieres que te baje?" O si está hablando y ya casi es hora de su baño, podría decirle: "¿Ya estás listo para el baño?" Este tipo de diálogo cotidiano no solo contribuye a convertir su media lengua en español inteligible, sino que reconoce los primeros intentos de su hijo de comunicarse y le da validez a sus esfuerzos.

Aquellos padres que no empezaron a hablar con sus hijos desde que eran bebés porque se sentían un poco tontos, con frecuencia me preguntan: "¿Pero de qué puedo hablar con un caminador?" Háblele sobre las incidencias de su día ("Ahora vamos al parque") o sobre lo que usted está haciendo ("Estoy preparando la comida"), o sobre los objetos que lo rodean en su ambiente natural ("Mira, cariño, un perro"). Aunque a usted le parezca demasiado complicado para él, créame, él entiende más de lo que usted cree.

Además, no hay manera de saber con exactitud en qué punto

un niño ha captado un nuevo concepto. Piense en la última vez que usted aprendió algo nuevo: leyó, estudió, hizo preguntas, repasó el material una y otra vez. Hasta que en un momento dado se dijo a sí mismo: "Ah, ya entiendo; esto es lo que significa". Lo mismo sucede con su hijo y su aprendizaje de la lengua.

También es importe que usted logre dilucidar qué tipo de conversación funciona con su hijo, pues su enfoque debe cambiar en función del temperamento de su hijo y del área de desarrollo en la que se encuentre concentrado en uno u otro momento. Por ejemplo, mientras que los caminadores irritables reaccionan bien con los abrazos, el niño de manual que apenas está empezando a caminar quizás intente escabullirse de entre sus brazos porque está más interesado en explorar. Y es posible que un ángel que está molesto se quede quieto cuando usted le espeta una explicación lógica sobre por qué no puede comer helado, mientras que tratar de razonar con los gruñones suele conducir a más llanto. Lo mejor sería distraerlos. Y en lo que se refiere a su hijo fogoso, si se da cuenta de que la frustración le está ganando la partida mientras intenta explicar algo, no lo alce ni empiece a señalarle objetos, preguntándole: "¿Es esto lo que quieres? ¿O esto? ¿O esto?", porque eso sólo aumentará su angustia. Lo que debe hacer es dejarlo en el suelo y pedirle que le muestre lo que quiere. (En realidad, esto da buenos resultados cuando cualquier niño está tratando de comunicarnos algo).

El idiolecto de los padres

Hay una forma de expresión verbal propia de los padres que ha resultado ser enormemente beneficiosa para el desarrollo de las habilidades verbales de los niños. Los científicos han sugerido que este idiolecto es una de las herramientas de la naturaleza para ayudarles a los niños a aprender a hablar, porque todas las personas encargadas del cuidado los de niños —las mamás, los papás, los abuelos, e incluso los hermanos mayores— tienden a usar este idiolecto automáticamente cuando hay niños alrededor porque así logran llamar su atención. Quien hable este idiolecto

- es festivo y animoso
- mira al niño directamente a los ojos
- habla lentamente y con voz cantarina
- pronuncia con claridad
- hace énfasis en una de las palabras de la oración ("¿Viste ese *gato*?")
- repite las palabras con frecuencia

Es el momento de decir que la televisión y los computadores no están incluidos en la actividad de hablar. Cuando un caminador pasa mucho tiempo frente a la televisión, es posible que se aprenda la canción de Barney porque puede imitar lo que ha oído, pero sigue siendo cierto que la mejor instrucción en la lengua sucede durante los intercambios cotidianos entre usted y su hijo. En cuanto a los computadores, que son innegablemente interactivos, nadie sabe todavía cómo afectan la mente de los pequeños. Esto no evita que se diseñen constantemente programas para los niños menores de tres años que pueden resultar tentadores. (De acuerdo con una compañía de mercadeo, el segmento de mayor crecimiento en el mercado de *software* juvenil es el de los títulos para bebés.) A mí personalmente no me gusta ver niños tan pequeños sentados frente a un computador, pero sé que muchos padres están convencidos de que de esa forma los niños se preparan para un mundo tecnológico y aprenden más rápido. Yo creo que los niños se adaptan a la tecnología sin nuestra ayuda.

Y tampoco hay evidencia alguna que señale que es beneficioso empezar a usar computadores desde tan temprano. Sin embargo, si usted tiene un computador y compró un programa educativo para su hijo, lo menos que puede hacer es sentarse con él. Además, es importante que limite el tiempo que su hijo pasa frente al computador: es sólo una entre muchas herramientas.

Habiendo dicho lo anterior, regreso a mi sugerencia más firme: converse con su hijo desde que se levante. No hay tal cosa como hablarle demasiado a su hijo (excepto cuando está tratando de calmarse o de dormirse). Eso es lo que los niños pequeños necesitan: así aprenden. En las páginas 146-147 hay un "guión" tomado de un día mío con un caminador. Con él sólo quiero ponerle de presente cuántas oportunidades surgen corrientemente para establecer una conversación. Su propio guión debe basarse en su estilo personal y en lo que sucede cuando usted está con su hijo.

Escuchar. En el caso de los caminadores (como en el caso de los bebés), escuchar significa prestar atención a sus palabras y a su lenguaje corporal. Ahora que su hijo ha crecido, es más fácil entenderlo porque sus señales son más evidentes. Por otra parte, sus necesidades son más complejas. Ya no le basta con que lo alce en sus brazos y le haga arrumacos. Quiere explorar, averiguar qué son las cosas y

Diálogo cotidiano

A continuación, algunos extractos de un día entero que pasé en conversación con un caminador. El truco es convertir en frases cortas lo que se está haciendo en cada momento del día.

Mañana

¡Buenos días, Paloma, mi florecita! ¿Dormiste bien? Te extrañé. A ver, a levantarse. ¡Huy!, parece que hay que cambiar ese pañal. Está mojado. ¿Puedes decir "mojado"? Muy bien: mojado. Vamos a cambiarte para que estés limpia y cómoda. ¿Quieres tenerme la crema mientras te cambio? Bien. ¡Listo! Vamos a saludar a Papá. Di: "Hola, Papá" Listo, ahora podemos ir a desayunar. Voy a sentarte en tu sillita. ¡Upa, arriba! Te pondré el babero. ¿Qué vas a comer? ¿Quieres banano o manzana? Te estoy preparando tu cereal. Ésta es tu cuchara. Mmm... ¿verdad que está rico? Listo. Pongamos los platos a lavar. ¿Quieres ayudarme? ¿Sí? Bien... pon tú este en el lavaplatos. Así, muy bien.

Recados

Necesitamos más comida. Tenemos que ir de compras. Vamos a dar un paseo. Te traeré tus zapatos. A ver te pongo el saco. Ya estamos en el auto. ¿Puedes decir "auto"? Auto. ¡Bien hecho! Vamos hasta el mercado. A ver te siento en el carro de mercado. ¡Huy!, mira cuántas verduras. ¿Ves los bananos amarillos? ¿Puedes decir "banano"? Banano. Bien. Mira, acá hay unas habichuelas. Pongámoslas en el carrito. Listo. Ahora tenemos mucha comida. Vamos a la caja. Tracy tiene que pagarle a la amable señora. ¿Quieres decirle "hola"? Gracias. ¡Hasta pronto! Mira cuántas bolsas. Tenemos que subirlas al auto. ¡Adiós, almacén!

Juego

Vamos a jugar. ¿Dónde está tu caja de juguetes? ¿Quieres jugar con tu muñeca? ¿Puedes decir "muñeca"? Muñeca. ¡Muy bien! ¿Qué hacemos con la muñeca? ¿La ponemos en su coche? ¿La arropamos? Pongámosle una cobija para que no tenga frío. ¡Opa!, muñequita está llorando. Álzala y abrázala. ¿Está mejor? ¿Será que tiene hambre? ¿Qué le daremos? ¿Querrá un tetero? ¿Puedes decir "tetero"? Sí, tetero. Mira, muñequita tiene sueño. ¿Quieres acostarla? Pongámosla a dormir en la caja de juguetes. Buenas noches, muñequita. ¿Puedes decir "buenas noches"?

La hora de dormir

Alistémosnos para la cama. Primero elige un libro. Ah, ¿quieres éste? Buena opción. ¿Puedes decir "libro"? Muy bien: libro. Ven, siéntate en mis rodillas. Vamos pasando las páginas. El nombre de este libro es *Osito pardo*. ¿Puedes encontrar al osito pardo? Bien. ¿Puedes decir "oso"? Pasemos la página. ¿Puedes encontrar el azulejo? Muy bien, ese es el azulejo. Se terminó. Guardemos el libro. Hasta mañana libro. Di: "Hasta mañana". Voy a acostarte, pero primero un abrazo para Tracy. Mmm, te quiero. Acá está tu cobijita. Hasta mañana, que sueñes con los angelitos. Si me necesitas, llámame. Nos vemos en la mañana.

qué puede hacer que hagan. Empiece a prestar atención a las señales antes de que aprenda a decir las palabras. Si usted reacciona con sus señales, aprenderá a confiar en las que le envía su cuerpo (el hambre, por ejemplo) y en su capacidad para influir en el ambiente (cuando logra que usted, por ejemplo, le alcance el juguete que está en la repisa más alta).

Escúchelo mientras habla consigo mismo en la cuna o cuando juega solo. Cuando se los deja por su cuenta, los niños tienden a practicar nuevos sonidos o nuevas palabras y, más adelante, a hablar de los sucesos del día. Escuchar furtivamente las conversaciones de su hijo consigo mismo le ayudará a entender en qué punto de su desarrollo se encuentra y qué tanto entiende.

Es más: cuando usted le presta atención, también le está enseñando a su hijo a escuchar. Apague la televisión antes de empezar a hablar. No hable por teléfono simultáneamente (ver recuadro de la página 154) ni lea el periódico mientras contesta las preguntas de su caminador.

Ayúdele a su hijo a desarrollar también sus habilidades auditivas. Apague el radio o el equipo de sonido e indíquele en voz alta: "Ahora oigamos música". Señale los sonidos de la vida cotidiana: el latido de los perros, el gorjeo de las aves, el rugido de los camiones que pasan por la calle. Esto le ayuda a sintonizarse con lo que le dicen sus oídos.

Por último, óigase a sí mismo y, si es necesario, mejore su forma de expresarse. El tono y el volumen de su voz, la cadencia de sus palabras y sus hábitos de comunicación pueden lograr que su hijo aprenda a escuchar, o no. Quizás usted esté acostumbrado a mangonear a la gente en la oficina y al llegar a casa use el mismo tono áspero. Quizás hable en voz muy alta o en voz muy baja; o monótonamente. Conozco a algunos padres que expresan dos ideas completamente diferentes de la misma manera, como si fuesen intercambiables: "Pon esto sobre la mesa, María" y "María, no empujes a Gabriela; ella estaba ahí primero" suenan exactamente igual y a algunos niños les cuesta distinguir entre el trabajo y las emociones. Peor aún, usted podría ser de los que grita todo el tiempo, cosa que definitivamente hace que los caminadores se desentiendan o se acobarden, y ninguna de estas dos consecuencias es buena para el diálogo.

Por último, quisiera añadir que la velocidad de la vida cotidiana de muchos padres modernos convierte el escuchar en un verdadero reto. Nosotros estamos tan apurados que apuramos a nuestros hijos. Nos empeñamos en inventarnos soluciones antes de terminar de oír el problema. Al igual que aquellos padres que tienden a acudir a un chupo, por ejemplo (página 272), para acallar a su bebé cuando se sienten desbordados, los padres ocupados de caminadores tienden a prender la televisión. Los niños se concentran en otra cosa y antes de que usted se dé cuenta, habrá pasado el momento de enseñarles a escuchar (¡cosa que será más que evidente durante la adolescencia!).

En resumen, escuchar es una fórmula infalible para fortalecer la autoestima de su hijo. También es la base de la confianza, de la solución de problemas y de la resolución de conflictos. Es una habilidad particularmente importante en el mundo de hoy, tan lleno de distracciones. Cuando lo escucha, usted le demuestra a su hijo que realmente sí está ahí, que es consciente de su presencia, que lo que él hace y dice le interesa y le preocupa.

Aclarar. Es importante dedicar un par de minutos a confirmar lo que ha dicho nuestro hijo, o a aclarárselo. Hay una gran diferencia entre lo que oyen

---

Teléfono – Atención = Interrupción

No hay nada que me enfurezca más (y estoy segura de que le sucede a muchos otros adultos) que hablar por teléfono con alguien que simultáneamente está llamándole la atención a su caminador: "¡Benjamín, no te subas ahí!" Los caminadores y los niños un poco mayores no desperdician la oportunidad de llamar la atención, y parecería que las llamadas telefónicas encendieran alguna señal en ellos: "Ajá... Mi mamá está hablando por teléfono. La necesito urgentemente". La pilatuna favorita de mi hija era meterse en la canasta del carbón cada vez que sonaba el teléfono.

La verdad es que casi todas las llamadas telefónicas se pueden posponer hasta que el niño esté dormido. Cuando el teléfono suene, explíquele a su interlocutor que el niño está despierto y que no es un buen momento para hablar por teléfono. Si es urgente, explíqueselo a su hijo: "Ahora voy a hablar por teléfono y es importante que lo haga". Manténgalo ocupado con su juguete favorito o una actividad que disfrute. No extienda innecesariamente la llamada y quizás logre terminar la conversación sin que le interrumpan.

---

los caminadores y lo que dicen la primera vez. Debemos animarlos para que usen la palabra correcta aunque tengan su forma especial de expresar una idea. Cuando mi hija Sara decía, por ejemplo: "Tete", yo le replicaba: "¿Quieres tu tetero?" También debemos ayudarles a comprender los aspectos sociales de la comunicación verbal, la etiqueta de la conversación. Por ejemplo, si está hablando demasiado duro, hay que decirle que es mejor en este lugar o en este momento hablar en voz baja. Los padres conscientes están haciendo aclaraciones todo el día, generalmente sin pensarlo dos veces. En la fiesta de cumpleaños de la que hablé en el capítulo cuarto (página 95), cada vez que la habladora Verónica decía "camó", uno de sus padres intervenía: "Sí, amor: es un camión".

Aclarar las emociones no verbales

No es necesario que espere a que su hijo empiece a usar palabras para empezar a aclararle cosas. Su pequeño le envía mensajes no verbales para que usted sepa cómo se siente. Después lo observa, en busca de una reacción. Con las pistas que él le da y el contexto, usted puede interpretar lo que él quiere decir y aclarárselo: "Veo que estás [furioso, triste, contento, orgulloso de ti mismo"].

Demuestro mi infelicidad, renuencia o mal genio
- entiesando el cuerpo
- arrojando la cabeza hacia atrás
- acostándome en el piso
- golpeándome la cabeza
- mordiendo con fuerza algo, como el sofá
- llorando o gritando

Demuestro mi felicidad y mi deseo de colaborar
- sonriendo o riendo
- haciendo alegres gorgoritos
- aplaudiendo
- rebotando la parte superior del cuerpo, de la cintura para arriba, zangoteándome de alegría.

Ya sea que su caminador se invente sus propias palabras o que tenga una versión propia del mundo real, como Verónica, la mejor forma de descifrar lo que quiere decir es escuchar atentamente y buscar pistas en el contexto. No use la palabra que él usó para denominar el objeto: repita la palabra correctamente. Por ejemplo, su hijo señala algo por la ventana del auto y dice: "To". Como usted lo ha estado escuchando y ve que hay un auto al lado del suyo, le dice: "Sí, amor: es un auto. Muy bien. Hay muchos autos por aquí, ¿no crees?" De esa forma, refuerza sus habilidades verbales y lo alaba. También puede replantear su afirmación en forma de pregunta. Si ella dice: "Aba", usted le dice: "¿Quieres agua?" Ambos métodos sirven para corregir al niño sin darle a entender todo el tiempo que está equivocado o, lo que sería peor, sin avergonzarlo.

El segundo hijo: ¿Un hablador lento?

Los segundos generalmente hablan más tarde que los primeros porque sus hermanos mayores hablan por ellos y aclaran lo que quieren decir. En nuestra familia, Sofía balbuceaba algo, me miraba, y si yo no reaccionaba rápidamente, ella recurría a Sara con cara de: "¿Por qué no entiende lo que le estoy diciendo?" Sara entonces procedía a explicarme: "Quiere cereal".

Mientras Sara siguió traduciendo lo que decía, Sofía no tuvo ninguna necesidad de usar palabras reales. Cuando me di cuenta de lo que estaba pasando, le dije a Sara que aunque ella era una hermana maravillosa (cosa que era cierta casi todo el tiempo), tenía que dejar que Sofía me hablara, ella sola.

Cuando Sara dejó de hablar por ella, Sofía pasó de usar unas poquitas palabras a usar oraciones largas en muy corto tiempo. Resultó que ella tenía más destrezas verbales de lo que nos habíamos imaginado, sólo que no las usaba. (En el capítulo noveno me refiero más extensamente al tema de los hermanos.)

Otra forma de aclarar es ampliar el concepto: cuando él señala el auto y dice: "To", usted podría añadir: "Sí, mi amor, ése es un auto rojo". Cuando pide el tetero, podría preguntarle: "¿Tienes hambre?" De esa manera puede confirmar que él ha relacionado el sonido adecuado con el objeto, refuerza su uso del lenguaje y da un paso más lejos. Muy pronto, "to" se convertirá en "auto" y "tete" se metamorfoseará en el más adulto "tetero". Y aunque quizás falten meses o incluso un año para que él comprenda el significado de "rojo" o de "hambre", o para que pueda armar frases más largas como "el auto rojo" o "tengo hambre", usted está contribuyendo a programar su computador para que genere ideas y descripciones más complejas.

Cuando tenga la sensación de que su hijo, que apenas está empezando a hablar, está buscando una palabra, ayúdelo. Ayude también a los parientes del niño (los abuelos, la tía) a comprender las palabras que él usa y que sólo usted comprende ("Está pidiendo un tetero"). Pero cuando él pueda terminar sus oraciones o hacerse entender sin su ayuda, no hable por él.

Aclarar tampoco significa abrumar a su hijo con toda clase de explicaciones. Algunos padres competitivos, ansiosos por ampliar los conocimientos de su hijo, le suelen dar demasiada información. Me recuerdan ese viejo chiste sobre el niño de tres años que le pregunta a su mamá: "¿Yo de dónde vengo?", y la mujer se lanza rápidamente a una explicación con lujo de detalles sobre la cigüeña y París. El niño, confundido y sin haber entendido ni una palabra de lo que le dijo su mamá, le replica: "Pero Juan en cambio es de Buenos Aires".

En la vida real me he topado con innumerables casos en los que los padres explican demasiado. Hace poco estaba en un restaurante

---

Consejitos para hablar, escuchar y aclarar

Es importante recordar lo siguiente:

Cosas que debe hacer

Preste atención a las señales verbales tanto como a las no verbales.

Mire a su hijo a los ojos cuando le hable o cuando lo escuche.

Háblele con oraciones cortas y sencillas.

Anime a su hijo para que se exprese haciendo preguntas sencillas y cortas.

Juegue juegos de palabras que le permitan interactuar con su hijo.

Sea paciente y ecuánime.

Cosas que no debe hacer

No hable en voz muy alta, ni en voz muy baja, ni demasiado rápido; evite los excesos al hablar.

No avergüence a su hijo porque no pronuncia las palabras correctamente.

No hable por teléfono cuando su hijo le está hablando.

No se ocupe de asuntos domésticos en las horas designadas para los niños.

No interrumpa a su hijo.

No use la televisión como niñera.

de esos donde los niños pueden estar a sus anchas. La madre estaba en la caja registradora pagando la cuenta cuando su caminador se le acercó y le pidió un dulce. "No", le replicó la mamá con tono escuelero. "No puedes comer dulces porque esos dulces tienen una cantidad horrible de anilina, y además el exceso de azúcar no es bueno para ti". ¡Por favor! (Lo más sensato hubiese sido distraer su atención y ofrecerle una opción más saludable: "Tengo una manzana y un banano en la cartera, amor. ¿Qué prefieres?" (Encontrará más sobre este tema en el capítulo séptimo.)

La media lengua

Aunque los libros aseguran que los niños dicen su primera palabra al año de edad, algunos lo hacen y otros no, y algunos ya tienen un vocabulario de aproximadamente veinte palabras cuando cumplen un año. Algunos niños pasan por todas las etapas clásicas del lenguaje mientras que otros (usualmente los niños con hermanos mayores: ver recuadro de la página 156) dicen muy pocas palabras hasta los dieciocho meses de edad y más, y de pronto empiezan a hablar usando oraciones completas, como si hubieran estado reservándose.

Resultados sorprendentes

A los bebés les encantan los sonidos. En algunos experimentos en los cuales mamar producía un sonido, los bebés hasta de un mes de nacidos succionaban con más fuerza para seguir oyéndolo. Al rato se aburrían, pero cuando se producía un nuevo sonido, volvían a ponerse alertas y a succionar con más fuerza. Percibían las diferencias más sutiles entre los sonidos. De hecho, a diferencia de los adultos que sólo distinguen sonidos en su propia lengua, los bebés distinguen todos los sonidos, pero esta habilidad desaparece a los ocho meses de edad.

Los niños se dan cuenta inmediatamente cuando sus padres están ansiosos porque no hablan —en el peor de los casos esta ansiedad puede silenciarlos—, razón por la cual es esencial que usted acepte las particularidades del desarrollo de su hijo. He incluido algunos lineamientos básicos por edades (página 170) porque sé que hay muchos padres que se preguntan todo el tiempo si su hijo está dentro de los límites "normales". Pero creo que debo seguir haciendo énfasis en el hecho de que hay una muy amplia variación en la velocidad de adquisición del lenguaje. Deje que su hijo sea la única guía importante. Quizás su progreso sea continuo y sin sobresaltos, o quizás sea a brincos. En lugar de obsesionarse por averiguar qué es típico a una edad determinada, averigüe en qué etapa de su desarrollo se encuentra mediante la observación.

Palabras de bebé. El bebé nace con la habilidad de distinguir los sonidos (ver recuadro de la página 158). Y la fascinación que le producen los sonidos es su pasaje a la lengua. Al comienzo balbucea incesantemente. Y no es que esté jugando: experimenta, averigua qué sonidos pueden producir su lengua y sus labios. Resulta interesante el hecho de que sus balbuceos se acojan a las cadencias de su lengua. Un niño balbuceante de nueve meses de edad sonará a sueco o a español dependiendo de su país de origen.

A esta edad mejora también la expresión no verbal de su hijo, y usted empezará a padecer un verdadero tira y afloje con él. Su rostro se ha convertido en un libro abierto: brilla de alegría, refleja el orgullo de sus logros, hace pucheros cuando está triste y su expresión de diablillo le indica cuando está a punto de hacer una travesura. Entiende muchas cosas, mucho más de lo que puede expresar. Además ha mejorado su habilidad para leer *sus* expresiones faciales. Una mirada severa o un cambio de tono a veces bastan para que se detenga o, por el contrario, lo anima más a desafiarlo.

Pregúntele: "¿Dónde está Enrique?" y se señalará a sí mismo. Pregúntele: "¿Dónde está mamá?" y la señalará a ella. Dice adiós con la mano cuando alguien se va, mueve la cabeza para decir que no y abre y cierra la mano para indicar que quiere algo. Cuando señala algo, lo hace con la intención de que usted se fije en ese objeto o para que se lo alcance. De cualquier manera, nombre el objeto: "Sí, Enrique: es un florero". A veces basta con identificar el objeto para saciar su curiosidad, pues eso es lo que quiere saber.

A lo largo del día, escuche la media lengua de su hijo, preste atención a su expresión no verbal, háblele con palabras verdaderas y dele significados a los sonidos que produce: "Mmmm... ma... mamá": es una forma de empezar a aclarar.

Use marionetas y muñecos de peluche para alargar las conversaciones. Cómprele libros de cartón que no sean tóxicos, porque además de escuchar el cuento, él querrá saber a qué saben las páginas. Cuando le lea, nómbrele los objetos de las ilustraciones: "Mira qué flor más bonita". Después de haber pasado algunas semanas en compañía del mismo libro, pídale que le señale la flor. También le fascinan los versos infantiles y los juegos de palabras.

Se sorprenderá al constatar lo rápido que aprende juegos como "¿Qué tan grande?" Pregúntele un día qué tan grande es Roberto y enséñele la respuesta: "Muy grande", llevando sus brazos encima de la cabeza. Muy pronto él sabrá la respuesta sin ayuda. Ayúdele a aprenderse las partes del cuerpo; pregúntele: "¿Dónde está la nariz de Roberto?", y señálele la nariz. La niñera de mis hijos solía cantarles: "El payaso Plimplín se pichó la nariz..." Hasta un juego tan sencillo como taparse la cara con las manos les enseña a los niños una regla fundamental en la comunicación: que hay que respetar los turnos. Y un día su hijo tomará su frazada y se esconderá detrás como diciendo: "¡Vamos a jugar!"

Es importante que refuerce continuamente el significado de las palabras y de las ideas, en especial si hay peligro. Por ejemplo, si su hijo se acerca a una tetera caliente, dígale: "Cuidado, Tomás. Está caliente". Se dedicará a otra cosa, pero al rato quizás vuelva a rondar la tetera. No es que no le haya entendido. Es que no lo recuerda. Simplemente dígale: "Está caliente, ¿te acuerdas?" Mientras más oiga una cosa, más la recordará. En Inglaterra los niños aprenden muy rápidamente que las teteras son calientes porque ¡ven teteras todo el día!

Ya dice algunas palabras. Cuando empieza a dominar diferentes sonidos, su caminador podrá empezar a aprender sus primeras palabras, que aparecerán desde los siete u ocho meses de edad y hasta los dieciocho meses. Los primeros sonidos que los bebés en el mundo entero emiten son *d, m, b* y *g* y la *a.* Después combinan estos sonidos y producen "mamamama", por ejemplo.

Las palabras para "mamá" y "papá" son curiosamente similares en todas las culturas; los padres suponen que los niños los están llamando, pero Alison Gopnik, Ph.D.; Andrew N. Meltzoff, Ph.D. y Patricia K. Kuhl, Ph.D., autores de *The Scientist in the Crib,* [El científico en la cuna] han planteado la posibilidad de que mamá y papá se llamen así porque esas son las primeras palabras que dicen los bebés y no al revés.

Los autores también señalan el hecho de que las investigaciones de los últimos veinte años acerca de las primeras palabras de los bebés han arrojado resultados sorprendentes. Las primeras palabras de los bebés son "mamá" y "papá" (lo cual no resuelve el problema sobre qué vino primero). Dicen además una cantidad de palabras que los adultos no oyen, quizás porque no las están esperando. La psicóloga Gopnik, quien llevó a cabo una serie de experimentos encaminados a averiguar qué quieren decir los bebés cuando usan ciertas palabras, descubrió que estos usan palabras específicas para designar un objeto que desaparece, el fracaso (cuando riegan algo, por ejemplo) o el éxito (cuando logran ponerse una media).

Al comienzo las palabras tienen significados particulares que sólo su hijo (o sus hermanos mayores: ver recuadro de la página 156) puede descifrar. Puede que signifique lo que usted cree que significa o puede que no, razón por la cual es fundamental que usted observe y escuche cuidadosamente: el contexto le ayudará a desentrañar el significado la mayoría de las veces. Con el tiempo, sin embargo, él empezará a comprender el verdadero significado de una palabra y la usará en diversas circunstancias. Ése es

¿Qué? ¿Papá no?

Para frustración del padre, llega un día en que el caminador llama a todo el mundo, desde el tío hasta el cartero, "papá". Ser capaz de pronunciar una palabra no implica necesariamente la comprensión de su significado. Primero tiene que dar un salto cognitivo, pero hasta entonces "papá", como muchas de sus primeras palabras, no tendrá un significado especial. Falta aún para que la palabra denomine a la persona que vuelve a casa todas las noches y corretea al niño en el salón.

Algunos padres se quejan por algo ligeramente diferente. En palabras recientes de uno de ellos,:"Alejandra puede decir mamá, pero no puede decir papá". Lo que pasa es que Alejandra casi nunca oye la palabra papá porque casi todo el mundo llama a su padre por su nombre de pila. "¿Y cómo quiere que su hija aprenda a llamarlo papá si nunca oye a nadie llamarlo así?"

un avance. Una cosa es decir una palabra y otra, usarla correctamente para nombrar un objeto, y darse cuenta de que dos objetos, a pesar de las diferencias evidentes, pueden tener el mismo nombre. Verónica, por ejemplo, aprendió a decir "camó" y además sabía que los enormes y ruidosos vehículos que bajaban por su calle tenían el mismo nombre que los juguetes con los que jugaba en casa. No es de sorprenderse que la percepción de un niño sobre una idea tan supremamente compleja —la de que las palabras representan objetos— surja más o menos al tiempo que él empieza a dedicarse a los juegos imaginarios, cosa que también exige que comprenda las representaciones simbólicas.

En este punto de su vida, la mente de su hijo se expande a velocidades increíbles. Él es como un computador, y usted tiene que ayudarlo metiéndole datos; trata de entender lo que realmente significa el vocabulario recién adquirido, y a veces puede resultar frustrante, tanto para usted como para su hijo. Es posible que él sepa exactamente lo que quiere y que desconozca la palabra para nombrarlo. Ayúdelo nombrando todas las cosas que señala. O quizás use una palabra, como "taza", y usted piense que él quiere ver la taza que hay en la mesa y jugar con ella cuando en realidad tiene sed. Si usted cree que quiere la taza, désela; si protesta, corríjase: "Ah, debes de tener sed". Sirva agua en la taza y vuélvasela a entregar.

Las primeras palabras de los niños varían, pero entre ellas suelen estar incluidos los objetos de su vida cotidiana. A veces estos aprendices captan el sentido de una palabra de inmediato; pero recuerde que los caminadores, como los adultos —que tienen que oír una palabra varias veces, leer y releer su definición y verla en uso para aprenderla—, necesitan un poco de práctica con sus primeras palabras. Mi filosofía con las palabras es la misma que con la comida: introdúzcalas cuatro o cinco veces para que su hijo se acostumbre; si no las repite de inmediato, no se sienta frustrado: acepte que no está listo para usarlas.

Nombre las emociones; muéstrele una fotografía y dígale: "Esta niñita parece triste" o "¿Cuál de estas niñas está triste?" Pregúntele qué lo entristece a él. Señálele que la gente a veces llora cuando está triste. Pregúntele si puede poner cara triste (ver página 227).

> **SUGERENCIA:** *Sus reacciones deben ser las adecuadas a las emociones de su hijo. El niño puede sentirse confundido si un adulto se ríe o lo abraza cuando él está haciendo pucheros o poniendo cara triste. Y lo que es peor, en el futuro usted no sabrá si sus pucheros expresan infelicidad o quieren llamar su atención. (Ver también páginas. 238-239).*

Recuerde que a los caminadores todo les interesa; cada nueva experiencia aumenta sus conocimientos. Póngales palabras a las actividades que desarrolla su hijo durante el día y a los objetos que se encuentra (ver el guión de la página 152). Háblele constantemente usando oraciones cortas: "Mira, un gato". Su hijo podrá responder a sus preguntas si éstas son sencillas ("¿Dónde pusiste tu osito?") y seguir instrucciones simples ("Por favor tráeme tus zapatos"). Resolver problemas sencillos y ejecutar órdenes simples lo hará sentir importante y orgulloso de sí mismo. Y usted puede darle oportunidad de hacerlo varias veces al día: "Tráeme el libro del conejito", "Mete los juguetes entre la tina", "Escoge un libro".

El juego de las palabras. Su insistencia en darles un nombre a todas las cosas y en conversar con su hijo todo el tiempo da fruto de un momento a otro con una explosión de palabras. Si usted llevó un diario con las primeras palabras, seguramente un día tiene una lista de veinte o treinta y al otro día ya perdió la cuenta porque su hijo parece conocer los nombres de todos los objetos que señala. En un período de dos o tres meses el vocabulario de su hijo puede ampliarse de veinte palabras a doscientas (y será de más de cinco mil cuando tenga cuatro años). Lo que no sepa, le pedirá a usted que se lo diga. Hubo una época en la que usted no podía contar con su habilidad para recordar nuevas palabras, y ahora lo sorprende a cada minuto con el vocabulario que ha adquirido.

Los científicos han propuesto diversas teorías para explicar este súbito derroche de palabras. La mayoría está de acuerdo en afirmar que este punto señala una nueva etapa en el desarrollo cognitivo y que los niños deben haber aprendido entre treinta y cincuenta palabras antes de que suceda. Es evidente que cualquier niño que juegue a este juego de las palabras ya se da cuenta de que los objetos que lo rodean tienen nombres y ha aprendido a preguntar cómo se llaman. También es probable que a este niño no se le escape nada de lo que oye, y cuando digo nada es *nada*. Preste atención a lo que usted dice a menos que quiera oír a su pequeño exclamar: "¡Carajo!" (o algo peor) en vez de: "Oh-oh". Yo solía exclamar: "¡Dios mío!" cuando algo me molestaba, y no me había dado cuenta de que Sara lo había captado hasta que un día, en el supermercado, a una mujer se le cayó una botella de lejía y Sara profirió un: "¡Dios mío!" en voz muy alta cuando se rompió. Hubiera querido esconderme debajo del mostrador.

Lo más probable es que su hijo empiece a armar oraciones de

dos palabras como: "Quiero galleta", o "Álzame, mamá", o "Adiós, papá". Es probable que empiece a oírlo hablar consigo mismo mientras juega o justo antes de dormirse. No le damos mayor importancia al lenguaje porque se desliza de nuestra boca sin dificultad alguna, pero piense por un momento en la increíble hazaña de su hijo: no sólo sabe ya lo suficiente como para usar más de una palabra a la vez, sino que ha aprendido a poner las palabras en orden y a usarlas para expresar sus pensamientos en voz alta.

> SUGERENCIA: *A veces los niños pasan por una etapa de ecolalia —repetir incesantemente todo lo que oyen—. En vez de responder a la pregunta de si quieren Cheerios o Corn Flakes, repiten: "Cheerios o Corn Flakes". Aunque creo que hay que estimular a los niños para que hablen, en este caso lo mejor es pedirle a su hijo que señale cuál quiere.*

Muchos empiezan también a categorizar los objetos en esta etapa. Por ejemplo, si usted pone frente a a su hijo un grupo de juguetes y le pide que ponga unos a la derecha y otros a la izquierda, él ideará una forma de escogerlos: todos los carros en una pila, todas las muñecas en la otra. Antes todos los animales eran "guau" pero ahora se da cuenta de que hay perros, gatos, vacas, ovejas. Una buena manera de reforzar sus conocimientos es pedirle que nombre todos los animales que conoce, o todos los animales que viven en el zoológico, o en la finca.

A pesar del torrente de palabras que sale de su boca, este también puede ser un período lleno de frustraciones. La pronunciación de algunas palabras puede resultarle difícil. A veces se frena en medio de la conversación porque no recuerda el nombre de algo. Hará cientos de preguntas. Y una de sus palabras favoritas será: "¡No!"

> SUGERENCIA: *"¡No!" no indica necesariamente que su hijo sea obstinado. De hecho, es muy posible que ni siquiera sepa lo que significa. Los niños pequeños dicen no con frecuencia porque es una palabra que oyen con frecuencia. Así que una manera de mermar su cascada de negatividad es limitar sus propios no. También puede cerciorarse de que le habla a su hijo y lo escucha lo suficiente y de que le presta la atención que necesita.*

Este es un buen momento para empezar a enseñarle modales. Cuando pide algo, recuérdele que diga por favor. Al comienzo usted deberá decir por favor en su lugar, y también gracias, cuando le entregue el objeto que le pidió. Haga lo mismo cincuenta veces al día, repitiendo la misma secuencia, y pronto se convertirá en parte de su discurso social.

> **SUGERENCIA:** *Si usted le enseñó a su hijo a decir: "Perdón" cuando interrumpe una conversación, cuando lo haga no le replique: "Espera un minuto a que termine". En primer lugar, él no sabe lo que significa un minuto. En segundo lugar, su mensaje resulta ambivalente: después de todo, él respetó la regla que usted le enseñó y ahora usted la cambia al pedirle que espere. Debe, en cambio, alabarlo por ser bien educado y oír lo que tenga que decir. El otro adulto seguramente entenderá.*

En este punto en el que su hijo está empezando a ampliar su vocabulario y a expresar ideas más complejas, es fundamental aclarar. Aunque no creo que sea buena idea sentarse a "enseñarle" al niño, sí podría intentar estructurar sus períodos de juego de manera que pueda manipular formas y colores. No empiece a hacerle preguntas sobre los colores; más bien señálelos casualmente: el banano amarillo, el auto rojo. El juego de buscar una pareja también es bueno: dele una camiseta roja y pídale que busque unas medias del mismo color. Los niños pueden hacer eso antes de haber aprendido los nombres de los colores. Introduzca conceptos como "blando", "duro", "redondo", "plano", "afuera", "adentro". Al usar esas palabras, logrará que su caminador se dé cuenta de que los objetos tienen cualidades específicas.

Él seguirá disfrutando de los juegos de bebés y de recitar los versos infantiles de cuando era más pequeño, pero ahora entiende mucho más. Empezará a repetirlos e incluso a recitarlos solo. Le fascinan el ritmo y la repetición. A los niños les fascina la música y aprenden con relativa facilidad las letras de las canciones. Será más fácil aun si hay gestos que acompañen las palabras: los niños disfrutan mucho imitando los movimientos de los adultos.

Los juegos de contar también son maravillosos y le ayudarán a su hijo a comprender mejor los números. Cante con él, por ejem-

Sentarse acogedoramente con un buen libro (y con un caminador agradecido)

Incluso a los bebés les encanta "leer". Preséntele los libros a un niño desde pequeño y se convertirán en sus amigos. No se limite a leerselos, cambie su tono de voz y actúe, como los personajes en el cuento. También háblele sobre ellos. Los mejores libros para niños menores de tres años tienen:

Un argumento simple: A los niños menores les gusta identificar objetos, pero a medida que crecen pueden seguir el desarrollo de una historia sencilla.

Durabilidad: Especialmente en el caso de menores de quince meses, asegúrese de que la tinta no sea tóxica y las páginas, de cartón.

Buenas ilustraciones: Los colores brillantes y las ilustraciones claras y realistas son las mejores para niños pequeños; a medida que vayan creciendo, podrán asimilar criaturas fantásticas.

plo: "Tres elefantes se balanceaban sobre la tela de una araña..."

Es particularmente importante que esté sintonizado con su hijo en este momento. Como siempre, permítale que lleve la iniciativa. Háblele de cosas que le interesen: los objetos que llaman su atención, los juguetes que usa. Las primeras palabras que aprende son las que están relacionadas con sus rutinas diarias. Hágale preguntas que le ayuden a desarrollar la memoria y pensar en los acontecimientos del pasado y en los del futuro ("¿Te divertiste ayer en el parque?" "Mañana viene la abuela: ¿qué haremos para la comida?") Y lo que es más importante: cuando conversa alegremente con su hijo, éste aprende que la comunicación es una habilidad fascinante y valiosa.

Habla como una locomotora. En algún momento entre los dos y los tres años, su hijo ya sabrá cientos de palabras y podrá hablar con oraciones de tres y cuatro palabras. Seguramente cometerá muchos errores gramaticales (como decir "haberá" en vez de "habrá"), pero no se preocupe: usted no es su maestro de lengua. Él aprenderá a decirlo correctamente imitándolo, no gracias a sus correcciones. Ya sabe de la importancia del lenguaje como herramienta social, como un medio para expresarse y para lograr lo que quiere. Puede usar las palabras, deleitarse con ellas, jugar con ellas. Le fascina la lectura, recitar poemas y cantar, y estos pasatiempos le ayudarán a mejorar sus habilidades verbales. Sus juegos de imaginación son más envolventes porque la narrativa entrelaza sus actos. Dele vestidos para que se disfrace, y vaya a sus tés. Dele toda clase de objetos diferentes de los que usan los adultos, como un estetoscopio, un maletín, un teléfono celular. Si le da crayolas, él dirá que está dibujando o escribiendo. Y la verdad es que sus garabatos se parecen más a la escritura ahora que hace unos meses.

Algunos niños empiezan a disfrutar a esta edad de los libros de alfabetos, pero por favor no intente enseñarle las letras. Recuerde que es importante contenerse hasta que él se muestre interesado en aprender. Lo más importante no es que identifique las letras visualmente sino que reconozca los sonidos. Hay un juego perfecto para aprender esto: "De La Habana viene un barco cargado de ...pe: pelotas".

Si los libros ya forman parte de su ritual a la hora de acostarse (y si no es así, ¿qué está esperando?), su hijo disfrutará de la lectura. No se sorprenda si le pide el mismo libro todas las noches durante varios meses. Si usted trata de saltarse una página, él inmediatamente protestará: "¡No, así no es! Ahora sigue la parte en que se van a bañar". Con el tiempo es posible que él decida "leerle" el libro a usted: seguramente ya se lo sabrá de memoria.

Hablar o no hablar

Los niños son una absoluta delicia cuando empiezan a hablar, y también, fuente de profunda vergüenza, como lo demuestra mi historia con Sara en el supermercado. Los que mejor se desempeñan son aquellos cuyos padres hablan con ellos, los escuchan y les aclaran, los que pasan mucho tiempo con ellos y no les hablan a media lengua —que es la mejor manera de lograr que los niños aprendan a pronunciar mal las palabras—, los que son pacientes y permiten que el niño se desarrolle a su propio ritmo. Aquellos que no obligan a sus hijos a actuar como una foca amaestrada ("¡Cántale a la tía Mabel la canción que aprendiste hoy!") aunque el progreso de sus hijos les produzca una gran fascinación.

En el cuadro de la página 170 se ve claramente la importancia de estar pendiente de las alarmas que indiquen problemas de oído o retrasos en el desarrollo. También hay muchos casos en los cuales el niño está bien físicamente, pero no empieza a hablar cuando debiera. Hace poco, Bárbara, una sagaz madre trabajadora, me habló de una experiencia parecida. Su hijo Jerónimo, por entonces de quince meses de edad, no trataba de formar palabras como la mayoría de sus coetáneos. Bárbara no estaba preocupada: ella sabía que el desarrollo varía enormemente de un niño a otro. Sin embargo, algo le decía que no todo estaba bien. El misterio quedó resuelto un día que Bárbara llegó temprano del trabajo. A sabiendas de que a esa hora Jerónimo estaba en el parque con su niñera, se fue directamente hacia allá. Al observar las interacciones entre su hijo y su niñera, Bárbara se dio cuenta de lo que faltaba. Ella jugaba con el niño, pero no le hablaba mucho; y cuando lo hacía, era en voz muy baja y con monosílabos. Bárbara sentía un gran afecto por la niñera de su hijo, pero se dio cuenta de que era necesario cambiarla por alguien que conversara animadamente con su hijo. Unos cuantos días después, literalmente *días*, de que la nueva niñera empezara a pasar tiempo con Jerónimo, éste se lanzó a formar palabras.

La moraleja de esta historia es que usted debe cerciorarse de que no solo usted sino los demás adultos en la vida de su hijo dialoguen animadamente con él. Si usted no sabe si la persona encargada de cuidar a su hijo le habla, o si le conversan lo suficiente en la guardería, es muy fácil averiguarlo. Observe a su hijo cuando está con su niñera. Yo no creo en las cámaras escondidas; considero que espiar a la persona a quien uno confía el cuidado de su hijo transmite el mensaje equivocado. Además, creo que uno tiene que estar presente e involucrarse

---

¿Dos idiomas mejor que uno?

A menudo me piden la opinión acerca de una segunda lengua y si es mejor exponer a los niños a un idioma extranjero. Si en su casa se hablan dos idiomas, ¿por qué no? Aunque a veces el desarrollo del lenguaje se atrasa un poco inicialmente, hay estudios que indican que los niños bilingües son mejores más adelante con ciertas tareas cognitivas. Entre el año y los cuatro años los niños son más receptivos a aprender más de un idioma. Si se les habla de forma gramaticalmente correcta, pueden aprender los dos al tiempo y los hablarán con fluidez a los tres años. De modo que si los miembros de la pareja hablan idiomas diferentes, cada uno debería hablarle a su hijo en su lengua materna. Y si tienen una niñera que habla otro idioma es mejor que le hable al niño en ese idioma y no en un mal español.

para poder observar. Haga lo mismo con la guardería. Conozco una pareja que fue a la nueva guardería de su hijo tres veces por semana hasta que se convenció de que allí lo cuidarían bien y conversarían con él. De cualquier manera, lo importante es ser honesto con la persona encargada del cuidado: "Quiero asegurarme de que tú y Catalina hablan mucho". Usted está en todo su derecho de insistir. No hablarle a un niño es como no alimentarlo. Lo uno priva el cuerpo, lo otro priva el alma.

También he visto casos en los que la madre habla incesantemente con el niño mientras que el padre asegura que "no sabe qué decir". Una mujer me contó que una vez su marido se había quejado de que: "Carlitos no me quiere", y ella le había replicado que eso se debía a que: "Tú nunca le hablas. ¿De qué otra forma van a llegar a conocerse?" El padre argumentó que él no era "muy conversador". Al contarme la historia, la mujer admitió que era cierto, que ella solía hablar por los dos.

Eso no me parece tolerable. Es importante que el padre le hable a su hijo mucho antes de pensar en enseñarle a patear una pelota. Podría ocuparse de la lectura nocturna: un libro es un gran tema de conversación. Así que quizás no debería limitarse a leerlo: podría hablar de él. En otros momentos del día podría hablarle de lo que hace. Supongamos que piensa lavar el auto el domingo por la mañana. Dígale: "Mira, Diego, vamos a lavar el auto. Estoy poniendo agua y jabón en un balde. ¿Quieres sentir el agua? Aquí, en tu coche, me puedes acompañar a lavar el auto. Mira las burbujas de jabón. Mira el agua: está helada". Y así. No importa la actividad a la que se dedique: háblele del trabajo, de lo que va a hacer en el jardín, del último partido de su equipo favorito; háblele de lo que pasó, de lo que está pasando ahora, de lo que pasará después. Mientras más le hable, más fácil le será hacerlo y le resultará más natural.

Como lo he dicho una y otra vez en este capítulo, todas las personas relacionadas con un incipiente hablador deben conversarle sin parar. De acuerdo con el informe *From Neurons to Neighbourhoods* (ver página 16): "Mientras más se les habla a los niños, más hablan ellos y más compleja se vuelve su expresión oral". Antes de que se dé cuenta, su pequeño estudiante de intercambio hablará con tal fluidez que su media lengua será cosa del pasado. Como lo veremos en el próximo capítulo, su hijo necesitará estas habilidades verbales para aventurarse lejos de la seguridad del hogar, en el mundo real.

El desarrollo verbal: Qué buscar

Elaboré este cuadro porque sé que a los padres les gusta saber en qué punto se encuentran sus hijos; sin embargo, el desarrollo varía inmensamente de un niño a otro, de manera que no debe olvidar que lo que este cuadro presenta es un esbozo muy amplio. Tampoco debe olvidar que muchos de los llamados habladores tardíos suelen ponerse a la par con los demás a los tres años.

Edad	Hitos del habla	Alarmas
8-12 meses	Aunque algunos niños empiezan a decir mamá y papá a los siete u ocho meses, al año la mayoría de los niños usa la palabra con la persona correcta. También entienden instrucciones simples ("Dámelo, por favor").	El niño no reacciona cuando lo llaman por su nombre; no balbucea sonidos ni largos ni cortos, no mira a la gente que le habla y no señala ni hace ruido para conseguir lo que quiere.
12-18 meses	Las primeras palabras del niño son sustantivos sencillos, de una o dos sílabas, los nombres de las personas especiales y algunos verbos; pueden seguir instrucciones un poco más complejas, con dos pasos ("Ve a tu habitación y tráeme tu oso").	El niño no dice ni una palabra.
18-24 meses	El niño sabe hasta diez palabras diferentes y balbucea todo el tiempo.	El niño apenas pronuncia unas cuantas palabras con claridad; a los veinte meses de edad no entiende una instrucción simple ("Ven"), no responde preguntas sencillas, de sí o no.
24-36 meses	El niño puede nombrar casi todas las cosas que lo rodean; combina palabras para formar oraciones que expresen sus pensamientos y sus sentimientos; su gramática es defectuosa, pero su vocabulario es muy extenso y ya puede tener una conversación con un adulto.	El niño usa menos de cincuenta palabras y no es capaz de formar oraciones; no entiende significados opuestos (arriba/abajo) ni órdenes sencillas; no reacciona ante los ruidos ambientales, como el pito de los autos, por ejemplo.

CAPÍTULO SEXTO

El mundo real: Cómo ayudarle a su hijo a poner en práctica sus aptitudes para la vida

Con los años, he aprendido a apreciar el impacto que mis primeras experiencias tuvieron sobre la forma como percibo el mundo y como me desempeño en él.

—Nancy Napier, Ph.D., *Sacred Practices for Conscious Living* [*Prácticas sagradas para vivir a conciencia*]

¡Ayúdame!/¡Suéltame!

• Peggy, de diez meses de edad, llora desconsoladamente en brazos de su padre. Hoy es el primer día de trabajo de su mamá, y Peggy se siente horriblemente infeliz (aunque adora a su padre) porque no sabe si volverá a verla.

• Gustavo, de quince meses de edad, observa fascinado a una camarera que sirve vasos de agua. Es la primera vez que va a un restaurante. Trata de alcanzar el vaso más cercano, y cuando su madre hace un gesto para ayudarle, él protesta: "¡No!"

• Julia, de dos años, observa desde la entrada un gran recinto lleno de niños que corren, saltan sobre colchonetas y lanzan enormes pelotas. Es su primer día de clase de ejercicios para niños. Quiere participar, pero más bien se aferra a la mano de su madre.

• Diego, de un año, se tambalea hasta el pavimento y mira a su alrededor un instante. Es su primer viaje al parque. Mira los columpios, el pasamanos y el balancín, pero sólo suelta la mano de su niñera cuando ve la arenera, que se parece a la que hay en el jardín de su casa.

• Es la primera vez que Alicia, de dieciocho meses de edad, va al zoológico de bebés. Cuando ve el dibujo de un cordero dice "baaa-baaa", y se da cuenta de que esta criatura es igual a la de su libro favorito. Sin embargo, no sabe muy bien si quiere llorar o si se atreverá a acariciarlo.

Más que cualquier otro de los períodos de la vida, éste está marcado por una cantidad sin precedentes de primeras veces, muchas de las cuales ya hemos discutido: primeros pasos, primeras palabras, primeros alimentos, primera orina en la bacinilla. Pero todas estas cosas ocurren en el ámbito seguro y conocido del hogar. En cambio, las experiencias que acabo de describir ocurren afuera, en el mundo real, y exigen un comportamiento más adulto. Como es de esperarse, los caminadores enfrentan estas experiencias con ambivalencia. Es lo que yo llamo el dilema ayúdame/suéltame: quieren explorar, pero también quieren estar seguros de que hay alguien cerca. Quieren ser independientes, pero también quieren estar seguros de que sus padres estarán ahí, a cada paso aterrador en el camino.

La correspondencia entre los sucesos es lo que hace que la vida de los caminadores esté llena de retos. Justo en el momento en el que su hijo desarrolla la capacidad intelectual para entender que usted —la figura más indispensable en su vida— puede dejarlo, desarrolla también la capacidad física de aventurarse por su cuenta. Quiere alejarse de usted, pero tal vez no. Cuando era un bebé, usted acudía rápida y automáticamente a cada llamado (espero). Pero ahora él tiene que aprender a soportar su ausencia y a calmarse solo. Tiene que dar el paso monumental de pasar de ser el centro del universo a ser parte de un grupo y a desarrollar su empatía con ese grupo. El mundo enorme y cruel que hay allá afuera espera que él sea paciente y se controle, que comparta y que respete los turnos. ¡Qué horror!

Si usted no se puede imaginar a su pequeño alejándose osadamente de usted y desarrollando un comportamiento más civilizado, puede estar seguro de que eso no pasará de la noche a la mañana. El desarrollo social (la capacidad de interactuar en diversas experiencias nuevas y con personas ajenas a la familia) y el desarrollo emocional (la capacidad de controlarse ante estos retos y de calmarse cuando las cosas no funcionan como se quisiera) son lentos y se dan a un ritmo que sólo su hijo puede determinar. Y mientras estos cambios enormes suceden, el conflicto entre el ayúdame y el suéltame puede ser duro para los padres y para el caminador.

Evidentemente algunos niños son más hábiles en lo social que otros. Algunos son mejores calmándose que otros. Los investigadores sospechan que la personalidad y el desarrollo verbal son elementos importantes, y resulta obvio: si usted tiene un niño tranquilo que puede pedir lo que quiere y contarle cómo se siente, no lo pasará tan mal cuando deba separarse de usted, de enfrentar nuevas situaciones y de formar parte de un grupo. Pero no importa cuál sea el temperamento de su hijo, o lo bien que habla, o su capacidad para arreglárselas solo, sus logros emocionales y sociales son el resultado del trabajo duro. Así como nacen sin saber cómo usar la cuchara o la bacinilla, así también los niños carecen del deseo de compartir o de aprender a controlar sus peores instintos y a calmarse solos cuando la situación se pone difícil. Debemos guiarlos.

Inténtelo en casa: Ensayos para el cambio

Todo lo relacionado con los caminadores está relacionado también con la preparación para una vida más adulta. Cada nueva situación y cada nueva relación traen su enseñanza. Si queremos que nuestros hijos se las apañen en el mundo real, debemos darles herramientas y mucha práctica para que puedan hacerlo. Esto no quiere decir que debamos salir corriendo a inscribir a nuestros hijos en clases de natación para que estén listos el primer día de playa. Tampoco, que haya que poner al niño en clases para que le enseñen habilidades sociales. Es preferible empezar las lecciones en casa. Usted debe planear un ensayo para el cambio que se pueda poner en práctica cada vez que su hijo enfrente un reto.

Ensayos para el cambio

Una relación o una situación pueden servir de ensayos para el cambio, pues proveen un contexto más manejable y menos intimidante en el que el niño puede practicar y desarrollar las habilidades necesarias para enfrentar situaciones comparables en el mundo real.

Relaciones con usted ⇨ Con otros adultos ⇨ Con amigos

Cena familiar ⇨ Restaurante

Juego en el jardín ⇨ Parques

El baño en casa y el juego durante el baño ⇨ La piscina, la playa

Una mascota en casa ⇨ Zoológico

Paseos en auto y diligencias rápidas ⇨ Ir de compras

Viaje corto y dormir en casa de los abuelos ⇨ Viaje largo y hotel

Invitar a un amigo a jugar ⇨ Guardería ⇨ Preescolar

El ensayo es una sesión de práctica, en la que los actores ponen a prueba sus parlamentos y perfeccionan sus movimientos. Lo que yo llamo ensayo para el cambio es más o menos lo mismo: supone darle a su hijo la posibilidad de poner en práctica las habilidades necesarias para manejar diversas situaciones en el mundo real, pero en casa. El ensayo para el cambio puede preparar a su hijo para las relaciones o para las actividades o para las dos cosas. Aquellos caminadores que tienen la oportunidad de ensayar comportamientos más adultos (comer en la mesa, compartir, ser gentil con una mascota) en el seno de la familia, en un ambiente controlado y seguro, tienen menos problemas para enfrentar experiencias extrañas fuera del hogar, gente desconocida, viajes y transiciones. En el recuadro de la página 174 encontrará varios ejemplos, pero seguro que se le ocurrirán otros más.

Con el fin de darle a su hijo la oportunidad de practicar, considérese un director que organiza los ensayos y los supervisa. La clave para una producción de éxito —la cooperación de su hijo y su deseo de aprender— descansa en el lazo que se ha formado entre ustedes dos. En otras palabras, si con usted su hijo se siente seguro y querido, lo más probable es que vaya a todos los ensayos, se aprenda el guión, ponga a prueba sus nuevas habilidades y desarrolle sus talentos. Es una paradoja interesante: mientras más sienta que puede contar con usted, más fácil le resultará intentar una personalidad nueva, más independiente. Y si usted le da la oportunidad de ensayar momentos emocionales difíciles con usted, se dará cuenta de que es perfectamente capaz y de que puede arreglárselas solo, primero con usted a su lado y después por su cuenta.

Al fin y al cabo, usted es el centro del universo de su caminador. Es normal que acuda corriendo a su lado cuando está cansado, que esconda su cara en su regazo cuando siente que la situación es difícil, que lo mire para medir su reacción, o que se sienta infeliz cuando usted se va. Viene con el territorio. Pero cada vez que constata que puede contar con usted y que usted se va pero después regresa, su confianza en usted y en el mundo se fortalece. "Mamá dijo que volvería y volvió, así que me imagino que el mundo es un buen lugar".

"Quizás a un niño no le importe quién le corta el pelo o quién recibe su dinero cuando compra un juguete, pero sí le importa, y mucho, quién lo abraza cuando se siente inseguro, quién lo consuela cuando algo le duele, quién comparte los momentos especiales de su vida".

—De *Neurons and Neighbourhoods*
(vea la página 16 para la referencia completa)

Claro que se le olvidarán algunas líneas y fallará en algunas entradas. Pero en cada nuevo ensayo su hijo incrementará sus capacidades. En el resumen de este capítulo encontrará ejemplos concretos que le ayudarán a fijar horarios y a dirigir los ensayos para el cambio que contribuirán a preparar a su hijo para tres primicias:

LOS PRIMEROS TEMORES: Practicar para calmarse solo cuando enfrente emociones fuertes.

LAS PRIMERAS SALIDAS: Practicar su comportamiento público en restaurantes y otras experiencias públicas.

LAS PRIMERAS AMISTADES: Practicar sus destrezas sociales en relaciones con sus coetáneos.

En cualquier situación

Los ensayos exitosos para el cambio...

Suponen preparación y reflexión

Son realistas y tienen en cuenta lo que el niño puede manejar

Se llevan a cabo cuando el niño no está cansado o irritable

Presentan lentamente las nuevas ideas y las nuevas destrezas

Aumentan gradualmente su duración o su intensidad

Tienen en cuenta los sentimientos del niño

Muestran al niño, mediante el ejemplo adulto, cómo se espera que se comporte

Ponen fin a la actividad o proponen abandonar el lugar antes de que el niño se sienta frustrado o pierda el control

---

Los primeros temores: Identificar las emociones y practicar comportamientos autotranquilizantes

Casi todos los caminadores padecen temores de alguna especie: miedo a la separación, miedo a algunos objetos o animales, miedo de otros adultos o niños. Dado que es imposible definir con exactitud qué es lo que torna aprensivo al niño —su temperamento, un trauma, la influencia de un adulto o de otro niño, algo que oyó o que vio—, resulta difícil hacer frente a las razones de una reacción particular. Por tanto, lo mejor que podemos hacer como padres es ayudar a nuestros hijos a admitir sus emociones, enseñarles que es bueno hablar de ellas y animarlos para que aprendan a calmarse solos. De hecho, una de las señales de la independencia de los caminadores es su habilidad para enfrentar nuevos retos y para manejar sus emociones cuando aquéllas los abruman.

Anime a su hijo para que ponga en práctica una amplia gama de emociones. Si usted trata de que su hijo siempre esté feliz en casa, la sacudida no será poca cuando se estrelle con la cruda realidad. Usted debe darle espacio para los ensayos emocionales y darse tiempo para ayudar a su hijo a identificar todas las emociones y enfrentarlas, incluyendo aquellas que consideramos negativas, tales como la tristeza y la desilusión. ¿De qué otra manera aprenderá a enfrentar problemas en el futuro y las frustraciones inevitables durante la niñez? Y hay otro asunto igualmente importante. Cuando los niños no se sienten cómodos expresando este tipo de sentimientos, no aprenden a manejar sus emociones: a sentirlas, soportarlas y dejarlas ir (ver páginas 162 y 227 sobre la denominación de las emociones).

Recuerde que usted siempre es una guía para su hijo, incluso cuando no es consciente de ello. Para un pequeño que considera que usted es el comienzo y el fin de su existencia, sus emociones son un asunto personal. Por ejemplo, los bebés de madres deprimidas generalmente perciben el estado de ánimo de su madre y se entristecen. Y los caminadores son receptores al temor y la ansiedad de los adultos. Es el caso de Carolina, por ejemplo, quien asegura que: "Esteban no para de llorar cuando mi suegra trata de alzarlo".

Después de haber pasado un tiempo en casa de Carolina y de observar a Esteban, me di cuenta de que éste estaba más que dispuesto a que yo lo alzara, así que pensé que no me habían contado una parte de la historia. Carolina es una diseñadora de modas de mucho éxito que trató de quedar embarazada durante años y que

---

Regla de comportamiento emocional

Para aprender a estar al mando de sus propias emociones y a calmarse solos, los niños deben experimentar todos los sentimientos, incluso aquellos que a usted no le gusta ver en su hijo como la tristeza, la frustración, el desencanto y el temor.

---

finalmente tuvo a Esteban a los cuarenta. Ahora él era el centro de su vida. Mientras el niño jugaba alegremente en el piso, le comenté a su madre: "Esteban es un niño curioso y simpático, y aunque es un poco tímido, al poco rato les pierde el miedo a los adultos".

Por último le pregunté: "¿Crees que es posible que seas tú la que se sienta incómoda cuando tu hijo está feliz en brazos de alguien más? ¿Podría ser posible que él esté percibiendo tu ansiedad?" Ella se puso a llorar: obviamente yo había tocado un punto neurálgico. La madre de Carolina había muerto hacía seis meses y ella aún no había superado su duelo, pero no quería admitirlo. Dijo que quería salir más de la casa, cosa que podría hacer si su suegra se hacía cargo de Esteban, pero su ambivalencia era obvia.

Le sugerí una serie de ensayos. Carolina podía pedirle a su suegra que estuviera con Esteban cuando invitara a un amigo a jugar, para que él se acostumbrara a estar con otra mujer en situaciones cotidianas. Cuando su suegra volvió de visita, le dije a Carolina que se sentara con ella en el sofá: "Sienta a Esteban entre las dos y, sin darle mucha importancia, muévete poco a poco hasta el otro lado de la habitación. Después abandona la habitación durante períodos cada vez más largos". Es posible que el niño sea tímido; y es posible también que se tome su tiempo para acostumbrarse a las personas. Pero también es importante para él saber que su mamá está de acuerdo.

En todas las situaciones, ya sea en la casa o fuera de ella, los niños buscan nuestra guía emocional, razón por la cual los padres son tan importantes y tan influyentes. Casi desde los seis o siete meses de edad, los bebés miran algo y después miran a la madre como preguntándole si está bien, y una mirada severa los detiene. Los psicólogos llaman a este proceso *la consulta social,* y se han llevado a cabo investigaciones fascinantes que demuestran su poder. En una de ellas se instruyó a las madres para que miraran dentro de dos cajas vacías, una roja y una verde, y que exclamaran: "Ah" en tono aburrido cuando miraran en la roja y: "Ah", con voz emocionada y vivaz, cuando miraran en la verde. Cuando se les preguntó a los niños qué caja preferirían, prácticamente todos contestaron que la caja verde.

Que su hijo pueda contar con usted. Aunque los directores no se suben al escenario con los actores, sí se quedan tras bambalinas en caso de que haya problemas. Sin embargo, vemos muchas escenas como esta. La madre llega a donde está el grupo y pone a su hijo en el piso. El pequeño inmediatamente le agarra la pierna y ella trata de disuadirlo: "Todo va a estar bien, Jonás; anda, vete". El niño, entretanto, se siente cada vez más aterrado. La madre se disculpa: "Está cansado", "No durmió siesta", "Acaba de despertarse".

Como el niño sigue llorando, me mira, avergonzada y confusa, desesperadamente necesitada de un consejo. "Al comienzo, siéntate con tu hijo en el piso", le digo. "Si él siente que puede contar contigo, con el tiempo podrá levantarse... pero poco a poco". Las madres que salen a hurtadillas de sus hijos son peores. Cuando el pequeño se da vuelta, entra en pánico porque su mamá no está donde la dejó. ¿Cómo culparlo?

Su estilo de crianza puede afectar el deseo de su hijo de avanzar. No haga caso omiso del poder de la consulta social y preste atención a los mensajes que le transmite a su hijo. ¿Lo estimula para que explore o le impide que avance sin darse cuenta? ¿Él sabe que usted cree en él, que usted lo cree capaz de controlar sus emociones?

Recuerde a las madres del capítulo segundo (páginas 64-67). Cada una de ellas le transmite un mensaje completamente diferente a su hijo mientras lo observa jugar en grupo. Cuando Alicia se tropieza con un juguete y cae, mira a su mamá (Dorita, la controladora), confusa, como preguntándole: "¿Me hice daño?" Dorita a duras penas la mira. "Estás bien", le dice severamente. Quizás Dorita está tratando de fortalecerla, como se los menciona con frecuencia a las otras madres. Pero Alicia parece abatida: piensa que hizo algo malo. Este tipo de intercambios niega los sentimientos de Alicia; con el tiempo, aprenderá a desconfiar de sus percepciones, y en cambio se volverá dependiente de la opinión de los demás.

Clarisa (la facilitadora) siempre está inclinada hacia Eliseo. Incluso cuando él está tranquilo jugando, ella tiene una expresión ligeramente ansiosa. El mensaje que le transmite a su hijo es completamente diferente del de Dorita: "Es mejor que no te muevas de mi lado, no estoy segura de que vayas a estar bien". Con el tiempo, su vigilancia ansiosa podría suprimir el deseo de Eliseo de explorar. Su desconfianza en sus propias habilidades podría llevarlo a retrasarse.

Por el contrario, Sari (la madre armoniosa) se ve calmada y serena cuando está con su hijo. Cuando Damián la mira, ella le sonríe, animándolo, pero sigue hablando, dejándole saber a Damián de esa manera que ella piensa que él va bien. Cuando él se cae, ella evalúa su reacción rápidamente, pero no se apresura a intervenir. Como es de esperarse, él se levanta solo: todo está bien. Cuando pelea con alguno de los otros niños, ella deja que Damián resuelva el asunto, a menos que empiece a morderlos o a pegarles o que él mismo sea la víctima de la agresión.

Mientras que las controladoras como Dorita tienden a ser demasiado duras con sus hijos, y las ayudadoras como Clarisa son sobreprotectoras, Sari conserva el delicado equilibrio entre la independencia en aumento de su hijo y su necesidad de sentir que puede contar con ella. Sospecho que Damián se convertirá en la clase de niño que confía en sus señales interiores y en su propio juicio y que, en consecuencia, puede solucionar problemas tranquilamente.

Ayúdele a su hijo a manejar sus emociones cuando vea que él no puede hacerlo. El temperamento afecta el funcionamiento emocional y social de su hijo, pero no es una condena de por vida. Aunque a algunos niños les cuesta más trabajo que a otros controlar sus impulsos, o son más tímidos, o su naturaleza áspera no los induce a colaborar con los demás, la intervención de los padres sí genera un cambio. La estrategia que propongo es que discuta los aspectos negativos del comportamiento de su hijo con él, pero sin tratar de cambiarlo. Mírenlo desde esta perspectiva: si usted estuviese a cargo del grupo de teatro del colegio, no dudaría por un instante en la sabiduría de corregir la actuación de uno de los participantes o de mostrarle una forma más adecuada de moverse sobre el escenario. La dirección social y emocional es idéntica. Si tiene un hijo irritable, por ejemplo, que se siente abrumado con un compañero de juego, dígale lo siguiente: "Yo sé que te toma tiempo acostumbrarte a estar en la casa de Juan, así que puedes permanecer a mi lado hasta que estés listo para ir a jugar". Si tiene un niño fogoso que le pega para llamar su atención, dígale que le duele: "Se que estás excitado, Luis, pero no puedes pegarle a mamá". Si su hijo gruñón le jala el pantalón con impaciencia y usted aún no ha acabado de comer, cuéntele que usted sabe que a él le resulta difícil ser paciente, pero mamá no ha terminado de comer. "Cuando acabe voy a jugar contigo". Estos correctivos en casa le serán de gran utilidad a su hijo en el mundo real. (En el próximo capítulo, hablaré más sobre la dirección).

Aplauda su capacidad de calmarse a sí mismo. Si su pequeño es capaz de recurrir naturalmente a un objeto que lo calma o reconforta o a un comportamiento que lo tranquiliza cuando se siente asustado, cansado, abrumado o abandonado (porque exactamente así es como se siente un niño de un año cuando usted le dice adiós), respire aliviado. Él ha dado un paso gigantesco en el camino de la independencia emocional. Quizás es un oso de peluche viejo y raído o cualquier otro animal, una cobija usada y sedosa, un suéter que huele a usted. O quizás se chupa el dedo, o mueve la cabeza o se la golpea, o se mece, o se enrolla un mechón de pelo antes de dormirse. O quizás canta una canción una y otra vez, o repite balbuceos sin sentido, o juega con los pies, o los dedos, o las pestañas (mi hija Sofía jugó con las suyas hasta que ¡no le quedó ni una!), o quizás se meta los dedos en las narices o se masturbe. Todos estos comportamientos clasifican como tranquilizantes.

Para sorpresa de los padres, los niños en ocasiones adoptan un objeto peculiar o sorprendente

¿Cuál es su cobija de seguridad?

Antes de que arrugue la nariz ante ese objeto maloliente que su hijo adora, piénselo dos veces. Aunque los adultos no andamos por ahí con algo tan obvio como una cobijita o un animal de peluche, seguimos empleando objetos de seguridad toda la vida. Yo, por ejemplo, llevo siempre una bolsa con fotografías de mi niñera y de mis hijos, unos cuantos cosméticos y unos tampones... por si acaso. Cuando olvido llevar la bolsa, me siento un poco perdida. No creo que sea coincidencia el que mi niñera me haya dado la idea cuando era una caminadora: ella me regaló una bolsita rosa para cargar en ella mis juguetes favoritos y mis recuerdos. Estoy segura de que usted también tiene un objeto de transición, quizás un amuleto, o una práctica como la oración matinal, que le permite saludar el nuevo día con confianza.

para arrullarse, como un cubo de plástico o un carro de juguete. O adoptan un comportamiento curioso (conozco a un niño que se pone en cuatro patas y se frota la cabeza contra el tapete o el colchón. Yo lo intenté una vez y me provocaba un zumbidito en la cabeza). O recurren a una estrategia doble: se chupan el dedo y se enrollan un mechón de pelo. En algunas familias, cada uno de los hijos adopta un tótem diferente. En otras, parecería como si las más singulares estrategias para tranquilizarse fuesen genéticas. Jennifer, la hija de mi coautora, le arrancaba el pelo a su Snoopy favorito y lo usaba para acariciarse el labio superior mientras se chupaba el índice. Su hermano menor, Jeremy, que nació tres años y medio después, recurría exactamente a la misma maniobra.

Los objetos y los comportamientos de transición no sólo son normales sino que son benéficos. Cuando su hijo está cansado o molesto, puede recurrir a este objeto o a este comportamiento en vez de depender siempre de una fuente exterior para su sosiego. En el mundo exterior, cargar una cobijita es como cargar a un amigo. (Si su caminador depende de una muleta para calmarse —un objeto o una actividad que depende de otra persona, como el chupo o el seno materno, o la mecedora de papá, o un paseo en brazos—, quizás sea necesario ayudarle a desarrollar una estrategia para calmarse solo; en las páginas 271-272 hablaré de cómo introducir un objeto de transición cuando los niños son mayores de ocho meses.)

Primeras incursiones en público: ¿Cómo comportarse?

A los padres les encanta sacar a sus hijos de paseo. Los ensayos para el cambio aumentarán las posibilidades de que estas salidas sean placenteras. El truco consiste en anticipar lo que puede suceder en diferentes ambientes, analizar qué tipo de preparación será necesaria para que su hijo maneje la situación y después practicar las diversas destrezas en casa. (Repase los consejos que aparecen en la página 176 para lograr que el ensayo para el cambio funcione bien.)

A continuación ofrezco sugerencias específicas aplicables a las excursiones familia-

Regla para el comportamiento en público

No embarque al niño en más de lo que es factible manejar. Si un determinado ambiente es demasiado, abandone el lugar.

res más comunes. Como podrá darse cuenta, Disneylandia y otras extravagancias de esa índole no fueron incluidas, entre otras porque una de las reglas primordiales es escoger actividades apropiadas para su hijo. Hasta el más resuelto y ecuánime de los caminadores se asusta en los parques de diversiones. A mí no me sorprende que la mitad de los caminadores que conozco se hayan sentido aterrorizados con Mickey Mouse. ¿Se imagina lo que es medir menos de un metro y enfrentarse a una enorme cabeza negra de plástico?

Cena familiar ⇨ *Restaurantes*. Los rituales familiares durante la cena sirven a su hijo de práctica para una eventual visita a un restaurante. Tal como lo expresé en los capítulos anteriores, yo creo que los caminadores deben sentarse a la mesa con el resto de la familia unas cuantas veces a la semana (páginas 79-81 y 120-122). La mayoría de los restaurantes tienen asientos para niños, pero usted no puede esperar que el niño se sienta cómodo si no ha usado previamente uno de esos asientos en casa. Después de al menos dos meses de práctica en la mesa con el resto de la familia, su pequeño estará listo para salir a un restaurante. Y el que lo haya hecho antes, cuando era bebé, no significa que esté preparado. De hecho, muchos padres se sorprenden ante el comportamiento de su caminador en un restaurante: "Solía ser un ángel cuando salíamos a comer, y ahora es una pesadilla". Sea realista; fíjese en la forma como actúa su hijo en su mesa, y así se hará una idea de lo que le espera. ¿Cuánto tiempo se queda sentado en su asiento? ¿Es exigente con la comida? ¿Se molesta o se irrita con facilidad? ¿No le gusta probar nuevos alimentos? ¿Suele armar berrinches a las horas de comer?

Aunque su hijo no tenga problemas con la comida y se porte bien en casa, en la primera excursión a un restaurante no le exija que se quede sentado durante toda la cena. Y no actúe como si "salir a comer" fuera un gran evento: su hijo se dará cuenta de su ansiedad y quizás padezca un ataque de pánico escénico. En cambio, deténgase en cualquier cafetería que aparezca durante su paseo del sábado por la mañana o después de hacer una diligencia (mientras no sea la hora de su siesta). Lleve consigo un juguetico que su hijo pueda usar en el restaurante o dele una cuchara; eso es más fácil que empezar a pelear con él cuando resuelva tomar todos los cubiertos. Algunos restaurantes tienen libros de colorear, cosa que es maravillosa. Pida un café y no se demore más de quince a veinte minutos. Luego de cuatro o cinco excursiones de este tipo, inténtelo a la hora del desayuno. Pero esté listo para salir antes de tiempo si la experiencia resulta excesiva para su hijo. Siga con el café.

Recuerde que aunque practique mucho y todo salga muy bien durante los ensayos, los caminadores tienen una capacidad de concentración limitada, y hasta los más juiciosos son incapaces de quedarse quietos durante más de cuarenta y cinco a sesenta minutos. No olvide tampoco que su pequeño aún no conoce el concepto de esperar. Cuando cenan en casa, lo usual es que usted prepare la comida y después llame a la mesa. Así que es muy posible que no le resulte fácil quedarse ahí sentado esperando después de ordenar. Pregúntele al mesero cuánto tardará la comida en llegar; si se va a tardar más de veinticinco minutos, váyase o decida con su pareja cuál de los dos sacará al niño a la calle hasta que llegue la comida. Si el niño se empieza a sentir inquieto durante la comida, en vez de engatusarlo —cosa que suele incrementar la agitación infantil—, use su sentido común. Salga con el niño y deje que su pareja pague la cuenta.

Deje de ir a restaurantes durante un mes si la experiencia resulta desastrosa una y otra vez. Pero en todo caso evite siempre los restaurantes demasiado elegantes. La mayoría de los niños sencillamente no saben cómo manejar ese tipo de ambientes. Averigüe de qué tipo de restaurante se trata, ya sea yendo personalmente o llamando por teléfono. Explíquele al propietario que piensa llevar a un niño pequeño: "¿Atienden niños? ¿Tienen asientos especiales? ¿Nos puede acomodar en un lugar donde no molestemos a los demás comensales?" En Inglaterra, casi todos los *pubs* tienen un área de juegos, y algunos incluso tienen jardín. Pero hay que tener cuidado de limitar las salidas a los restaurantes familiares, en donde los niños son bienvenidos, pero en donde además se toleran el caos y el ruido. Después no puede culpar a su hijo por suponer que correr y gritar son comportamientos adecuados para los restaurantes y actuar en consecuencia en establecimientos menos orientados hacia los niños.

Juego en el jardín ▷ *Parques y patios de recreo.* Las visitas al parque ayudan a desarrollar la motricidad gruesa: trepar, arrojar, correr, deslizarse, balancearse, columpiarse y dar vueltas. La mejor forma de averiguar la presteza física de su hijo es mirarlo en su propio patio trasero. Si usted tiene columpios y otros aparatos en el patio, o si lleva a su hijo al parque desde que era bebé, su primera visita a un patio de recreo seguramente no será gran cosa. Si no es así, el equipo puede resultar un poco apabullante al comienzo. No se limite a poner a su hijo en un columpio o en un balancín. Déjelo que explore y examine las cosas. Quizás prefiera observar a los otros niños al comienzo, o quizás corra al rodadero. De cualquier forma, espere a que él tome la iniciativa. Entretanto, tenga una pelota a mano (es un objeto conocido) y una manta (cuando hace buen tiempo), para sentarse en el prado y tomar un refrigerio. Si después de unas cuantas excursiones al parque sigue mostrándose renuente, no hay problema: quiere decir que no está listo. Intente de nuevo dentro de un mes.

En los parques y los patios de recreo los niños pueden interactuar con otros niños. La experiencia le ayudará a su hijo a aprender el significado de compartir, de esperar el turno, de ser considerado con los demás (absteniéndose, por ejemplo, de arrojar arena). No obstante, no debe dejar de supervisarlo, ni a él ni a los otros niños. Este escenario es más difícil que el de un niño o el de un grupo de niños invitados a jugar a la casa. Establezca los límites con firmeza. Si su hijo se muestra excesivamente exuberante o se torna agresivo, regrese a casa. Es importante que usted lo ayude a controlar sus emociones, al menos hasta que él pueda lograrlo solo. También debe estar listo para los raspones y los moretones. Lleve una caja de primeros auxilios en el coche o en la pañalera.

La bañera y los juegos de agua en casa ⇨ *La piscina, la playa*. A la mayoría de los niños les gusta el agua, pero esto no quiere decir necesariamente que les guste la piscina, o un lago, o la playa. Las bañeras y las pilas para niños en los patios son mucho menos intimidantes que la enormidad acuática que un niño ve en una piscina, por ejemplo. Ahora bien, si su hijo no se ha mostrado particularmente entusiasta con el baño o es de aquellos que se molestan

Qué hacer y qué no hacer en caso de un ¡ayayay!

Ya sea que se encuentre en el parque, en una piscina, o en una colina cubierta de pasto, su hijo se golpeará tarde o temprano.

No corra a auxiliarlo: Eso probablemente lo asuste más.

Evalúe la situación con calma y no se alarme si se hizo daño.

No le diga: "Estás bien", o "Eso no dolió". Es irrespetuoso negar sus sentimientos.

Dígale: "¡Ay!, eso dolió. Déjame que te abrace un rato hasta que pase".

Una cosa es hacer y otra, ver

Cuando los pequeños se muestran interesados en algo o parecen diestros en alguna actividad, los padres tienden a olvidar que su capacidad de concentración es muy corta, y sacan conclusiones equivocadas. Gregorio, por ejemplo, está a punto de cumplir tres años y es un atleta excepcional para su edad. Cada vez que puede sale al patio a batear y a agarrar la bola. Así que a su padre se le ocurrió que su hijo disfrutaría mucho con un juego de verdad.

Sin embargo, pronto descubrió que una cosa es ser un jugador y otra cosa es ser un espectador. Claro que a Gregorio le encanta jugar al béisbol, pero ni entiende ni le interesa verlo jugar. Y tuvo que quedarse sentado, muy molesto con su uniforme, su bate, su casco y su guante porque no podía bajar al campo y jugar.

Con frecuencia oigo historias de este tipo. David, de dos años y medio, era muy bueno para golpear una pelota de golf, pero se aburrió lo indecible cuando su papá lo llevó a ver un torneo. A Mateo le encanta ver películas de kung-fu, pero se negó a ir a clase cuando su mamá lo inscribió en un curso de karate. Otro tanto hizo mi Sofía cuando la llevé a clases de *ballet*. El hecho de que le gustara usar un tutú y bailar en casa no quería decir que estuviera lista para una clase estructurada. Y heme ahí, imaginándola en *El lago de los cisnes*.

con el agua (y hay más caminadores quisquillosos de los que uno cree), no organice una excursión de seis horas al agua. Averigüe primero como se siente en ese tipo de ambientes. Me doy cuenta de que quizás no todo el mundo pueda hacerlo. A veces la playa o el parque acuático más cercanos están bastante lejos y no vale la pena ir por una hora. Si ese es su caso, tenga a mano un plan B, otro lugar a donde ir en la zona.

La seguridad es vital. Aunque compre alitas o cualquier otro tipo de flotador —hoy día hay vestidos de baño con flotadores incorporados— nunca deje a su hijo solo. Proteja, además, la piel de su hijo. El reflejo de la piscina o de la arena incrementa la posibilidad de una quemadura de sol. Su caminador debe tener un sombrero y una camiseta puestos todo el tiempo, para reducir el área de exposición a los rayos solares. Los niños además se queman con el viento. Y habrá arena por todas partes; y quiero decir *todas* partes. Lleve una sombrilla, camisetas adicionales, los pañales en cajas o bolsas que se puedan cerrar, bloqueador solar (total o de 60 SPF) y una bolsa térmica para conservar las bebidas frescas.

Si sabe que seguirán allá a la hora de la siesta, considere la contingencia. Si su hijo está acostumbrado a dormir en otros lugares además de su cuna —por ejemplo, si no le molesta acostarse sobre una manta o una toalla— y no tiene problemas para dormir cuando está cansado, asegúrese de llevar una sombrilla en caso de que no haya lugares sombreados. Si tiene problemas para dormirse, arrúllelo en sus brazos.

Una mascota en casa ⇨ *Zoológico.* A los niños les gustan las mascotas: un perro, un gato, un conejo. A lo anterior debo añadir una advertencia importante. Nunca deje a un niño solo con un animal, tanto por la seguridad del niño como por la seguridad del animal. Dicho lo anterior, debo añadir que las mascotas nos dan la maravillosa oportunidad de enseñarles a los niños a ser gentiles ("Acarícialo con suavidad"), a ser responsables ("Es hora de la comida de Pelusa. ¿Quieres llenarle el tazón?"), a tener empatía con otros seres vivos ("A Mitsu le duele cuando le jalas la cola") y a ser cuidadosos ("No te acerques a Céfira cuando come; podría molestarse y tratar de morderte"). Si usted no puede o no quiere tener una mascota, al menos lleve a su hijo a pasear a lugares donde pueda desarrollar su conciencia de la existencia de otros seres vivos, o deje boronas de pan en su ventana, para los pájaros. Cuando empiece a comprender y a disfrutar cuentos en los que los animales sean protagonistas, déjelo que pruebe a acariciar animales acariciando uno de peluche.

Todas las medidas anteriores ayudan a preparar a su hijo para el zoológico, pero recuerde que el zoológico es otra cosa, en especial si se trata de uno grande, en donde los animales pueden ser enormes y el ambiente, extraño. Además los caminadores son bajitos. Si las jaulas están muy altas, la experiencia podría ser más divertida para usted que para su hijo. Pero incluso en los zoológicos pequeños, de mascotas, hay que poner en práctica la misma norma que rige para las demás situaciones: permita que su hijo tome la delantera. Alicia, a quien conocimos al comienzo del capítulo, tuvo una reacción típica de un niño de su edad en el zoológico: "Hmm... esa ovejita parece interesante, pero preferiría no acercarme demasiado". Una precaución pensando en la salud consiste en llevar una barra de jabón antibacterial y asegurarse de que su hijo se lave bien las manos después de haber acariciado a los animales.

Paseos en auto y diligencias cortas ➪ *Ir de compras.* El primer ensayo de su hijo para viajar consiste en sentarse en el asiento de niños del auto. Si ya lo ha llevado con usted en diligencias cortas, podría intentar un viaje al supermercado o a un centro comercial. Un plan meticuloso ayudará a que estas excursiones sean placenteras y no torturantes viajes infernales. Si tiene que hacer demasiadas compras, o si la tienda no tiene carritos con asientos para que su hijo lo acompañe de un pasillo a otro, es preferible que lo deje en casa.

Vaya de compras cuando su hijo no esté hambriento, cansado o de mal humor (como el día que lo vacunaron, por ejemplo). En casa, antes de salir, negocie lo que le vaya a comprar, aunque yo sugiero que no lo acostumbre a eso. Si le queda claro desde el principio que no le va a comprar nada y que eso no está sujeto a regateos, lo aceptará como una norma. Sin embargo, llévele algo de comer. Se le hará la boca agua con todas esas bolsas y cajas de colores. Los supermercados tienen sobre los niños el mismo efecto que las campanas en los perros de Pavlov: los hacen salivar. Si se cansa, váyase inmediatamente (en el próximo capítulo hablo de cómo hacer esto).

En el auto

- Consiga un buen asiento para el auto. Póngalo en el asiento de atrás y cerciórese de que el cinturón está bien puesto.
- Fíjese antes de cerrar las ventanas automáticas.
- Cierre las puertas y las ventanas. Si su auto tiene seguros manuales, ponga el asiento lejos de las ventanas y de las puertas para que su hijo no pueda abrirlas o lanzar objetos, y para que no se le quede una mano atrapada.
- No fume en el carro.
- Nunca deje a su caminador solo en el auto, ni por un minuto.
- Ponga una pantalla en las ventanas o el asiento en el centro del auto, para que el niño no quede expuesto a los rayos del sol.

Viajes cortos y dormir donde los abuelos ➪ *Viajes largos y hotel.* Puede que su hijo disfrute de las excursiones para ir de compras, pero salir de viaje es un poco más complicado. Exige una planeación cuidadosa y mucha fuerza emocional y física. Y he aquí un sorprendente dato: no hay forma de preparar a los caminadores para los viajes cortos o para los viajes largos. No entiende el concepto de lugar y no entiende el concepto de espacio. Pero si anuncia emocionadamente que van a ir a visitar a la abuela Blanca, su hijo sabrá que algo especial está a punto de suceder.

Por otra parte, usted sí puede estar preparado. Ya sea que se trate de un viaje corto y de una noche en casa de los abuelos o de un largo viaje en avión con estadía en un hotel, llame con anterioridad y cerciórese de que cuentan con una cama para que su hijo duerma tranquilo y cómodo. Muchos abuelos de hoy tienen sus propias cunas (y muchos hoteles también). Si no es así, traiga su corral portátil. Pero

Cuando los abuelos viven lejos

Si sus padres viven lejos y usted sólo los ve una o dos veces al año, no espere que su caminador se sienta cómodo con ellos inmediatamente. Sin embargo, el ajuste será más fácil si usted mantiene vivos los recuerdos entre una y otra visita. Ahora usted se puede conectar con los abuelos por la red, además del teléfono. También puede mostrarle fotografías a su hijo. La mayoría de los caminadores puede mirar los álbumes de fotos una y otra vez, sin aburrirse nunca. Siéntese con él y explíquele quién es cada quién. "Ésta es la abuela Enriqueta, mi mamá, y ésta es la tía Sandra, mi hermana". No lo entenderá de un golpe, pero estas conversaciones le ayudarán a mantener vivo el recuerdo de los parientes que viven lejos. Es posible que no los reconozca cuando los vuelva a ver, pero con el tiempo lo recordará todo. Pídales a los abuelos que envíen un vídeo de vez en cuando, o una cinta en la que leen un cuento. Esto también ayudará a los niños a sentirse involucrados.

si su hijo asocia el corral sólo con juego, póngalo a dormir siestas en él antes de partir. Tres o cuatro días antes de la salida, lleve el corral al cuarto de su hijo y permítale dormir ahí.

No olvide empacar sus juguetes favoritos y el objeto que le da seguridad. Si tiene un asiento para niños para el auto, llévelo, y si es necesario, lleve también la bacinilla portátil. Incluya unas cuantas mudas y pañales adicionales en caso de que se presenten demoras o contratiempos inesperados, y bolsas plásticas para la basura y la ropa sucia. En caso de un viaje largo, empaque dos comidas para su hijo, para que una demora no le tome por sorpresa o en caso de que no quiera comer la comida del avión. Lleve también muchos tentempiés —galletas, trozos de fruta, cereal— y un babero, cucharas y un analgésico. Si se va por más de una semana, averigüe antes de salir el nombre de un buen pediatra en la región que visitará y la ubicación de las farmacias y las tiendas de alimentos más cercanas. Cuando viaje al exterior, beba siempre agua embotellada y cerciórese de tomar todas las precauciones necesarias para proteger su salud y la de su hijo. Las masas de viajeros que uno encuentra en los aeropuertos, la mala circulación del aire y la limpieza cuestionable de los baños públicos hacen que viajar no sea propiamente una actividad limpia. No sobra llevar un frasco de desinfectante en la pañalera.

> **SUGERENCIA:** *Recuerde que no es lo mismo ser un padre de viaje que un porteador tibetano. Una cosa es llevar las cosas esenciales que acabo de mencionar y que le ayudarán a enfrentar las demoras y los contratiempos, y otra muy diferente, llenar la maleta de pañales y empacar todos los juguetes que hay en el cuarto de su caminador. Hay muy pocos lugares en el mundo donde no se puedan comprar las cosas que necesita un niño. Si el suyo necesita alimentos especiales y su viaje demorará más de una semana, piense en la posibilidad de mandarlos por correo. Usted y su caminador viajarán con más comodidad y menos tensión si no tienen que cargar equipaje innecesario.*

Aunque el viaje en auto sólo se tome unas cuantas horas, trate de que coincida con la hora de la siesta. Algunos niños (¡y algunos adolescentes!) tienen el hábito de quedarse profundamente dormidos apenas arranca el auto. Pero aquellos que no duermen siesta suelen sentirse molestos. Mantenga ocupado a su hijo con juegos sencillos como "¿Qué ves? ¿Qué ves?", señalando diversos objetos en la carretera. Lleve una bolsa con sus tentempiés favoritos en donde haya, además, un juguete nuevo.

"Eso funcionó a la perfección", me contó la madre de Cintia después de un vuelo de dos horas con su hija de un año. "Jugó un rato con algunos de sus juguetes favoritos y se aburrió rápidamente. Después saqué el juguete nuevo y fue perfecto. Reaccionó con sorpresa: '¿De dónde salió esto?', y estuvo jugando con él durante cuarenta y cinco minutos".

Cuando haya llegado a su destino, no se exceda con las actividades. Sea realista. Dele tiempo a su hijo de que se acostumbre a los extraños, aunque el "extraño" sea la abuela. (Es de esperarse que los parientes cercanos no tomen a mal el rechazo inicial del niño).

> **SUGERENCIA:** *Si está visitando a parientes o amigos, ¡por favor! no obligue a su hijo a hacer monerías. A veces los padres, orgullosos y ansiosos, bombardean a su hijo: "Muéstrale a la abuela cómo arrugas la nariz. Cómo te paras en un pie. Cómo se llama esto. Cómo se llama aquello". El niño se siente abrumado y se queda quieto, y los padres acotan con un poco de vergüenza: "Parece que no quiere". El niño percibe el desencanto de los padres. Por favor, nada de monerías. Le prometo: todos los niños hacen gracias... si uno los deja en paz.*

Usted es el mejor juez de lo que su hijo puede afrontar, así que usted es la persona más adecuada para organizar sus salidas. Supongamos que se están quedando en un hotel. Si su caminador ha ido a restaurantes con frecuencia y es tranquilo, podrán salir a cenar todas las noches sin problemas. Si no es así, piense en organizar algunas comidas en la habitación. Busque alojamientos que incluyan cocina o compre una hornilla de viaje. Pida una neverita o desocupe el minibar y guarde ahí la leche, el jugo y otros alimentos perecibles. Desayunar en la habitación siempre es buena idea porque ayuda a empezar el día relajado.

Sobra decir que un niño cansado y lejos de las comodidades y del ambiente familiar de su casa puede ser más irritable y menos colaborador que de costumbre. Una forma de solucionar este problema es controlar su propia ansiedad. Los niños captan inmediatamente la tensión de los padres y hay más probabilidades de que se porten necios si usted insulta a otro conductor o regaña a la azafata.

La consistencia también es clave. Aunque los adultos tienden a hacer caso omiso del reloj y las reglas durante las vacaciones, para su caminador es vital que siga habiendo una rutina predecible; le irá mejor si sabe qué esperar. Mantenga las rutinas y los rituales diarios hasta donde le sea posible: respete los horarios establecidos para comidas, siestas e irse a la cama. Si su hijo no duerme con ustedes en casa, no lo invite a dormir en su cama del hotel. Siga poniendo en práctica las reglas sobre la televisión y el consumo de dulces.

Obviamente, cuando regrese a casa pasarán algunos días antes de que su hijo vuelva a la normalidad, aunque haya tomado todas las precauciones posibles. Pero créame que si abandona la rutina y las normas completamente, el proceso tomará mucho más tiempo. (En la página 193 encontrará ideas para hacer frente a los cambios horarios.)

Qué hacer y qué no hacer durante los viajes en avión

Los viajes aéreos tienden a hacer que la gente actúe como si el asunto fuese de vida o muerte. Sus compañeros no serán comprensivos cuando su parafernalia impida el acceso al cinturón de seguridad u ocupe todo el espacio en los compartimentos superiores, ni tolerarán con gentileza que su hijo llore durante el viaje, o los incomode. A continuación hay algunos consejos para que su viaje sea más tranquilo:

Todos sus hijos necesitan pasaporte: Incluso el bebé; uno de los adultos debe estar a cargo de los documentos de viaje de toda la familia.

No se vaya al aeropuerto sin llamar previamente a averiguar si su avión saldrá a tiempo.

Pida que lo pongan en la primera fila: El espacio adicional no le sobrará.

No se siente en el pasillo: Los carritos de comida y los pasajeros pueden ser peligrosos para las manitos curiosas y los pies en movimiento.

Aborde lo más pronto posible: Eso le dará tiempo de guardar todo su equipaje antes de que el resto de las personas se suban al avión.

No se siente antes de que el avión acabe de llenarse: Los niños estarán más calmados a la hora de despegar si no tuvieron que estar quietos durante la media hora anterior. Después de guardar sus cosas, váyase a la parte de atrás del avión y espere allí hasta que los otros pasajeros se hayan sentado.

Dele a su hijo un tetero (o seno, si no lo ha destetado) cuando el avión despegue y cuando empiece a descender. Si chupa, hay menos probabilidades de que padezca de dolor de oído.

Cambios horarios y caminadores viajeros

Quizás le sorprenda saber que los niños se adaptan más fácilmente que los adultos a los cambios horarios, al menos durante los primeros tres años de vida. Si viaja a un lugar donde la diferencia horaria es de menos de tres horas y piensa quedarse tres días o menos, no es necesario que cambie la rutina de su hijo. Pero si piensa quedarse por un rato largo, tendrá que ayudarlo a hacer los cambios necesarios. La cosa será más fácil cuando el día del niño se alargue. Si puede dormir siesta en el avión, podrá acostarlo a su hora usual a la llegada sin mayores problemas. Pero si el día del niño se va a acortar, lo más conveniente es acortarle la siesta o suprimirla del todo (manténgalo distraído con diferentes actividades, camine con él por el pasillo). Así le será más fácil irse a dormir.

Si su viaje supone perder o ganar más de medio día, trate de viajar por la noche (para que su hijo duerma en el avión), y de regreso, haga otro tanto, pero además despierte al niño a las tres o cuatro de la mañana, de manera que apenas se suba al avión quede fundido. De cualquier forma, le tomará de dos a tres días acostumbrarse a su rutina cotidiana después de un viaje de estos.

Las primeras amistades: Poniendo en práctica el comportamiento social

Es fundamental que haya otros niños en la vida de su caminador porque las primeras relaciones son ensayos que sirven para desarrollar valiosas destrezas sociales. Las primeras amistades sientan bases para las futuras relaciones con los coetáneos. Además es muy bueno que los niños observen a otros niños: los imitan, aprenden de ellos y aprenden las reglas de interacción. Por otra parte, los caminadores son muy influenciables, cosa que puede ser muy buena. Los niños problemáticos a la hora de comer tienden a no serlo cuando sus amigos están comiendo. No niego que su caminador se considera el centro del universo, pero a través de sus primeras experiencias socializantes, empieza a reconocer las necesidades y los sentimientos de los demás y a darse cuenta de que sus propios actos y su comportamiento tienen consecuencias.

La socialización también es conveniente para los padres, porque convierte la paternidad en una experiencia menos aislada. Ver a otros niños en acción puede ser tranquilizante cuando se está pasando por un mal momento o cuando se tienen interrogantes. Compartir las ideas sobre la crianza y las técnicas para llevarlas a cabo es maravilloso. Conozco, por ejemplo, a un grupo de madres trabajadoras que se reúne todos los sábados. Disfrutan mucho del tiempo compartido porque tienen muchas cosas en común. Como es de imaginarse, sus discusiones giran alrededor de la culpa, las niñeras, cómo repartir el tiempo entre el trabajo y la casa para que ninguno de los dos salga perdiendo y sobre la conveniencia de permitir que los niños se acuesten tarde para poder pasar más tiempo con ellos, además de otros temas que preocupan a todas las madres, como la disciplina, el mejor momento para dejar los pañales, los niños quisquillosos con la comida y cómo lograr que los maridos participen más. Este tipo de camaradería entre padres con hijos de edades similares suele ser una ayuda y un apoyo. Con frecuencia los adultos se vuelven amigos y siguen siéndolo cuando sus hijos ya han encontrado a otros amigos.

> ## Regla del comportamiento social
>
> Nunca obligue a su hijo a socializar; déjelo avanzar a un ritmo cómodo para él, aunque sea incómodo para usted.

Los ensayos sociales para el cambio suponen reforzar en casa la capacidad de su hijo para relacionarse con los demás y la organización de juegos en los que él pueda ponerla en práctica. Estas son las diferentes piezas que hay que reunir:

Respete el estilo de su hijo y su ritmo. Lo he dicho innumerables veces en este libro, lo dije en mi primer libro y lo repito ahora: no hay dos niños que reaccionen de la misma manera ante la misma situación. Ciertamente, el temperamento (ver recuadro de la página 196) influye en las habilidades sociales del niño y en su capacidad para asimilar las reglas de interacción. También es fundamental el nivel de confianza y de seguridad del niño; mientras más seguro se sienta, más dispuesto estará a lanzarse a la corriente social de la vida.

Si su hijo se muestra renuente a unirse a los demás y quiere mantenerse al margen, déjelo. No repita una y otra vez: "¿No quieres jugar con Juan?" Si lo empuja antes de que esté listo, el niño se sentirá inseguro. Tenga en cuenta, además, que los caminadores siguen siendo criaturas sensatas. Logran discernir sus emociones inconscientemente, y a veces, en ciertas circunstancias, no se sienten seguros.

Controle sus propios sentimientos. Usted no es el único que se siente avergonzado porque su hijo se mantiene al margen. A muchos padres les sucede, pero lo mejor que puede hacer es controlar su incomodidad. No disculpe el comportamiento de su hijo: "Está cansado", o "Acaba de despertarse de la siesta". Su hijo notará su desaprobación y se sentirá mal consigo mismo o pensará que está haciendo algo "mal".

Correo electrónico: Los beneficios de la socialización

Es agotador ser madre de un caminador, en especial si es muy activo y siempre quiere estar ocupado. Vamos a jugar en grupo y a nadar una vez a la semana, y de esa manera se mantiene activo. Se encuentra con otros niños de la misma edad día de por medio. Eso también me conviene a mí, porque las mamás nos llevamos bien. Además, la abuela de Tomás viene una vez a la semana.

Paulina es una madre muy sabia que conoce a su hijo y acepta su manera de ser. Sabe que debe permanecer cerca de él al comienzo, incluso en reuniones familiares, pero que tarde o temprano él se alejará tambaleante. Si ella lo empuja, él podría derrumbarse. De manera que cuando un pariente u otro niño se acercan, ella les dice: "Déjalo que se acostumbre. Estará bien en un minuto".

No haga tormentas en un vaso de agua. Si su hijo es reservado y no se separa de usted inmediatamente —comportamiento típico de un niño irritable—, quizás debería repensar su comportamiento desde otro punto de vista: es cauto, cosa que le será de gran utilidad en otras circunstancias. De la misma manera, un niño fogoso podría intentar convertirse en líder, y uno gruñón podrá transformarse en un niño inventivo y creativo. Y recuerde que hay muchos adultos cautos en circunstancias sociales: cuando llegan a una fiesta o a un lugar extraño suelen investigar la situación; miran a su alrededor, deciden quién parece interesante y de quién quieren mantenerse alejados. Siempre hay gente que nos atrae, gente con la que nos sentimos cómodos, y otros que nos repelen, por cualquier motivo. Es parte de la naturaleza humana. Dele a su caminador la oportunidad de someter los diferentes ambientes a la misma evaluación, aunque le tome tiempo.

Sea persistente. A veces, después de una o dos sesiones, la madre desiste: "No le gusta este grupo". Así que busca otro grupo; y después, una clase, y así. Es posible que la madre se sienta avergonzada o que le resulte intolerable presenciar los conflictos de su hijo. Pero al impedir que el niño padezca experiencias difíciles o temibles, le impide que practique el control y el manejo de sus estados de ánimo. Sin darse cuenta, le enseña a su hijo que está bien abandonar algo que resulta difícil o incómodo. Estos niños se pueden convertir en mariposas que revolotean de una cosa a otra sin aprender jamás a llevar algo a término.

No desista de la socialización de su hijo ni abandone a un grupo porque él no se mezcla inmediatamente. Si su hijo se muestra renuente a participar y quiere irse, explíquele,

---

Los cinco tipos

El ángel es un niño muy agradable, socialmente hablando. Suele ser el niño contento del grupo, el que más sonríe, el más dispuesto a compartir.

El caminador de manual, como era de esperarse, les quita las cosas a los otros niños, no porque sea antipático o agresivo sino porque es curioso y le interesa lo que tienen los demás.

El caminador irritable se muestra renuente a unirse al grupo, o mira a su mamá constantemente. Se molesta mucho si otro niño le quita su juguete, se estrella contra él, o perturba su juego.

Al niño fogoso no le gusta compartir. Tiende a perder el interés rápidamente, y va de aquí para allá en el salón, un poco erráticamente, jugando con muchos juguetes.

El gruñón prefiere jugar solo. Suele dedicarle más atención a una tarea que los demás niños, pero se molesta si lo interrumpen.

---

sencillamente que: "Prometimos quedarnos y tenemos que cumplir nuestra promesa. Pero puedes quedarte aquí conmigo y mirar". Lana, la madre de Kendra, una niña irritable, admite que su hija necesitó tiempo para habituarse a las situaciones sociales. Pero no la disculpó cuando se unió a nuestro grupo de juego con mamá, sino que le permitió que se sentara en su regazo. En la mayoría de las sesiones Kendra no se unió al resto del grupo sino al final, cuando quedaban apenas cinco minutos. Pero con el tiempo se integró.

No se sorprenda si vuelven a surgir las viejas dificultades en nuevos ambientes. Asistir con mamá a clases desde los dos meses de edad indudablemente le permitió a Kendra acostumbrarse a otros niños. Pero cuando cumplió quince meses de edad y empezó a ir a clases de gimnasia, su madre descubrió que en cada nueva situación, su hija volvía a sentirse ajena. El primer día, Kendra se derrumbó completamente apenas llegó a la puerta. Lana tuvo que que darse afuera con ella durante quince minutos antes de que se decidiera a entrar. Durante las siguientes cinco semanas, Kendra se mantuvo al margen. Lana temía —temor que comparten todos los padres— que nunca se adaptara. "Así es Kendra: tienes que darle tiempo", le expliqué. Kendra acabó adorando sus clases de gimnasia, tanto, que detestaba que terminaran. De todas maneras, la misma escena se repitió cuando cumplió dos años y empezó a ir a clases de natación. Después de varias semanas de permanecer temerosamente al margen, acabó convirtiéndose en una sirenita, y ahora es difícil sacarla de la piscina.

El proceso de enseñarles a los niños a manejar sus emociones requiere de mucha paciencia. Lo más probable es que usted tenga que asegurarle una y otra vez a su renuente caminador que puede tomarse el tiempo que necesite, que no hay problema. También es probable que tenga que repetirle muchas veces a un niño naturalmente agresivo que debe ser gentil y que no debe pegarle a la gente. Todos los ensayos ayudan, pero se necesita mucha práctica. Créame: es mejor enfrentar la ansiedad y la agresión del niño en este momento e invertir el tiempo necesario para que él se dé cuenta de que puede contar con usted, porque tendrá que padecer todo el proceso tarde o temprano. De hecho, para los padres siempre llega el momento de la verdad. Aquellos que han disculpado a sus hijos o les han permitido brincar de un grupo a otro en vez de ayudarlos a enfrentar las situaciones difíciles suelen desear no haberlo hecho el primer día de colegio.

Examine su propia historia social. Las cuestiones personales a veces ciegan a los padres. Si usted fue un niño tímido, es posible que se identifique en exceso con la situación de su hijo. Si no tuvo problemas haciendo amigos, quizás se sienta inclinado a obligar a su hijo a ser más como usted. Si usted era de los que mordía a los otros niños, podría justificar a su hijo: "Es sólo una etapa". Y es posible que los desacuerdos entre usted y su pareja sobre el tema social sólo sean un reflejo de su respectiva niñez. El uno opina que hay que empujar, el otra opina que hay que contenerse. Es importante distinguir sus problemas de los de su hijo. Usted no puede cambiar su niñez o hacer desaparecer sus dificultades sociales de entonces, pero puede ser consciente de las marcas que dejaron esas dificultades. No permita que su propio pasado influya en la manera como dirige a su hijo ahora.

Organice las cosas de manera que las necesidades de su hijo se vean satisfechas. Las situaciones sociales consisten de un ambiente determinado, una actividad y otros niños y adultos que participan. Si usted sabe que su hijo tiende a inhibirse, quizás deba escoger actividades menos tensionantes, por ejemplo, música, en vez de gimnasia. Si las luces brillantes le molestan, evite los lugares excesivamente iluminados que pudieran resultar agobiantes. Pero si su hijo es bullicioso, tal vez la mejor opción no sea una tranquila clase de manualidades.

Obviamente, usted no siempre podrá escoger. Como lo dije antes, en las invitaciones a jugar y en los grupos de juego (a los cuales me referiré más adelante) usted suele participar al hacer la lista de invitados: tiene más control que en los parques, por ejemplo, o en otros lugares públicos. Si hay un niño agresivo en el parque no hay mucho que usted pueda hacer, excepto cuidar a su hijo. Tampoco es probable que usted conozca a todos los niños que van a la guardería. Sin embargo, sí puede ir antes y evaluar la situación; cuénteles a los encargados de la guardería todo lo que sabe sobre su hijo, sus experiencias sociales, sus necesidades. Seguramente su opinión no incidirá en el manejo general del lugar, pero sí puede ayudar a facilitarle el camino a su hijo.

Prepare a su hijo para la experiencia. Doris siguió mi consejo al pie de la letra. Visitó varias guarderías y encontró una que no quedaba lejos de su oficina, por si llegara a haber una emergencia. Se cercioró de que hubiera una supervisión adecuada y de que los juguetes y el equipo fuesen los indicados para un niño de dieciocho meses de edad. Le contó al director qué clase de comida le gustaba a su hijo y le dio una lista de teléfonos donde podría contactarla en caso de que tuviese dudas o preguntas. Todo funcionó a la perfección, excepto que el primer día Andrés resolvió despertar a Doris de su sueño dorado. Normalmente colaborador y fácil de llevar, dejó que su mamá se fuera sin problemas, y después se vino abajo. Cuando el director del centro la llamó para decirle que Andrés estaba llorando inconsolablemente, ella se dio cuenta de que había pasado por alto el hecho de que él tendría que permanecer allí sin ella durante varias horas. Aunque no hubiera podido explicárselo, sí hubiera podido tomarse un par de horas del trabajo durante unos días para ayudarlo a familiarizarse con el ambiente, con el personal, con los otros niños, y sólo entonces, dejarlo.

Dotar a su hijo de destrezas sociales

Los niños menores de dos años se ven a sí mismos como el centro del universo; todo tiene que ver con ellos, todo es suyo. A veces no hay forma de razonar con un caminador. Su comportamiento normal parece "agresivo" (ver recuadro de la página 202) a los ojos de los adultos. ¿Cómo enseñarles, entonces, a ser considerados y a tener en cuenta los sentimientos de los demás?

Una vez más, piense en términos de un ensayo. Los niños no nacen con buenos modales ni sabiendo cómo compartir, o esperar su turno. Esas son cosas que tenemos que enseñarles con nuestro ejemplo y con práctica. Empiece en casa, sin esperar mucho al comienzo —es un tema difícil para los caminadores—, pero con insistencia. No puede pedirle a su hijo que comparta un día y al otro día hacer caso omiso de que le arrebató un juguete a otro niño. Y cuando comparta, ya sea porque usted lo instó a hacerlo o porque él lo hizo por iniciativa propia, apláudalo.

Los niños necesitan que les enseñemos las destrezas sociales necesarias para sobrevivir en el mundo real. Aunque no comprendan del todo las convenciones sociales, ni entiendan al comienzo qué quiere decir "ser gentil", debemos empezar por alguna parte a reforzar y a ampliar su capacidad de comprensión y a mejorar sus dotes sociales. Vale la pena el esfuerzo, porque no hay nada que los otros —los maestros, los demás padres, incluso los niños— aprecien más que un niño bien educado, considerado y gentil.

He aquí algunos de los temas críticos, en donde la práctica, tanto en casa como durante el juego, es fundamental:

Buenos modales. En el capítulo anterior hablé de la importancia de enseñarle a su hijo palabras que indicaran una buena educación y gratitud. Pero también debe enseñarle a actuar en este sentido. Digamos que es la hora del refrigerio de la tarde y la tía Flora llegó de visita. Usted le diría a la tía: "Estoy feliz de que hayas venido. ¿Quisieras una taza de té?", y después le indicaría a su hija: "Mónica, vamos a traer juntas la taza de té de la tía Flora". Juntas preparan el té, y después usted sugiere añadir unas galletitas y lo pone todo en una bandeja. De regreso a la sala, le pasa a su hija el plato (de plástico) con las galletas y le dice: "¿Le ofreces a la tía Flora? Y tú, Mónica, ¿quisieras una?" De esta manera le está indicando que uno primero les ofrece a los invitados y que uno se sirve de último. Después de enseñarle esto, lo más seguro es que su hija tome todas las galletas. Corríjala sin avergonzarla: "Estamos compartiendo, Mónica. Ésta es la galleta de la tía Flora y ésta es la galleta de Mónica".

La enseñanza de los buenos modales supone un comportamiento correspondiente en ciertos lugares. Por ejemplo, si están en la iglesia, usted baja la voz y le explica con un susurro: "En la iglesia, hablamos en voz baja y no corremos". En últimas se trata de reforzar el tipo de comportamiento cortés que debe caracterizar prácticamente todos los intercambios sociales. Cuando a usted le pasan algo en la mesa del comedor, da las gracias; y en vez de pasar atropellando a la gente, pide permiso. Como es evidente, la mejor forma de enseñarle buenos modales a un niño es mostrándole con el ejemplo. Así que cuando su hijo le traiga un juguete, dele las gracias, y si quiere su ayuda, pídale por favor.

Simpatizar. Los investigadores han demostrado que los niños hasta de catorce meses de edad son capaces de mostrarse preocupados por los sentimientos de los demás. Una de las formas de practicar la empatía es decirle a su hijo cómo se siente. Si él le pega, dígale que le dolió. Si alguien en la familia está enfermo, coménteselo: "Marcos está enfermo; no debemos hacer mucho ruido". Algunos niños son compasivos por naturaleza. Yo tenía una tía que vivía con nosotros y que no podía caminar muy bien. Sara sabía que la tía Ruby estaba enferma, y cada vez que podía corría a traerle las pantuflas. Sara se mostraba compasiva con los demás desde que tenía dieciséis meses, rasgo que yo alababa: "Qué buena eres, Sara. Es muy gentil de tu parte ayudarle a la tía Ruby".

Anime a su hijo para que se fije en lo que les sucede a los niños a su alrededor. Desde los diez meses de edad, corrija el comportamiento de su hijo inmediatamente si se muestra desconsiderado con otro niño, e indíquele cómo se siente: "No, no... Eso duele, Alejandro. Hazlo con más suavidad". Cuando un niño se cae y empieza a llorar, coméntelo con su hijo: "A Juanito le duele. ¿Le preguntamos si hay algo que podamos hacer?" Y háganlo: "¿Estás bien, Juanito? ¿Te podemos ayudar?" Y cuando un niño se ve obligado a dejar el grupo de juego porque está cansado o molesto, anime a su hijo para que lo despida: "Adiós, Simón. Que te sientas mejor".

Compartir. El acto de compartir se basa en la posesión y en el uso: el dueño regala algo (dulces, por ejemplo), o lo presta, a sabiendas de que le será devuelto. Los niños empiezan a comprender la idea de compartir alrededor de los quince meses de edad, pero necesitan mucha ayuda. Recuerde que para ellos todo lo que hay en el mundo es "mío". "Ahora" es el único momento presente en su mente ("después" suena horriblemente lejos). Y no entienden el tiempo, aunque usted sea todo lo preciso posible ("Te lo devolverá dentro de cinco minutos".) Cualquier demora parece eterna.

En mis grupos de juego, cuando los niños cumplen más o menos trece meses empiezo a poner en práctica el concepto de compartir, y lo hago mediante el ejemplo. Saco un plato de galletas y les digo: "Quiero compartir mi media mañana con ustedes". En el plato hay tantas galletas como niños, así que mientras paso el plato refuerzo la idea de que cada uno de los niños debe tomar una de las galletas.

De ahí pasamos al "balde de compartir". Les pido a las madres que traigan cinco porciones de alguna golosina en una bolsa plástica. También las insto para que hablen en casa del tema y para que preparen con ellos la bolsa para el "balde de compartir". "Alistemos la bolsa de golosinas para el grupo de juego. ¿Me ayudas a contar cinco [zanahorias, galletas, quesitos]?" (Contar también se vuelve un juego).

Cuando los niños juegan, ponemos todas las golosinas en el balde de compartir. Después de jugar, llega la hora de compartir. Todas las semanas, uno de los niños se encarga de repartir la media mañana, y su mamá le ayuda preguntándoles cortésmente a cada uno de los otros niños: "¿Quieres?" Obviamente también nos preocupamos de enseñar buenos modales, así que el niño que toma una golosina da las gracias, y después todos exclamamos: "¡Qué rico es compartir!"

Estas lecciones ayudan a los caminadores a entender también la idea de compartir los juguetes, cosa que evidentemente resulta mucho más difícil. Pero cuando uno les dice: "Edna y Guillermo pueden compartir el camión", ellos entienden, si bien rudimentariamente, lo que se espera de ellos, y no pelean por el camión. La meta es inculcar en su hijo el deseo de compartir y recompensar ese deseo, más que alabar a un niño que se limita a acatar las órdenes del padre ("Devuelve eso"). La mejor manera de lograrlo es pescar al niño cuando se está portando bien, ¡incluso por accidente!

María, por ejemplo, estaba muy atareada en mi sala de juegos con su juego de jardinería. Ponía las cartas en el buzón, giraba los pajaritos, y estaba pasando un gran rato, hasta que llegó Julieta. La mamá de Julieta se dispuso a intervenir inmediatamente, pero yo le recordé nuestras normas esenciales: "Esperemos a ver qué pasa". Julieta observó a María por un momento; después abrió el buzón,

¿Curiosidad o agresión?

Aunque es conveniente intervenir en ambos casos, hay una diferencia entre la curiosidad y la agresión, tanto en la intención como en la apariencia del acto. Los actos de curiosidad son lentos, mientras que los agresivos son rápidos e impulsivos. Cuando Sancho, de once meses de edad, se acerca a Lorena con timidez, la estudia, trata de tocarle la cabeza y después le jala el pelo, lo más probable es que esté mostrando curiosidad. Por otra parte, cuando Ricardo, que tiene un año, empuja a Timoteo al pasar, lo está agrediendo.

sacó una de las cartas de plástico y se la entregó a María. "Muy bien, Julieta", la animé emocionadamente. Ella se iluminó. Es posible que no supiera exactamente por qué estaba yo tan feliz, pero sí sabía que había hecho algo que nos gustó mucho.

Obviamente algunos padres *tienen* que intervenir. Si su hijo le quita algo a otro niño, quíteselo usted a su vez, y después:

CORRIJA EL COMPORTAMIENTO: "Esto no te pertenece, Jorge. Es de Wilson. Tú no puedes usarlo ahora". Sin embargo, no lo regañe ni lo avergüence.

CONSUÉLELO: "Yo sé que quieres jugar con el camión de Wilson: ¡qué desilusión!" De esta forma él y usted pueden admitir que él se siente mal, cosa que es mejor que tratar de evitarle el mal rato.

AYÚDELE A RESOLVER EL PROBLEMA: "Quizás, si se lo pides, Wilson quiera compartir su juguete contigo". Si su hijo todavía no habla, pregunte en su lugar: "Wilson, ¿querrías compartir tu camión con Jorge?" Claro que es posible que Wilson responda que no.

ANÍMELO PARA QUE LO SUPERE: "Tal vez te deje jugar con el camión otro día". Intente interesarlo en otro juguete.

Esperar el turno. Los niños deben aprender las reglas básicas de la etiqueta durante el juego: no se cogen las cosas de los demás, no se empuja a los niños, no se destruyen los edificios de cubos de los demás niños sólo porque se quiera usar los cubos ya. A los caminadores les resulta difícil esperar el turno porque supone controlarse y esperar. Y sin embargo, ésta es una de las lecciones más importantes de la vida. Esperar es aburrido, pero todos debemos aprender a hacerlo.

Practique el guión a lo largo de las rutinas diarias en casa. De esa manera ayuda a su hijo a familiarizarse con la idea. Por ejemplo, si está en la tina, podría darle una esponja a él y conservar otra: "Primero yo lavo este brazo y después tú lavas el otro". Si están jugando, puede hacer otro tanto: "Tú presionas este botón y yo después presiono el otro".

Los niños no se ofrecen voluntariamente a compartir ni a esperar su turno. Pero usted debe enseñarle a su hijo a que lo haga, como buen entrenador que es. Suelo tener más de un juguete de cada uno para mis grupos de caminadores porque eso me evita problemas. Pero es inev`itable que uno de los niños quiera el juguete que está usando otro.

SUGERENCIA: Recomiendo a los padres que pongan un límite de tiempo, en especial cuando hay invitados a jugar. Lo mejor es usar un cronómetro, dado que los niños no entienden el concepto de tiempo. Así, cuando dos de los niños quieren jugar con la misma muñeca, usted podría decir lo siguiente: "Sólo hay una muñeca, así que tendrán que usarla por turnos. Tú vas primero porque tú la encontraste. Ponemos el cronómetro. Cuando oigan el timbre, es el turno de Tina; tú se la entregas a ella". Tina estará más dispuesta a esperar porque sabe que recibirá la muñeca cuando suene el timbre.

Permítale a su hijo que experimente aquellos sentimientos que surgen cuando uno no consigue lo que quiere. Con demasiada frecuencia oigo a los padres decirle a un niño que llora: "No te preocupes, te voy a comprar uno igualito al de Pablo". ¿Qué aprende un niño al que le dicen eso? No a compartir. Aprende más bien que si llora, su papá o su mamá le comprarán lo que desee.

Es importante permitir que su hijo se sienta desilusionado cuando otro niño se niega a esperar su turno o a compartir. Eso también forma parte de la vida. Por ejemplo, en una de mis sesiones, Enrique y Jerónimo estaban jugando al lado de la caja de los juguetes. Jerónimo tenía el camión de bomberos y estaba muy atareado con él. De pronto, Enrique se volteó a mirar a su amiguito con una expresión que claramente decía: "Eso parece mucho más interesante. Voy a quitárselo a Jerónimo". No obraba como "malo", ni siquiera como "posesivo". En la mente de los caminadores, todo les pertenece. Cuando Enrique se dispuso a tomar el camión de bomberos, le pedí a su madre que interviniera de la forma como yo lo había hecho en otras sesiones. Sacó la mano para impedir que Enrique tomara el juguete: "Jerónimo está jugando con el camión de bomberos, mi amor".

Después le preguntó a Jerónimo: "¿Quieres seguir jugando con el camión?" Jerónimo entendió, porque jaló el camión hacia él, indicando claramente que no había acabado de jugar.

"Jerónimo quiere jugar con el camión", le explicó a Enrique mientras le ofrecía otro carro. "Tú puedes jugar con este". Enrique lo apartó: quería el camión de bomberos.

"Pero Jerónimo está jugando con el camión de bomberos en

Las etapas de la socialización
Cómo se convierte su hijo en un ente social

A medida que su caminador madura, su capacidad de juego crece con él. Es de gran ayuda comprender cada etapa desde la perspectiva del niño.

Se fija en otros niños. Los bebés prácticamente desde los dos meses de edad sienten fascinación y curiosidad con otros bebés y con sus hermanos mayores. Al comienzo, los siguen con los ojos por toda la habitación. Aproximadamente a los seis meses, cuando ya pueden alcanzar objetos, intentarán coger a otros niños. Se preguntan qué es, suponiendo, quizás, que se trata de un juguete misterioso. "Hm, si le meto el dedo a esta cosa, llora".

Imita a otros niños. Pensamos que los caminadores son odiosos y egoístas cuando los vemos quitarle un juguete a otro niño. Pero en realidad su hijo sólo quiere imitar. Al ver al otro niño jugando, a su hijo se le ocurren cosas, y de pronto el juguete que hace unos instantes no tenía ningún interés, ahora está lleno de posibilidades. "No sabía que eso era lo que hacía esa cosa. Yo también quiero hacerlo".

Juega al lado de otros niños: Los caminadores no juegan con otros niños: juegan a su lado, en lo que se llama "juego paralelo". A su hijo la idea de compartir y de esperar el turno le parece irrelevante; él está pensando que puede hacer lo que quiera porque es el único niño del mundo.

Juega con otros niños. Entre los dos años y medio y los tres años, la mayoría de los niños domina ciertas destrezas sociales básicas y puede imaginar cosas. Su juego es, por tanto, más elaborado, y pueden jugar juegos que exijan colaboración tales como perseguir, dar vueltas o patear un balón de aquí para allá. Ahora, cuando su hijo mira a un compañero de juego, piensa: "Si yo pateo esta pelota, él la pateará de vuelta".

este momento, Enrique", le explicó de nuevo su mamá. "Ya podrás hacerlo tú cuando él termine".

Eso no era lo que Enrique quería oír, así que armó la pataleta de qué-quieres-decir-con-que-no-puedo-jugar-con-eso, momento en el cual su mamá me preguntó qué debía hacer.

No le digas: "Siento mucho que no puedas jugar con el camión", ni "Pobrecito, te compraré un camión de bomberos para ti solo".

Dile la verdad: "Jerónimo está jugando con el camión ahora. Tú podrás hacerlo más tarde. Tenemos que compartir. Y tenemos que esperar nuestro turno".

Como Enrique siguió molestando, le dije a su madre que debía ser firme pero respetuosa. "Tu meta es evitar, de ser posible, que él se sienta peor. 'Me doy cuenta de que te sientes desilusionado, pero no puedes coger el camión. Ven conmigo y busquemos algo más con lo que sí puedas jugar.' Y llévatelo de allí". (En el capítulo séptimo hablaré de lo que debe hacer la madre de Enrique si de esa forma no logra distraerlo y, en cambio, se pone como un energúmeno.)

Invitaciones a jugar y grupos de juego

Las invitaciones a jugar y los grupos de juego ayudan a los niños a poner en práctica sus destrezas sociales, pero también plantean dificultades específicas. Yo creo que su hijo debe vivir ambas experiencias. Sé que hay quienes consideran que no es una buena idea reunir en grupos a niños menores de dos años, pero yo creo que mientras uno de los padres acompañe a su hijo, es bueno para él inclusive yacer al lado de otro niño. Así que mis grupos con papá y mamá empiezan a las seis semanas de edad.

Invitaciones a jugar. Esta clase de reuniones son de dos y suelen ser muy poco estructuradas. Uno de los padres llama al otro, se ponen de acuerdo en un lugar y una hora (la casa de uno de los dos, el parque) y se reúnen allí para que los dos niños jueguen juntos una o dos horas.

Una de las consideraciones más importantes en las invitaciones es la química. Algunos niños se llevan bien desde el primer momento y su amistad perdura hasta el preescolar e incluso más allá. También hay niños —usualmente ángeles— que se llevan bien con todos los demás, en cuyo caso el tema de la química deja de ser importante. Pero hay mezclas que no funcionan nunca. Por ejemplo, si su caminador es un niño irritable que se sobresalta con cualquier cosa y se molesta cuando perturban su concentración, tal vez no sea buena idea llevarlo a jugar con un niño fogoso, de los que van de aquí para allá por toda la habitación y tienden a quitarles los juguetes a los otros.

A veces la química funciona, como en el caso de Ana y Verónica (páginas 95 y 96), cuyas madres se conocieron en los cursos de preparación para el parto. Sus dos hijas, la una, fogosa y la otra, un ángel, juegan bien juntas. Pero a veces, a pesar de las buenas intenciones de las madres, sus hijos son como el agua y el aceite. Uno de los dos acaba siempre lastimado e infeliz, y nadie —y los padres menos que nadie— se divierte. Julia, madre de Sandra, una niña irritable, aceptó el otro día que a veces esperaba con horror las invitaciones a jugar con Alberto, el hijo de Gloria, porque Sandra siempre acababa llorando. Julia tuvo que hablar con Gloria y decirle que Sandra y Alberto no se llevaban bien y que ella creía que eso iba a acabar minando su amistad.

Comparta

Déjele saber a su hijo que usted también puede ser compartido (sobre todo si piensa tener más hijos: ver capítulo noveno); una invitación a jugar es una buena oportunidad de mostrarle a su caminador que usted puede alzar y abrazar a otro niño. El día en que Ana se dio cuenta de que su madre alzaba a Verónica, se sintió sorprendida. Pero el mensaje que se le estaba transmitiendo es importante: También puedo compartir a mi mamá.

Es importante disuadir a los niños de la idea de que el amor es exclusivo. Algunos niños llegan hasta el punto de empujar a su padre cuando besa y abraza a su madre. El padre llegará a la conclusión de que el niño "odia que nos abracemos". Debería, en cambio, decirle al niño: "Ven, podemos abrazarte a ti también".

SUGERENCIA: Cuando uno junta dos niños, lo mejor es recurrir al sentido común. Quizás usted disfrute de la compañía de una madre en particular, pero si su hijo siempre acaba frustrado y llorando y usted empieza a temer esas invitaciones a jugar —preguntándose, con horror, qué pasará la semana entrante—, lo mejor es que busque otro compañero de juego para su hijo y se reúna con su amiga a tomar café o en un partido de tenis.

Antes de que llegue su invitado, pregúntele a su hijo lo siguiente: "¿Cuál de tus juguetes quieres compartir con Nicolás y cuál preferirias guardar?" Quizás sea buena idea guardar su juguete favorito o su manta, pero si lo hace, explíqueselo: "Yo sé que éste es tu juguete favorito, así que lo mejor es que lo guardemos". Infortunadamente, a veces un caminador no se da cuenta de que ése es su objeto favorito hasta que otro niño se lo arrebata.

El respeto debe funcionar en ambos sentidos. A veces su hijo es el visitante y hay cosas que el otro niño no quiere compartir. Dígale a su hijo: "Federico no quiere que tú cojas su juguete. Es *su* juguete". Trate de despertar su interés en otra cosa; si se molesta, insista: "Me doy cuenta de que estás molesto, pero sigue siendo su juguete".

Esta clase de dificultades son inevitables y no son malas. Es así como los niños aprenden. Cuando llevaba a mis hijas a jugar con amigos, llevaba dos juguetes, y la otra madre hacía lo mismo. De esta manera, si algo se rompía o se dañaba, lo reemplazábamos. Usted también podría pedirle a la madre visitante que le dijera a su hijo que trajera uno o dos juguetes. Me doy cuenta de lo poco realista que eso podría ser, dada la cantidad de juguetes que los niños tienen hoy día, pero creo que limitar la cantidad de juguetes puede ser bueno para todos.

> **SUGERENCIA:** *Si usted es la anfitriona, cree un área segura donde los niños puedan jugar. Guarde las mascotas. Fije un límite de tiempo. Después de una hora, uno de los dos niños suele cansarse y es entonces cuando empiezan los problemas.*

Es buena idea alternar casas, pero si siempre van a la otra casa, usted podría llevar los bocadillos. Si usted es la madre visitante, lleve consigo todo lo que vaya a necesitar: pañales, tetero, taza. Aunque no es fundamental establecer las reglas para una invitación a jugar (como sugiero que se haga en el caso de los grupos de juego), es conveniente saber qué opina la otra madre sobre ciertos asuntos y cómo es su hijo. Por ejemplo, si usted resolvió no guardar sus adornos valiosos y prefirió enseñarle a su hijo a no tocarlos, ¡cerciórese de que la otra madre le haya enseñado a su hijo a respetar las cosas de los demás! Pregunte además si hay ciertos alimentos que no debe servir, si el niño tiene alergias y si ya va al baño solo. ¿Qué deben hacer si uno de los niños se muestra agresivo con el otro?

Grupos de juego. Un grupo de juego consta de dos o más niños y es más estructurado que una invitación a jugar. La ventaja del grupo de juego radica en que la dinámica es más compleja y en él los niños tienen más oportunidades de poner en práctica las destrezas sociales mencionadas anteriormente. Sin embargo, hasta los tres años de edad, los grupos de juego no deberían constar de más de seis niños (aunque lo ideal es cuatro). Si es posible, evite los tríos, que pueden ser problemáticos porque uno de los tres acaba sintiéndose excluido.

Armar un grupo de juego (en vez de sumarse a uno dirigido por un profesional) supone mucha planeación. Hablando en términos de ensayos teatrales, un grupo de juego exige dirección escénica, un escenario más elaborado y más actores.

1. REÚNANSE SIN LOS NIÑOS PARA DECIDIR SOBRE EL ORDEN DEL DÍA Y EL TIPO DE ACTIVIDADES A LAS QUE SE DEDICARÁ SU GRUPO. ¿Qué tipo de grupo será este? ¿Qué actividades incluirá? ¿Juego, música, comida...? También es buena idea tomar una decisión sobre la hora de reunión. Así como la rutina predecible en casa facilita la vida de su caminador, una estructura consistente en su grupo de juego le ayudará a saber qué esperar y qué se espera de él. Mis propias sesiones con la madre suelen constar de cinco segmentos: el juego, el balde de compartir (a media mañana), la música, la limpieza (hora de recoger los juguetes) y la relajación, momento en el cual pongo música tranquilizante y los niños se recogen en el regazo de su madre. Éste es un formato muy fácil de replicar.

El contenido obviamente cambia de acuerdo con la edad de los niños. Veamos la música, por ejemplo. En mis grupos de seis a nueve meses oímos *La araña chiquitica*, pero sólo cantamos y movemos las manos los padres y yo; los niños oyen atentamente, pero no hacen nada. En los grupos de doce a dieciocho meses, los niños se muestran más animados e intentan imitar los movimientos de las manos. Alrededor de los quince meses, los niños ya saben qué esperar, y después de cuatro o cinco semanas de oír la canción, son capaces de mover las manos al unísono con sus madres. A los dos años, la mayoría trata de cantar.

2. DISCUTAN LAS REGLAS. Hablen de sus expectativas; no sólo de lo que los niños pueden o no hacer sino de lo que deben hacer las madres cuando los niños no acatan las reglas (ver recuadro de la página 210). Yo me molesto mucho cuando un niño le pega a otro o rompe su juguete y la madre se disculpa, pero no hace nada. Este tipo de ocurrencias pueden provocar resentimientos entre las otras madres.

Alguna vez, de visita con un grupo, tuve la oportunidad de oír a las madres hablar de su interacción con un ex miembro. Cada vez que su caminador empujaba a otro niño o le pegaba, la madre le restaba importancia al hecho y explicaba: "Es un etapa". (Pegarles a otros niños es un comportamiento, no una etapa; ya hablaremos de eso en el siguiente capítulo). Las otras madres empezaron a sentirse muy disgustadas con su actitud y eso enturbió el ambiente en el grupo. Finalmente, una de ellas decidió hablar: "Estamos tratando de enseñarles a nuestros hijos a controlarse. Y cuando no lo hacen, intervenimos. Quizás tú no pienses que haya que hacer algo cuando Beatriz le pega a un niño o lo empuja, y esa es tu decisión. Pero no creemos que sea justo con los otros niños". Aunque no fue fácil, le pidieron que buscara otro grupo.

Cuando se fijan las reglas, hay menos probabilidades de que haya conflictos y tensiones en el grupo. Además, las reglas enseñan a los niños a respetar los límites. Pero no hay que llevar las cosas a los extremos. Aunque una de las reglas indique que los niños deben pedir las cosas educadamente, si uno de los niños quiere agua y olvidó decir por favor, désela. Anímelo para que la próxima vez la pida más cortésmente.

Las reglas de la casa

Un grupo de madres que conozco redactó las reglas de la casa para su grupo de juego. Quizás usted no esté de acuerdo con todas ellas, pero le pueden servir de guía al redactar las suyas.

Para los niños:
No se come en la sala.
No se trepa a los muebles.
No se permite el comportamiento agresivo (pegar, morder, empujar).

Para las madres:
No se permiten los hermanos mayores (si uno de ellos aparece, se le pide cortésmente que se vaya).
Se debe estimular la buena educación.
Si un niño se porta de manera agresiva, se debe retirar por un rato, hasta que vuelva a comportarse.
Se deben reemplazar los juguetes que se rompen.

3. PREPARE LA ZONA DE JUEGOS CON TODO LO NECESARIO. El área debe ser segura, y en ella deben caber cómodamente todos los niños involucrados. Puede ser buena idea tener una mesa de niños para la media mañana. También recomiendo tener dos de todo; así lo hago en mis grupos (dos muñecas, dos libros, dos camiones). Ya sé que en el mundo real no hay dos de todo, pero estamos entrenando caminadores y la duplicación nos ayuda a evitar conflictos.

> **SUGERENCIA:** *Si el grupo siempre se va a reunir en una casa, todos deberían donar juguetes. Si van de casa en casa, consigan una caja de juguetes. Si esta semana se reúnen en casa de Marta y la semana entrante en casa de Tania, al término de esta semana Tania se llevará la caja de juguetes a su casa. La anfitriona de la semana siguiente hará lo mismo.*

4. FIJE UN LÍMITE DE TIEMPO Y ESTABLEZCA UN RITUAL PARA TERMINAR. Me he dado cuenta de que si no se establece un ritual para terminar, las madres seguirán conversando; antes de darse cuenta habrán pasado otros diez o quince minutos y los angelitos empezarán a sentirse cansados e irritables. Así que a la hora fijada me gusta cantar una canción de despedida que incluya el nombre de cada uno de los niños. Esto no sólo significa que la hora de jugar ha llegado a su fin, sino que así evitamos la estampida de caminadores.

Fluya con la realidad

Los grupos de juego nunca son eventos perfectos, aunque usted haya planeado hasta el último detalle. Recuerde que al principio los caminadores imitan y después juegan el uno al lado del otro, así que usted puede estar seguro de que al comienzo habrá más imitación que colaboración (ver recuadro de la página 205 sobre las etapas de la socialización). Los niños se dan ideas entre sí. Cuando Ana y Verónica juegan, si Ana coge una muñeca y la abraza, Verónica inmediatamente quiere coger la muñeca. Ella tiene la misma muñeca en casa, pero allá nunca juega con ella. Ciertos juguetes y ciertas actividades se convierten en parte de la rutina del grupo. Por ejemplo, a Bernardo le gustaba sentarse en el auto de juguete de mi salón, pero

Los que observan y los que interactúan

En mis grupos de caminadores, algunos niños observan y otros interactúan: los niños irritables y gruñones tienden a contenerse un poco, a permitir que otro niño juegue con el juguete antes de intentarlo ellos; o se esconden en un rincón, donde hay menos estímulos y menos interferencia.

Pero hay otro tipo de niños —usualmente los ángeles, los niños de manual y los fogosos— que prefieren interactuar. Hacen contacto visual, tratan de tocar a los otros niños, los besan.

Este tipo de patrones es claro incluso cuando los niños juegan solos. Ante un juguete nuevo, los niños que prefieren observar son cautelosos y los que prefieren interactuar lo cogen inmediatamente. Los primeros analizan los lugares nuevos mientras que los segundos se lanzan a la acción de una vez. Los primeros suelen pedir ayuda a sus padres mientras que los segundos tienden a querer hacer las cosas solos.

nunca usaba el que tenía en casa.

No se debe esperar que los niños compartan sus juguetes favoritos, ni siquiera en los grupos de juego. Así que yo tengo una caja a la entrada de la casa donde guardamos los objetos especiales hasta la hora de partir. Si usted es el anfitrión de un grupo, pídale a su hijo que guarde las cosas que no quiere que los demás niños toquen, en especial si son objetos que le dan seguridad. (Si él no lo hace, hágalo usted, para evitar problemas; ver páginas 207-208.)

Aunque usted establezca una estructura particular, a los niños les tomará de cuatro a cinco semanas acostumbrarse a cada segmento. Como es previsible, a unos niños les tomará más tiempo que a otros confiar en el ambiente. Como explicaré en el recuadro, alguno niños prefieren interactuar y otros prefieren observar. Aunque las madres incluyan un segmento para música o un juego organizado, algunos de los niños no participarán. No hay ningún problema: ya lo harán... cuando se sientan seguros.

Siempre aconsejo a los padres que participan en mis grupos que permanezcan atrás y observen en vez de intervenir apresuradamente. Por otra parte, cuando uno de los niños es víctima de uno de sus coetáneos, urjo a los padres para que intervengan: "Protejan a sus hijos. Ustedes son sus guardianes". A algunos padres les da vergüenza intervenir. Por ejemplo, cuando Jaime le pegó a Mariana, Brenda, la madre de Mariana, le dijo a Susana, la madre de Jaime: "No pasa nada". Obviamente, Brenda no quería que Susana se sintiera mal por el comportamiento de su hijo. Pero sí pasa. Si Susana no hace algo respecto del comportamiento de su hijo, al menos Brenda debe intervenir en vez de dejar a la pobre Mariana sola e indefensa.

Este ejemplo, como el del grupo que tuvo que pedir a una de las madres que se retirara (página 210), nos muestra la importancia de las reglas. Si se hubiese establecido previamente que no se toleraría la agresión, Susana habría tenido que intervenir inmediatamente al ver que su hijo le pegaba a otro niño. Si Susana no hubiese hecho nada, Brenda (después de consolar a su propia hija) hubiese debido decirle al niño: "Tenemos una regla, Jaime: no se pega". Me doy cuenta de que llamarle la atención al niño de otro es un asunto delicado, y los padres a veces no saben si deben hacerlo o no.

RECUERDE

No es asunto suyo si otro niño se niega a compartir con el suyo. Sí es asunto suyo si otro niño le pega al suyo, o lo muerde, o lo empuja o es agresivo con él.

En últimas, las invitaciones a jugar y los grupos de juego, como cualquier otra experiencia en el mundo exterior, pueden ser divertidos y excitantes para su caminador y para usted, o pueden ser desastrosos. No hay manera de que usted evite las crisis o que su hijo se derrumbe, pero en el capítulo siguiente le explicaré qué debe hacer.

CAPÍTULO SÉPTIMO

Disciplina consciente: Enseñar a su hijo a controlarse

Quizás el resultado más valioso
de la educación es la capacidad
para obligarse a uno mismo a
hacer lo que hay que hacer
cuando hay que hacerlo, aunque
uno no quiera.

—Thomas Huxley

La mayoría de los niños oyen lo
que usted dice; algunos hacen lo
que usted dice; pero todos hacen
lo que usted hace.

—Kathleen Casey Theisen

Dos madres/Dos lecciones

La palabra "disciplina" surge una y otra vez en las preguntas de los padres. La disciplina, pensándolo bien, es un término militar que significa, según el diccionario: "Doctrina, instrucción de una persona, especialmente en lo moral" y "Observancia de las leyes y ordenamiento de una profesión o instituto". Preferiría tener otra palabra a mano. De todas maneras, quiero que algo quede claro: yo no creo que disciplina y castigo sean términos equivalentes, ni considero que la disciplina sea algo que debemos imponer a los niños con severidad. Considero más bien que la disciplina es una educación de las emociones, una forma de enseñarle a su caminador a manejar sus sentimientos y de recordarle cómo debe comportarse. Como parte de este proceso supone tener cuidado con nuestros propios actos, oír la forma como le hablamos a nuestro hijo y no descuidar las lecciones menos evidentes que enseñamos con el ejemplo, prefiero hablar de disciplina consciente.

La meta definitiva de la disciplina consciente es ayudarle a su hijo a controlarse. Recurriendo de nuevo a la analogía del teatro, podríamos decir que los niños pequeños necesitan muchos ensayos. Usted, como director que es, debe tener siempre a mano las indicaciones hasta que su actorcito memorice el guión, aprenda las direcciones escénicas y se pueda manejar solo.

Permítame aclarar esta sencilla idea con el ejemplo de dos madres en el supermercado y su reacción ante una situación sobradamente familiar. Los hijos de ambas, de dos años de edad, piden dulces mientras ellas hacen fila en la caja. (Todos sabemos que los dueños de los supermercados están aliados con los caminadores: ¡por eso ponen los exhibidores de golosinas al alcance de sus ojos y de sus manos!)

Francia y Cristóbal. Francia empuja el carrito con el mercado hacia la caja y Cristóbal le señala el exhibidor de golosinas. Su madre no se da cuenta porque está ocupada sacando el mercado, hasta que él grita: "¡Yo quero!"

Francia le responde suavemente: "No vamos a comprar dulces, Cris", y sigue sacando el mercado. Cristóbal grita un poco más fuerte: "¡Dulce!"

"Dije que no", le repite Francia con tono un poco más severo. "Es malo para tus dientes". Cristóbal, que entre otras no tiene ni idea de lo que significa "malo para tus dientes", arruga la cara y empieza a llorar: "Dulce, dulce, dulce..." Los otros compradores de la fila empiezan a mirar; algunos hacen un gesto de desaprobación, o al menos eso es lo que le parece a Francia, que se siente avergonzada y cada vez más aturdida.

Al darse cuenta de que no le están haciendo caso, Cristóbal grita aun más fuerte y Francia le advierte: "Jovencito, si no dejas de gritar, nos vamos ya a casa". Cristóbal llora con más fuerza. "Te lo digo en serio". Sigue llorando y amplía el repertorio con patadas al carrito.

Francia se siente mortificada. "Está bien", le dice, dándole una barra de chocolate. "Sólo por esta vez". Colorada, le paga al cajero y explica a quien quiera oírla: "Hoy no durmió siesta. Está cansado. Así son los niños cuando están cansados..."

Aunque sus lágrimas no acaban de secarse, Cristóbal ahora es todo sonrisas.

Lía y Nicolás. Lía empuja el carrito con el mercado hacia la caja y Nicolás, viendo el exhibidor lleno de golosinas, dice: "Quiero dulces". Lía le responde sin aspavientos: "Hoy no, Nicolás". Nicolás empieza a lloriquear y exige en voz más alta que le compren dulces. Lía se detiene un momento y mira a Nicolás a los ojos: "Hoy no, Nicolás," repite, sin rabia, pero con más firmeza.

La respuesta no le gusta a Nicolás, así que empieza a llorar y a patear el carrito. Sin dudarlo un instante, Lía vuelve a poner las compras en el carrito, y le pide a la cajera que se lo cuide hasta que regrese. La mujer asiente y Lía le dice a Nicolás, sin alzar la voz: "Cuando te portas así, nos tenemos que ir". Lo saca del carrito y sale del supermercado tranquilamente. Nicolás sigue llorando y Lía lo deja llorar... en el auto.

Cuando Nicolás se detiene, Lía le dice: "Puedes volver al mercado conmigo, pero no te voy a comprar dulces". Él asiente y sigue gimoteando un poco. Regresan al mercado y ella empieza a sacar las cosas del carro, esta vez sin interrupciones. Cuando salen de la tienda, ella le dice: "Qué bueno fuiste, Nicolás. Fuiste muy paciente y te agradezco que no hayas pedido dulces". Nicolás sonríe.

Como puede ver, la disciplina se basa en una enseñanza, pero los padres no siempre saben lo que están enseñando. En idénticas circunstancias, estos dos niños aprendieron cosas muy diferentes de sus madres hoy. Cristóbal aprendió que si quiere conseguir lo que quiere, debe hacer ciertas cosas: llorar, patear, armar un berrinche. También aprendió que su mamá dice una cosa y hace otra. No puede confiar en sus palabras porque no las cumple. Además, su madre lo disculpará y lo rescatará. Esta información es muy importante, y puede estar seguro de que la próxima vez que Francia y Cristóbal vayan al supermercado, Cristóbal hará exactamente lo mismo. Pensará: "Hmmm... otra vez en el supermercado... ¡dulce! La última vez que vine, conseguí una barra de chocolate llorando. Lo intentaré de nuevo". Cuando Francia trate de no ceder, Cristóbal sacará más municiones. "Esto no está funcionando. Tendré que llorar más. ¿Sigue sin funcionar? Llegó la hora de salirme del carrito y echarme al piso". Cristóbal ya aprendió que tiene muchas herramientas a su disposición, y es cuestión de encontrar la adecuada para lograr lo que quiere.

Por su parte, Nicolás aprendió que su madre hace lo que dice y es consecuente con sus palabras. Le fija límites y cuando hace caso omiso de ellos, debe padecer las consecuencias. Adicionalmente, al permanecer calmada en vez de sacarlo a empujones del supermercado, le está mostrando a su hijo cuál es el comportamiento adecuado y que ella controla sus emociones. Por último, él aprendió que cuando se porta bien, su madre lo alaba, y para un caminador, la aprobación de mamá es más deliciosa que el chocolate. Me atrevería a asegurar que Nicolás no volverá a hacer un berrinche en el supermercado porque su mamá no lo recompensa.

A algunos caminadores les basta con una vez para aprender los límites. Pero digamos que Nicolás lo intenta por segunda vez. Mamá está en la caja, él ve los dulces: "Hmmm... dulces... voy a lloriquear un poco. No funciona. Quizás si lloro y pateo el carro... Tampoco funciona. ¿A dónde me lleva? ¿Afuera? Y no me dio dulces... Esto es lo mismo que sucedió la vez pasada. No me gusta. No es divertido". En este punto Nicolás se dará cuenta de que no saca nada con lloriquear, ni con llorar, y ni siquiera con una pataleta. Su madre sólo recompensa el buen comportamiento.

Es importante que los padres decidan qué clase de lección quieren enseñarle a sus hijos. Deben hacerse responsables de su papel como directores. Usted es el adulto y su hijo necesita saber que usted está a cargo y que le mostrará el camino. Los límites y una vida predecible no van a impedirle que desarrolle su personalidad, que es lo que parecen creer muchos padres de hoy. Por el contrario, las reglas hacen que los niños se sientan seguros.

En este capítulo, veremos los principios de la disciplina consciente. Obviamente, lo mejor que podría hacer es evitar las situaciones conflictivas. Pero cuando eso no es posible, lo menos que puede hacer es actuar de la manera más apropiada. Si usted practica la disciplina consciente, podrá respirar aliviado incluso después del peor de los berrinches, porque sabrá que manejó la situación, controló su propia rabia y le enseñó a su hijo una lección valiosa. No les estamos pidiendo a los niños que sean perfectos; o que podamos verlos, pero no tengamos que oírlos. Estamos modelando su vida, enseñándoles valores e inculcándoles respeto.

Los doce ingredientes de la disciplina consciente

La disciplina consciente busca que la vida de su caminador sea predecible y que tenga límites que lo hagan sentirse seguro. Busca que su hijo sepa qué esperar y qué se espera de él. Busca dejar claramente diferenciado lo que está bien de lo que está mal y desarrollar el buen juicio. Y busca enseñarle al niño a obedecer ciertas normas. Los caminadores no son tontos a propósito: es que sus padres no les han enseñado cómo portarse bien. Pero al crear estructuras exteriores que contengan a los niños, los padres les están ayudando a desarrollar su control interno.

En últimas, la disciplina consciente permite que nuestros hijos tomen las decisiones correctas, sean responsables, piensen por sí mismos y actúen de formas socialmente aceptables. Sé que nada de esto es fácil. Aunque el cerebro de su caminador se está desarrollando y él ya puede planear, prever consecuencias, comprender sus exigencias y solicitudes y controlar sus impulsos, todo ello supone mucho trabajo. He aquí los doce ingredientes de la disciplina consciente, doce elementos que lo ayudarán a usted a ayudarlo a él.

1. Conozca sus propios límites y fije las reglas. Lo importante es que usted se sienta cómodo con las reglas que fija. Quizás a su vecino le parezca perfecto que Horacio salte en el sofá, y quizás a usted no le guste tanto la idea. Usted es el único que puede establecer las reglas de su casa. Piense en sus límites y sea consistente. Explíquele a su hijo lo que espera de él. ¡Él no es adivino! Por ejemplo: no puede llevarlo a una tienda de dulces y decirle, una vez adentro, que no puede comer dulces (a menos que disfrute los berrinches). Debe establecer las reglas de antemano: "Puedes traer algo de comer a la tienda, porque no te voy a comprar dulces. ¿Quisieras que empacáramos unas galletas, o unas zanahorias?"

Manténgase firme en sus decisiones. Créame, los niños piden todos los objetos y todas las galguerías imaginables, y no dejarán de pedirlos. Si su actitud es ambivalente, su hijo se dará cuenta de in-

Los doce ingredientes de la disciplina consciente

1. Conozca sus propios límites y fije las reglas.
2. Fíjese en su propio comportamiento y sabrá qué le está enseñando a su hijo.
3. Preste atención a lo que dice y cerciórese de que usted está al mando, no su caminador.
4. Cuando le sea posible, planee las cosas con tiempo; evite los ambientes o las circunstancias difíciles.
5. Trate de ver la situación como la vería su hijo.
6. Escoja bien sus batallas.
7. Ofrezca opciones cerradas.
8. No tema decir que no.
9. Corte el comportamiento indeseable apenas empiece a brotar.
10. Alabe el buen comportamiento y corrija o haga caso omiso del malo.
11. No se apoye en el castigo corporal.
12. Recuerde que ceder no es un acto de amor.

mediato. Sabe que si insiste un poco más, conseguirá lo que quiere. Infortunadamente, lo que suele suceder es que la insistencia de su hijo acabará por hacer que usted pierda la paciencia y que grite, malhumorado: "¡Dije que no!" El camino fácil —ceder para evitar una pataleta o su propia vergüenza— es torpe. En el futuro usted y su hijo se arrepentirán. La falta de claridad sobre las expectativas es cruel con los niños. En últimas, todos tenemos que ser ciudadanos respetuosos y obedientes de las normas, todos tenemos que reconocer la importancia de los protocolos sociales. Este tipo de enseñanza empieza en casa y le permite al niño acomodarse y crecer en el mundo.

2. Fíjese en su propio comportamiento y sabrá qué le está enseñando a su hijo. En lo que se refiere a la disciplina, el ambiente desempeña un papel más importante aun que el temperamento. No niego que a algunos niños les cuesta más trabajo que a otros controlar sus impulsos o enfrentar situaciones nuevas o difíciles, y por tanto son más difíciles de disciplinar. Pero la intervención paterna puede equilibrar la balanza. He visto ángeles convertidos en monstruos porque sus padres no sabían cómo fijar límites y permanecer al frente de las cosas. Y he visto caminadores gruñones y fogosos que actúan como querubines porque sus padres son comprensivos, consistentes y claros.

Es más: cuando manejamos una situación de determinada manera —al fijar límites con ecuanimidad, al actuar en vez de reaccionar, al enfrentar calmadamente las situaciones estresantes— les estamos mostrando a nuestros hijos cómo se controlan las emociones. Hay, por ejemplo, una gran diferencia entre sacar a un niño a empellones de la tienda y sacarlo tranquilamente, sin acusarlo ni regañarlo. Lo primero enseña la violencia; lo segundo, el autocontrol. Los niños son como esponjas. Todo lo que nosotros hacemos les enseña algo. A veces, como lo vimos con Francia y Cristóbal, aprenden cosas que nunca quisimos enseñarles. Y esto no sucede exclusivamente durante los conflictos. También aprenden en las situaciones más mundanas. Si usted es grosero con el dependiente de la tienda, o si maldice por el teléfono porque no logra comunicarse, si usted y su pareja se gritan, su hijo observará estas escenas atentamente y con toda seguridad incorporará su comportamiento a su propio repertorio.

3. Preste atención a lo que dice y cerciórese de que usted está al mando, no su caminador. Cuando los padres me piden consejo, suelen verbalizar sus preocupaciones así:

"Aarón no me deja sentarme en un asiento".

"Pati me obliga a acostarme en el piso con ella y no deja que me levante hasta que se ha dormido".

"Bernardo no me deja sentarlo en el asiento de comer".

"Gerardo hace que me quede en su habitación a la hora de acostarse" (momento en el cual yo me imagino a papá y mamá convertidos en rehenes de un secuestrador de ochenta centímetros de altura y una pistola de plástico).

Suelo pedirles a los padres que oigan lo que están diciendo para que se den cuenta de lo que oye su hijo. En cada uno de los casos anteriores los padres están permitiendo que su reyecito mande. Eso no sirve. Ser padres significa tomar las decisiones.

A algunos caminadores, por ejemplo, no les gusta usar ropa. Y seguramente no hay problema en que su caminador ande desnudo por la sala durante una hora, ¿pero qué hará a la hora de salir? Usted le dice que van a ir al parque y que hay que vestirse. Si usted ha fijado las reglas, su hijo las acatará o padecerá las consecuencias: no irá al parque. Los problemas surgen cuando los padres no imponen límites y dejan que sus hijos se hagan cargo del orden del día.

Esto no quiere decir que deba ser dominante o demasiado estricto, o que no pueda ofrecer opciones a su hijo ("Podrías ponerte la camisa azul o la roja para ir al parque"). Quiere decir que a la hora de la verdad, después de haber intentado que su hijo coopere, después de haber recurrido a todos los trucos de este (o cualquier otro) libro, usted tiene la última palabra.

4. Cuando le sea posible, planee las cosas con tiempo; evite los ambientes o las circunstancias difíciles. Cuando los niños son demasiado pequeños y aún no cuentan con las habilidades cognitivas para comprender por qué no deben hacer algo, lo mejor es evitar las situaciones difíciles. Esto es posible cuando pensamos bien las cosas. Recuerde que debe limitar los estímulos, limitar las situaciones que puedan ser excesivamente difíciles para su hijo. Y si puede, evite las situaciones excesivas: aquellas en las que haya demasiado ruido o demasiado frenesí (demasiados niños, demasiada actividad), que resulten demasiado exigentes (porque el niño tenga que concentrarse o sentarse más tiempo del razonable para un caminador), que requieran de habilidades cognitivas demasiado avanzadas, que provoquen demasiado miedo (en una película o una serie de televisión), o demasiado agotamiento físico (largas caminatas). Recuerde que las situaciones pueden prevalecer sobre el temperamento. Aunque su hijo sea un ángel, sería irresponsable y desconsiderado llevarlo a una larga excursión de compras si no durmió siesta.

No obstante, la personalidad es un factor importante. Las decisiones sobre las actividades que emprenderán o los lugares que visitarán deberían tener en cuenta la forma de ser de su hijo. Si es muy activo, no lo lleve a un almacén lleno de objetos delicados o a un recital en el que deba quedarse quieto durante toda la hora. Si es tímido, no le organice citas para jugar con niños agresivos. Si es sensible a los ruidos y al exceso de estímulo, llevarlo a un parque de diversiones no sería lo más adecuado. Si se cansa demasiado rápido, no planee excursiones que pongan a prueba su capacidad física.

Cuando le expliqué a Berta, una abogada, de qué se trataba la disciplina consciente, me miró con un gesto de escepticismo. "Esas son buenas ideas en principio, Tracy, pero no siempre son prácticas". Procedió a describir un momento típico de su muy atareada vida: "Mi largo día de trabajo acaba de terminar. Recojo a mis hijos donde la niñera. Me duele la cabeza, y de pronto recuerdo que tengo que comprar leche y otras cosas para la cena.

"Así que arrastro a mis pequeños hasta la tienda, hago las compras, y mientras espero en una larga fila (todos los que acaban de salir del trabajo han tenido que hacer una compra de último minuto para la cena), los niños empiezan a lloriquear. Los dos quieren tomar un juguetico exhibido cerca de la caja registradora. Les digo que no, pero cada vez lloran con más fuerza.

"Sé que se supone que debo hablarles con voz serena y clara: 'Nada de juguetes, niños. Cuando se portan así, tenemos que irnos'. Pero éste no es el momento de enseñarles una lección. No tengo el tiempo ni tengo la paciencia de sentarme con ellos en el auto hasta que se calmen. Tengo que preparar la cena, y si me demoro quince minutos más, el tránsito se volverá imposible y entonces sí que habrá jaleo en el auto. Mis niños tendrán hambre y estarán de mal humor y empezarán a pelear entre sí o a gritarme a mí. Yo también gritaré de vuelta, y en ese momento querré irme a Marte, de ser posible.

"¿Qué hago entonces?", me pregunta Berta con cierta desesperanza. "¿Cómo evito ese tipo de situaciones difíciles?"

"Yo no soy maga," le respondo. "Si las cosas llegaron tan lejos, no hay nada que hacer. Yo no tengo ni un as en la manga que te pueda ayudar", admito. "Excepto un consejo: es bueno aprender de la experiencia".

¿Y cuál es la lección? Que es necesario planear, señor. Revise la despensa la noche anterior y asegúrese de que no tendrá que ir a hacer las compras con sus hijos en el peor momento del día. Si se da cuenta a último minuto de que se olvidó de algo y debe ir a comprarlo, hágalo antes de recoger a sus hijos. Si no tiene tiempo, las cosas no serán tan graves si al menos, previendo una excursión de este tipo, guarda en la guantera galletas o cualquier otro bocadillo nutritivo no perecible. También es bueno que tenga a la mano uno o dos juguetes reservados exclusivamente para el auto. Tráigalos consigo cuando entre a la tienda si no quiere que sus hijos se aburran, pidan dulces o hagan una pataleta cuando usted se niegue a ceder. La planeación no es la panacea, pero sí sirve para aliviar los problemas que surgen repetidamente (si es que aprendemos algo de ellos).

5. *Trate de ver la situación como la vería su hijo.* A veces a un adulto le parece "malo" o "reprobable" un comportamiento que su caminador ve con otros ojos. Cuando Diego agarra el juguete de su amigo Rodolfo, eso no quiere decir que se esté comportando de forma "agresiva". Cuando pisa el rompecabezas de su hermano mayor, no es que sea "desconsiderado". Cuando muerde el brazo de su madre, ello no significa que quiera hacerle daño. Y Diego no es que sea "destructivo" cuando seis o siete libros y una canasta llena de juguetes se caen del anaquel.

¿Qué ha sucedido realmente? Diego es un caminador que intenta ser independiente y hacerse cargo de sus propias necesidades, pero aún le falta camino por recorrer. En el primer caso, no tiene la habilidad verbal para decir: "Quiero hacer lo mismo que Rodolfo está haciendo". En el segundo caso, carece de la coordinación física necesaria para pasar por encima del rompecabezas de su hermano (y lo más probable es que ni siquiera se haya dado cuenta de que está ahí, pues está concentrado en un camión que vio al otro lado de la habitación). En el tercer caso, le duelen los dientes, pero no sabe que debe escoger un objeto más adecuado para morder. Por último, quiere que su mamá le lea un libro, pero, al no comprender que a una causa sigue un efecto, no se da cuenta de que si jala su libro favorito todo lo que está encima se caerá también.

Tal como lo indiqué en el capítulo sexto, a veces la curiosidad parece agresión. No es casualidad, por ejemplo, que los caminadores prefieran meter el dedo en los ojos de su hermano bebé. Las órbitas de los ojos se mueven y además son blandas. ¿Quién no querría experimentar? Y a veces consideramos mal comportamiento el estar en el lugar equivocado en el momento equivocado. O quizás su hijo está demasiado cansado, y por ello se porta impulsiva y, a veces, agresivamente. Además, si usted no ha sido consistente fijando los límites, no puede esperar que su caminador adivine cuáles son sus normas. Si ayer lo dejó saltar en el sofá, ¿cómo culparlo porque pensó que hoy también se podía?

> *SUGERENCIA: Ayude a su hijo a obedecer sus reglas. Una regla muy común suele ser, por ejemplo, que se prohíbe jugar a la pelota en la casa. Los adultos sabemos que las pelotas están pensadas para los exteriores. ¿Así que por qué las guardamos en las cajas de juguetes? Y si el niño lanza la pelota en casa, ¿por qué nos sorprendemos?*

6. Escoja bien sus batallas. Supervisar a un caminador puede ser agotador. "No, Ben. No puedes coger eso". "Hazlo con más suavidad". "No te pares tan cerca de la mesa de planchar". Hay días en que la instrucción constante nos desespera. Pero la disciplina es parte fundamental de la crianza de un caminador, no obstante lo cual es importante saber cuándo mantenerse firme y cuándo relajarse un poco. En ocasiones, nos encontramos en un callejón sin salida, y en ese momento es importante tomar una decisión: ¿insisto o cedo? Hay que ser creativo.

Digamos que es hora de ordenar y su hijo está demasiado cansado. Cuando usted se lo dice, él reacciona con un sonoro no. Si es la clase de niño que suele guardar sus juguetes sin rezongar, ¿para qué insistir hoy? Ayúdele: "Yo guardo los cubos mientras tú recoges la muñeca". Si aún se rehúsa, dígale de nuevo que le va a ayudar y después guarde todo excepto un objeto. Déselo y pídale que lo ponga en el cajón de los juguetes. Alábelo (aunque no demasiado) cuando lo haga: "Buen trabajo".

Digamos que está tratando de que su hijo se vista. Si ya están retrasados y usted sabe que su hijo es un remolón, claramente le faltó planeación. Usted no tiene tiempo de ponerle una pieza de ropa cada quince minutos, como suele suceder, así qué, ¿qué opción tiene? Deje que su hijo se vaya en pijama a la guardería, o dondequiera que vayan. No tardará en darse cuenta de que está inadecuadamente vestido para andar en público y la próxima vez le evitará la escena. (¡Pensará en otra forma de ser terco!)

Lo que intento decir es que hay ocasiones en las que debemos tomar una decisión apresurada porque el tiempo cuenta y alguien tiene que ceder. Es el momento de recurrir a la sensatez y el ingenio, sin disculparse y sin dar explicaciones demasiado largas. Por ejemplo, usted está en el centro comercial, su hijo se niega a dar un paso más y usted está retrasado. Evidentemente no es el momento de una cantaleta ("Tenemos que apurarnos. Mamá tiene una cita con el médico y vamos tarde"). Ahórrese la discusión, álcelo y llegue a tiempo a su cita.

7. *Ofrezca opciones cerradas.* Los caminadores suelen ser más colaboradores cuando les dan a escoger, porque sienten que controlan la situación. En vez de amenazar a su hijo o de oponerse a él con patas y manos, trate de involucrarlo y dele la oportunidad de participar en la solución. Pero cerciórese de ofrecerle opciones cerradas; aquellas que requieran de una respuesta concreta, de un sí o un no. "¿Quieres Cheerios o Corn Flakes?" "¿Quieres guardar las muñecas o prefieres empezar con los cubos?" (Más ejemplos adelante.) También es importante que sean opciones reales, alternativas limitadas que no dejan lugar a interpretación. Si usted, por ejemplo, le pregunta a su hijo mientras lo desviste: "¿Estás listo para el baño?", en realidad no le está pidiendo su opinión, le está contando lo que va a pasar. Al formularlo como una pregunta, se arriesga a que él le responda que no. Una pregunta verdadera sería ésta: "¿Quieres usar la esponja azul o la roja durante el baño?"

Cómo ofrecer opciones

Imposiciones/amenazas	Opciones/preguntas
Si no comes, no vamos al parque.	Cuando acabes de comer, podríamos ir al parque.
Ven aquí... inmediatamente.	¿Quieres venir solo o prefieres que vaya por ti?
Es hora de cambiarte el pañal.	¿Quieres que te cambie el pañal ya o cuando hayamos terminado de leer este libro?
Suelta el juguete de Sara.	Si no puedes soltar el juguete de Sara, yo te puedo ayudar.
No, no puedes jugar con mi pintalabios.	¿Quieres darme el pintalabios o quieres que te ayude a soltarlo? Gracias. ¡Qué colaborador eres! ¿Quieres coger mi peinilla o mi espejito, en vez?
No vuelvas a golpear esa puerta.	Por favor, cierra la puerta con suavidad.
No hables con la comida en la boca.	Acaba de masticar y después me dices lo quieras decirme.
No vamos a parar a comer un helado. Vamos a casa a comer.	Sé que tienes hambre, así que apenas lleguemos a casa puedes comerte un [bocadillo delicioso].

8. No tema decir que no. Sin importar cuánta reflexión le dedique a una situación determinada, habrá momentos en los cuales será necesario decir que no a las exigencias de su caminador. Pregúntese si usted es la clase de padre que siente que es necesario que su hijo sea feliz todo el tiempo. Si lo es, quizás le cueste trabajo enfrentar la tristeza de su hijo ante un severo no. Hace poco, por ejemplo, pasé el día con una madre y sus dos hijos, de dos y cuatro años respectivamente. Cada vez que los niños querían algo lloriqueaban, y ella indefectiblemente cedía. Nunca les decía que no porque deseaba desesperadamente que sus hijos estuvieran alegres todo el tiempo. Es importante que los niños comprendan que hay una amplia gama de emociones humanas y que en éstas están incluidas la tristeza, la rabia o la exasperación. En el largo plazo, este tipo de actitud los hará a todos muy infelices, porque la frustración y el desencanto son parte fundamental de la vida, y ellos no estarán preparados para eso. Uno no siempre hace lo que quiere, como dice el poema. Y los niños tendrán un amargo despertar si no les enseñamos desde ahora a aceptar un no. (Eso no significa que haya que decir que no constantemente: ver la sugerencia de la página 164.)

> **SUGERENCIA:** *Cuando su hijo está enfadado, déjelo que exprese sus emociones en vez de tratar de engañarlo o de convencerlo de que realmente no se siente mal, cosa que lo animaría a guardar sus emociones. Dígale, por ejemplo: "Sé que estás decepcionado", o "Parece que eso te hace sentir furioso", porque de esa manera él sabrá que es normal reaccionar emocionalmente o incluso sentirse infeliz.*

9. Corte el comportamiento indeseable apenas empiece a brotar. Detenga a su hijo *antes* de que haga algo que no debe, o al menos deténgalo en el acto. Mientras observaba a un grupo de niños de diecinueve meses de edad me di cuenta de que Orlando, quien solía emocionarse demasiado con sus compañeros de juego, estaba empezando a perder el control. Su madre también lo había notado y en vez de decirse a sí misma: "Es una fase; ya lo superará", no le quitaba el ojo de encima a su hijo. En un momento dado, Orlando cogió su camión y Dora se dio cuenta de que se disponía a arrojarlo, así que le dijo, tranquila pero convincentemente: "Los juguetes no se lanzan, Orlando". Orlando volvió a poner el camión en el piso.

Es posible que no siempre pueda evitar que su hijo haga algo, pero usualmente sí puede intervenir en el momento en el que lo está haciendo. Rebeca me llamó hace poco a quejarse del drama diario durante las comidas: después de quince minutos en el asiento de comer, su hijo Raimundo, de quince meses de edad, empezaba a arrojar la comida. "Eso quiere decir que no está interesado en seguir comiendo", le expliqué. "Páralo de la mesa inmediatamente. Si lo obligas a quedarse ahí, te estás buscando problemas. Seguro que mientras tu tratas de darle la comida, él trata de escurrirse del asiento, o arquea la espalda, o grita".

"Sí, eso es lo que pasa exactamente", exclamó Rebeca como si yo fuera adivina. (En realidad he visto a cientos de caminadores hacer lo mismo.) Mi sugerencia fue muy sencilla: "Bájalo de la silla; media hora después, vuélvelo a sentar, por si tiene hambre". Ella siguió el plan al pie de la letra por un par de días, y aunque no era nada divertido subirlo y bajarlo, al cabo del tiempo Raimundo empezó a comerse la comida en vez de arrojarla.

También es importante ayudar a su hijo a entender sus propios sentimientos cuando se está portando mal. Analice el contexto. Si no durmió siesta, quizás está cansado. O quizás se siente frustrado y furioso porque no consiguió lo que quería. O quizás alguien le pegó y le duele. Ayúdele a dar nombre a sus emociones: "Sé que estás [emoción]". Sobra decir que jamás debería avergonzar a su hijo o acusarlo de portarse mal porque está expresando sus emociones. Pero al mismo tiempo, aclárele que las emociones no son una excusa. El mal comportamiento —pegar, morder, hacer una pataleta— es inadmisible, sea cual sea el sentimiento. La idea es enseñarle a su hijo a identificar sus emociones y a *manejarlas*.

10. Alabe el buen comportamiento y corrija o haga caso omiso del malo. Resulta triste constatar que algunos padres están tan concentrados en decir que no, que pasan por alto el buen comportamiento de su hijo. Sin embargo, es más importante resaltar las cosas buenas que hace su hijo que castigar las malas. Veamos el caso de Marta y Gilberto, una pareja adorable que vino a mi oficina un día con su adorable hija Hilda. Aseguraban que su hija, de dieciocho meses de edad, gimoteaba todo el día; mientras me contaban sus miserias, acusándose el uno al otro de malcriar a la niña, ésta se paseaba muy contenta por el jardín, metiendo sobres de plástico en el buzón de juguete y abriendo y cerrando las múltiples puertas y cerrojos.

Marta y Gilberto no estaban prestándole atención, hasta que Hilda notó que estaban pensando en otra cosa y no en sus maravillosos logros en el jardín, momento en el cual empezó a gemir. Sus padres estuvieron a su lado en un abrir y cerrar de ojos, armando gran alboroto en torno a sus aflicciones. "Pobrecita mi bebé, ¿qué pasa?", le dijo Gilberto afectuosamente. "Ven aquí, preciosa", le dijo Marta. La compasión era palpable. Hilda se subió al regazo de Gilberto por unos instantes y después empezó a buscar otros juguetes con los ojos. La misma situación se repitió al menos cinco veces durante la hora que duró la consulta. Mientras Hilda jugaba por su cuenta, sin gemir, nadie le decía nada. Cuando Hilda se aburría, lloriqueaba un poco en busca de solaz, y mamá y papá la recompensaban inmediatamente.

Marta y Gilberto se sorprendieron cuando les dije que ellos le habían enseñado a Hilda a gimotear y a buscar consuelo en sus padres. El comportamiento de ellos además estaba poniendo en entredicho la capacidad de concentración de la niña. Me miraron sorprendidos. Así que les sugerí lo siguiente: "En vez de esperar a que empiece a llorar, alábenla mientras se está divirtiendo. Basta con decirle: 'Muy bien, Hilda. Qué bien juegas. Es maravilloso'. Sabiendo que ustedes le están prestando atención, ella invertirá más tiempo en cada tarea del que invierte ahora que siente —y tiene razón— que cuando ella está ocupada haciendo algo ustedes no le prestan atención". "Si empieza a gimotear", añadí, "hagan caso omiso o corrijan su comportamiento diciéndole: 'No te entiendo cuando hablas con esa voz'". Les expliqué que la primera vez que corrigieran a Hilda debían enseñarle cuál era el tono correcto: "No gimotees, Hilda. Dímelo así: 'Ayúdame, mamá'".

SUGERENCIA: *Fíjese en qué clase de actividades llaman su atención: gemir, llorar, molestar, gritar, correr en la iglesia. Sería mejor que alabara a su hijo cuando colabora y es gentil, cuando está callado, cuando juega solo, cuando se acuesta para calmarse. En resumen, si expresa su aprecio por los buenos momentos, hará que duren más.*

11. *No se apoye en el castigo corporal.* Una vez, en el centro comercial, vi a una mamá darle una palmada en las piernas a su hijo.

"Abusadora", exclamé. La mujer me miró aterrada.

"¿Perdón?", preguntó.

Impertérrita, repetí: "¡Abusadora! ¿Cómo se atreve a pegarle a alguien tan pequeño?"

Me respondió con una sarta de vulgaridades y se fue.

Con frecuencia me preguntan si está bien pegarle al niño. Y la respuesta la encuentran en la expresión de mi rostro. Suelo preguntarles de vuelta: "Cuando su hijo le pega a otro niño, ¿ustedes que hacen?"

La mayoría replica: "Lo detenemos".

"Y si no les parece correcto que su hijo le pegue a otro niño, ¿por qué creen que ustedes sí pueden pegarle a él? Los niños no nos pertenecen. Sólo un abusador le pegaría a alguien que no puede defenderse ni responder".

Eso vale para las palmaditas en la cola o en el dorso de la mano. Considero que pegarle a un niño o hacerlo objeto de cualquier tipo de violencia es una señal inequívoca de que usted ha perdido el control y necesita ayuda.

Razones para no recurrir a las palmadas

A pesar de los recientes argumentos de los expertos en crianza, yo considero que cualquier clase de golpe está mal. Me parece que la gente que justifica este tipo de actos ("Una palmadita a tiempo no hace daño") o minimiza su importancia ("Apenas lo toqué") es como los alcohólicos que aseguran que sólo beben cerveza.

Es una solución momentánea. Las palmadas no le enseñan al niño nada sobre la mala conducta. Sólo le enseñan que cuando a uno lo golpean, duele. Quizás se porte mejor por un rato, porque obviamente quiere evitar el dolor. Pero no habrá adquirido ninguna nueva habilidad en el proceso y ciertamente no habrá desarrollado su control interior.

Es injusto. Cuando una persona grande se descontrola y golpea a un niño chiquito, está abusando de él.

Refleja una doble moral. ¿Por qué usted sí puede pegarle al niño cuando está furioso o descontrolado y él no puede hacer lo mismo?

Estimula la agresión. En palabras de mi niñera, si lo golpea, se le mete el diablo. Quería decir que los niños se vuelven más desafiantes cuando se los golpea. Las investigaciones demuestran que ella tiene razón: los niños que reciben palmadas tienden a pegarles a sus coetáneos, en especial a los más jóvenes o a los más pequeños, y tratan de resolver sus problemas recurriendo a la violencia.

Hay quienes argumentan que su propio padre les pegaba y que a ellos no les hizo ningún daño.

"Eso no es cierto", replico. "Sí les hizo daño. Les enseñó que golpear no tiene nada de malo y yo creo que tiene mucho de malo".

¡Alerta!: Mecha corta

Hasta los padres que se oponen a las palmadas a veces golpean a un niño espontáneamente. A veces es una reacción provocada por el miedo, porque el niño salió corriendo a la carretera, por ejemplo, o hizo cualquier otra cosa que lo puso en peligro. A veces es consecuencia de la frustración paterna. Los padres se descontrolan y le pegan al niño cuando éste hace algo irritante una y otra vez, como por ejemplo jalarles la manga o la revista que están leyendo. Es importante que usted se haga responsable de sus actos, aunque sólo haya sido una palmadita en la cola.

Pida disculpas. "Lo siento. Fue mal hecho de mi parte".

Mírese en el espejo. ¿Por qué no se está cuidando a sí mismo? Quizás no está comiendo bien ni durmiendo lo suficiente, o quizás tiene problemas conyugales. Si eso es así, podría tener la mecha más corta que de costumbre.

Analice las circunstancias. ¿Sucedió algo especial que lo tocó en un punto débil? Si sabe qué desencadena su furia, podrá evitar situaciones similares, o irse antes de que le empiece a hervir la sangre. Todos tenemos un límite con ciertas cosas. Éstas fueron las respuestas más comunes de los padres a la pregunta: "¿Qué los saca de quicio?"
- El ruido
- Los gemidos
- Los problemas de sueño
- El llanto, especialmente cuando es inconsolable o excesivo
- El comportamiento enervante (cuando uno le pide al niño que deje de hacer algo y él sigue haciéndolo)

No se sienta culpable. Todos los padres cometen errores: no se dé palo. Si usted se arrastra delante de su hijo, le estará cediendo el control. La culpa también puede evitar que usted lo discipline adecuadamente en el futuro.

El castigo físico es una solución de corto plazo que *no enseña nada positivo*. Más bien les enseña a los niños que pegamos cuando nos sentimos frustrados, cuando no sabemos qué más hacer, cuando hemos perdido el control.

12. Recuerde que ceder no es un acto de amor. Muchos padres, en especial los que trabajan fuera de casa, tienen dificultades para disciplinar a sus hijos. Piensan: "Estoy fuera todo el día. Mi hijo no me ha visto y no quiero parecer un pesado siempre. No quiero que mi hijo piense que apenas llego a casa empiezo a regañarlo". Recuerde que la disciplina consciente quiere *enseñar*, no castigar. No crea que está actuando como un sargento. Por el contrario, le está enseñando a su hijo que la colaboración es divertida y que portarse bien se siente bien.

Al no enseñarle a su hijo que hay límites y que tiene que respetarlos, no le está haciendo ningún favor. Quizás esté cediendo a su propia culpa ("Pobre bebé: no me ve en todo el día."), o al temor ("Si lo disciplino me va a odiar"), o a la negación ("Ya se le pasará"), o quizás esté evadiendo su responsabilidad ("Dejaré que la niñera se encargue"). En cualquier caso, su niño no estará aprendiendo de usted lo que tiene que aprender: *autocontrol*. Cuando usted cede, o cuando se transa por un arreglo rápido para comprar el amor de su hijo o para sentirse mejor, lo único que logra es que su hijo suba la apuesta la próxima vez. Y lo que es peor, llegará el momento en el que usted se sienta increíblemente frustrado por el comportamiento de su hijo, comportamiento que usted mismo fomentó. Un día se despertará y sentirá que ha perdido por completo el control; y no solo tendrá razón, sino que la culpa no será de su hijo.

Por otra parte, le ruego que se dé permiso de equivocarse. La disciplina consciente exige mucha práctica. Fijé límites claros y precisos desde que mis hijas estaban muy pequeñas, como mi mamá y mi niñera lo hicieron conmigo. Pero estaba muy lejos de ser perfecta: me salí de casillas más de una vez. Y cada vez que lo hacía, temía haber dejado cicatrices indelebles. Pero unos cuantos errores y unas cuantas inconsistencias no dan al traste con la infancia de nadie. Ahora mis hijas son adolescentes y el recuerdo de mis reconvenciones en su infancia me da risa. Ellas me ponen a prueba todo el tiempo, y yo tengo que ser creativa y tomármelo con calma, sin jamás perder el control. Sigo estando lejos de ser perfecta, a pesar de mi larga experiencia con bebés.

Lo que sí he aprendido, tanto de mi propia experiencia como de la observación de otros padres, es que cuando somos consistentes y claros con las reglas, nos sentimos mejores como personas y como padres, y nuestros hijos se sienten seguros. Ellos conocen nuestros límites y nos respetan porque los hacemos valer. Nos quieren porque somos honestos, y saben que cuando decimos algo, lo cumplimos.

La regla del uno/dos/tres

Como decía siempre mi niñera: "No empiece si no piensa seguir por ahí". Dicho de otra manera, preste atención a los mensajes que le transmite a su hijo. Los malos hábitos se aprenden rápido, y eso es especialmente cierto en el caso de los niños pequeños, que son muy impresionables. Cristóbal, el niño que conocimos al comienzo del capítulo, ya se dio cuenta de cómo conseguir dulces en el supermercado, y seguirá sumándole munición al arsenal cada vez que su mamá cede, porque ya sabe que su arma sirve y que de esa manera puede presionar a su mamá. En la misma tónica, cuando un niño pide —y consigue— que esta noche le lean dos cuentos más, le traigan un vaso de agua y lo abracen más tiempo, mañana por la noche pedirá más todavía (en el próximo capítulo hablaremos más sobre estas dificultades crónicas).

¿Los otros disciplinan a su hijo mejor que usted?

¿Su hijo respeta los límites impuestos por la persona que lo cuida —la niñera, el abuelo, una tía— y no los suyos? Muchos padres sienten celos cuando eso sucede porque temen que el niño los quiera menos, pero no se trata de amor: se trata de límites. Quizás llegó la hora de aprender de la abuela en vez de resentirse.

Para la disciplina consciente lo mejor es reflexionar, con el propósito de evitar los malos hábitos en vez de esperar a que sea necesario remediarlos. Ante ciertos comportamientos indeseables, hay que pensar rápido: "Si dejo que esto se me salga de las manos, puede llegar a ser un problema". Quizás se trata de algo que en este momento parece simpático, como que el niño corra desnudo alre-

ESOS TERRIBLES Y FASCINANTES PRIMEROS TRES AÑOS

dedor de la mesa del comedor retándolo para que lo pesque para la hora del baño; pero cuando su hijo crezca, sus desafíos no parecerán tan adorables.

En todas las situaciones —cuando gimotea o tiene una pataleta, cuando le pega a usted o le pega a otro niño, cuando se resiste a irse a la cama o se despierta en mitad de la noche, cuando se porta mal durante las comidas o se derrumba en público, cuando se niega a bañarse o a salirse de la tina— se puede aplicar esta sencilla regla del uno/dos/tres:

Uno. Tome nota la primera vez que su hijo hace algo que desborda los límites que usted fijó: se sube al sofá, le pega a otro niño en el grupo de juego, le jala la camisa para que lo amamante en público después de haber sido destetado. Déjele saber al niño que ha contravenido una regla. (Al final del capítulo, en las páginas 245-246, encontrará sugerencias y formas de abordar los problemas de comportamiento más comunes). Por ejemplo, si usted tiene a su hijo en brazos y él le pega, la primera vez que suceda sujete su mano y dígale

Los excesos

Estos son algunos de los errores comunes que los padres cometen al disciplinar a sus hijos; errores relacionados con el exceso:

Explicar demasiado. Un ejemplo clásico tomado de la vida real es el de un caminador que está a punto de subirse a un asiento y los padres se lanzan a una explicación elaboradísima: "Si te subes, podrías caerte y hacerte daño". En vez de hablar, los padres deberían actuar y sujetar al niño.

Ser vago u obtuso. Ciertas afirmaciones del tipo: "Eso es peligroso" tienen demasiadas interpretaciones. Es mejor decir: "No te subas por las escaleras". Es claro y específico. De la misma manera, expresiones tales como: "¿A ti te gustaría que yo te pegara?" (muy común cuando el niño le pega a alguien) no le dicen nada a un caminador. Es mejor decir: "Ay. Eso dolió. No debes pegarle a nadie".

Tomárselo como algo personal. Me frunzo cada vez que oigo a un padre decir: "Cuando tú te portas mal yo me siento triste". Cuando los padres les dicen a los niños que su comportamiento los hace sentir infelices, les están dando demasiado poder y demasiado control. Además insinúan con ello que los niños son responsables del estado de ánimo de sus padres. Es mejor decirles: "Cuando te portas así, no puedes quedarte aquí".

que le dolió: "No debes pegarle a mamá", añada. Algunos niños dejan de hacerlo en este punto y no es necesario tomar medidas adicionales, pero no cuente con eso.

Dos. Usted puede pensar que se trata de un incidente aislado la primera vez que el niño muerde a alguien o arroja la comida; pero la segunda vez que sucede, usted podría ser testigo del surgimiento de un patrón de comportamiento que podría volverse habitual. De manera que si su hijo le pega de nuevo, bájelo y recuérdele la regla: "Te dije que no debías pegarle a mamá". Si llora, dígale lo siguiente: "Te volveré a alzar si no me pegas". Recuerde que su hijo repetirá o no un determinado comportamiento dependiendo de su reacción: cuando usted resuelve halagarlo, hacer concesiones o ceder, o si su reacción es negativa en extremo, reforzará el comportamiento indeseable. En otras palabras, las reacciones excesivas tienden a alentar al niño a portarse mal de nuevo, ya sea porque percibe la interacción como un juego o porque no está recibiendo suficiente atención por su buen comportamiento y esta nueva estrategia ha demostrado ser una forma eficaz de llamar su atención.

Rogar/disculparse: Cuando se disciplina a un niño, hay que hacerlo sin ambivalencias y con la certeza de que uno controla sus propias emociones. Cuando los padres ruegan ("Por favor no le pegues a mamá") o se disculpan ("Mamá se siente muy triste cada vez que tiene que sacarte del cuarto de juegos"), no transmiten la sensación de estar a cargo.

Dejar que sus propias emociones se descontrolen: La disciplina debe brotar de su compasión, no de su rabia (ver recuadro de la página 244). No amenace a su hijo. Y tampoco se quede enredado en sus sentimientos. A su caminador se le habrá olvidado dentro de cinco minutos, y a usted debería sucederle otro tanto.

Tres. Una buena definición de locura es hacer lo mismo una y otra vez y esperar diferentes resultados. Si el comportamiento negativo persiste, es hora de preguntarse *qué está usted haciendo para perpetuarlo*. Digamos que su caminador le pega a otro niño. La primera vez que sucede usted debe mirarlo a los ojos y decirle: "No le puedes pegar a Manuel. Le duele". Si vuelve a suceder, saque a su hijo de la habitación. No lo haga con rabia; sencillamente sáquelo y explíquele: "No puedes jugar con los otros niños si les pegas". Si usted se muestra firme, su hijo probablemente dejará de hacerlo. Si persiste, y le pega a otro niño una tercera vez, es hora de llevarlo de vuelta a casa. (Cuando uno permite constantemente que el niño llegue hasta tres, fomenta problemas crónicos de comportamiento como los que discutiremos en el capítulo octavo.)

¿Recuerdan la historia en el capítulo sexto de la madre a quien se le pidió que abandonara el grupo porque su hija golpeaba y empujaba a los otros niños? La mamá de Betty no sólo le permitió que transgrediera el límite del uno/dos/tres sino que la disculpaba: "Es una etapa. Ya la sobrepasará". No es cierto: lo único que los caminadores sobrepasan es su talla.

Betty me da mucha lástima. Ella pasó muy mal rato porque los adultos de su grupo estaban enojados por la actitud de su madre. Al permitir que su hija se portara mal, su madre le estaba enseñando que era mejor recurrir a la fuerza que colaborar. Es perfectamente comprensible que ni los niños ni los adultos la quisieran a su alrededor. Yo no creo que Betty ni ningún otro niño sean inherentemente necios. Claro que hay caminadores que todo el tiempo están poniendo a prueba a sus padres y tratando de averiguar hasta dónde pueden llegar, qué reacción provocan, qué acciones generan reacciones. Algunos pierden el control con más frecuencia que otros, pero todo el tiempo esperan que sus padres les impongan límites. Cuando los padres no aceptan los problemas de comportamiento de su hijo y no hacen nada para que los supere, es el niño el que, tristemente, acaba con mala reputación.

Intervención respetuosa

Cuando su hijo se porta mal, lo mejor es actuar con rapidez y con calma. Sin embargo, es importante que la intervención paterna sea *respetuosa*. Esto quiere decir que debe conservar la compostura y la compasión. Nunca avergüence o humille a su hijo. Y no olvide que se trata de enseñarle a su hijo y no de castigarlo.

Marcos, un fogoso caminador que asiste a mis grupos de juego, empezó a emocionarse demasiado un día. Es normal que esto les suceda a los niños de esta edad, sobre todo si son caminadores fogosos de personalidad exuberante. En los grupos de cuatro o más niños suceden muchas cosas al tiempo: algunos niños quieren imitar a los demás y jugar con los mismos juguetes, y esto a veces genera conflictos. Infortunadamente, por lo general los padres tratan de dominar o de apaciguar al caminador sobreestimulado: se sienten un poco avergonzados o desesperados y quieren que el niño se calme o se calle, cosa que tratan de lograr ofreciéndole uno u otro juguete, o gritándole y regañándolo. Cualquiera de las estrategias tiende a provocar el efecto contrario. Mientras más tratan de imponerse los padres, más obstinado o agitado se vuelve el niño. Se dice a sí mismo: "Esta es la mejor manera de llamar la atención de mamá (o de papá). Ya ni siquiera está hablando con las otras mamás". La intervención de la madre acaba pareciendo una recompensa por su mal comportamiento.

Una mirada rápida a la intervención respetuosa

Verbalice la regla: "No, no puedes..."

Explique el efecto del comportamiento: "Eso... duele/hace llorar a Sara/no es gentil".

Haga que su hijo se disculpe y abrace al otro niño: "Dile que lo sientes". (Pero no permita que su caminador se escude detrás de una disculpa para borrar su mal comportamiento.)

Explique las consecuencias: "Cuando tú [haces esto o aquello], no puedes quedarte; tenemos que irnos hasta que te calmes". (Ésta es una buena oportunidad para un receso; ver recuadro de la página 242.)

Afortunadamente, en este grupo en particular las madres habían acordado intervenir inmediatamente cuando el niño se tornara agresivo. Así que cuando Marcos, con ojos desorbitados y evidentemente cansado, se acercó de pronto a Samuel y lo empujó, su madre, Serena, no perdió el tiempo. Primero atendió al niño golpeado, que lloraba en el piso: "¿Estás bien, Samuel?" Cuando la mamá de Samuel se acercó a consolarlo, Serena se dirigió respetuosamente a su propio hijo:

VERBALIZÓ LA REGLA: "No, Marcos, no puedes empujar a los niños".

EXPLICÓ EL EFECTO DEL COMPORTAMIENTO: "Eso le dolió a Samuel".

HIZO QUE SU HIJO SE DISCULPARA Y ABRAZARA AL OTRO NIÑO: "Dile que lo sientes. Ahora abraza a Samuel".

Como muchos caminadores, Marcos pensó que su disculpa y su abrazo eran mágicos y que excusaban y borraban lo que acababa de hacer. Cuando Serena se dio cuenta de esto y de que su hijo seguía alborotando, supo que había llegado a "dos" y que no era un buen momento para detenerse.

LE EXPLICÓ LAS CONSECUENCIAS: "Está muy bien que te hayas disculpado con Samuel, pero ahora tenemos que salir un rato, hasta que te calmes. No puedes jugar con otros niños cuando los empujas o les pegas". Aunque algunos niños se aceleran tanto que lo mejor es volver a casa, generalmente bastan diez o quince minutos lejos del área de juegos para que recuperen la calma. En el caso de los niños más pequeños, yo prefiero este receso a dejarlos solos (ver recuadro de la página 242). Si están en una casa ajena, pregunte si hay una habitación a donde puedan ir; si están en un lugar público, vayan al corredor, o al baño. La meta es ayudar a su hijo a recuperar el control. Si usted sabe que su hijo se sentirá peor si lo alza, déjelo en el piso. Anímelo a que exprese las emociones que el incidente provocó y ayúdelo a ponerlas en palabras: "Te ves enojado". Cuando su hijo se haya serenado, dígaselo: "Ya estás calmado, de manera que podemos volver a donde los demás niños".

Conózcase a usted mismo

El estilo de crianza (páginas 64-67) está relacionado con la actitud de los padres ante la disciplina y con su forma de reaccionar.

Los padres **controladores** suelen disciplinar a sus hijos cuando están enojados. Suelen gritarle al niño, o sacudirlo, o incluso castigarlo físicamente.

Los padres **facilitadores** tienden a disculpar el mal comportamiento de su hijo y no hacen gran cosa por disciplinarlo hasta que la situación se les sale tanto de las manos que se ven obligados a tomar medidas.

Los padres **armoniosos**, como siempre, encuentran el feliz término medio: se contienen lo suficiente como para que su hijo resuelva sus problemas por su cuenta y evalúan la situación, pero intervienen inmediatamente cuando es necesario, y lo hacen de manera respetuosa. Saben que es importante que el niño aprenda a reconocer sus sentimientos, así que no tratan de ponerlo de buen humor engatusándolo. Son capaces de fijar reglas y de atenerse a las consecuencias cuando el niño rebasa los límites que le han impuesto.

Después de un receso de esta índole, la mayoría de los niños se reincorporan al grupo sin problemas. Si ése no es el caso, despídase de inmediato y váyase a casa. Pero no haga que su hijo se sienta culpable: él también está pasando un mal rato y preferiría pensar que usted es su aliada en recuperar el autocontrol. (Entre otras, si su hijo fue golpeado por otro niño o es testigo de la escena, no le explique por qué se llevaron a Marcos a menos que él se lo pregunte. Recuerde que los niños se imitan entre sí y usted no quiere darle ideas a su hijo, ni reforzar el mal comportamiento prestándole demasiada atención, ni calificar al otro niño de "necio".)

Conozca los trucos de su hijo

Muchos niños son actores naturales; pueden ser encantadores y dejar de serlo a voluntad. A los padres eso les parece adorable hasta que de pronto descubren que la disciplina se fue por el caño. Hace poco fui testigo de un caso así en casa de una amiga. Estaba hablando con la madre cuando Enrique empezó a golpear a Fufa, la gata. La madre intervino inmediatamente: "No, Enrique. No puedes pegarle a Fufa; le duele". Le sujetó la mano y añadió: "Tienes que acariciarla con suavidad". Enrique la miró y le dijo: "Hola" con la sonrisa más dulce y angelical del mundo, como si nada hubiera pasado. Me di cuenta de que madre e hijo habían pasado por este momento muchas veces. A los diecinueve meses de edad, Enrique sabía que su "Hola" acompañado de una amplia y seductora sonrisa haría que su madre se derritiera. Como era de esperarse, su madre sonrió orgullosa: "¿No es divino?" Unos minutos más tarde, Enrique le lanzó el camión a la cabeza a Fufa y empezó a perseguir a la pobre gata por toda la habitación. (No pude evitar la preocupación de que si su madre no disciplinaba a Enrique, Fufa lo haría... con las uñas.)

También existe la expresión de "piedad con este pobre". Los mismos caminadores que simulan llorar durante el juego pueden fingir sus emociones en otras circunstancias. Gretel, de diecisiete meses de edad, hacía pucheros cada vez que quería que le prestaran atención. A mamá le parecía que la cara de Gretel —los ojos gachos, el labio inferior prominente— era irresistible. El único problema es que esa expresión se había convertido en un arma en el arsenal de Gretel: además de que ahora podía manipular a su madre con su falsa expresión de congoja, su mamá no tenía manera de saber cuándo estaba verdaderamente triste.

Estoy segura de que su propio caminador también conoce un par de trucos. Y aunque seguramente es el niño más adorable e inteligente del mundo, si está usando sus encantos, o sus pucheros, o cualquier otra maniobra para brincarse las reglas, lo más conveniente es no admirar sus habilidades histriónicas. Recuerde que cada vez que hace caso omiso del mal comportamiento de su hijo está evitando que aprenda autocontrol. Tratar de engatusarlo o ceder es el equivalente a poner una curita sobre una cortadura sin tratar la infección. Quizás sienta alivio momentáneo, pero las cosas se pondrán peores más temprano que tarde. Lo que sigue seguramente será una pataleta.

Dos pasos a seguir en caso de una pataleta

Infortunadamente, las pataletas son parte de la vida con los niños. No lo niego, la posibilidad de un berrinche en toda la línea se reduce enormemente cuando los padres se adhieren religiosamente a las reglas del uno/dos/tres e intervienen respetuosamente. No obstante, si usted es el padre de un caminador (¿y si no lo es, por qué está leyendo este libro?), tendrá que hacer frente a un par de berrinches por el camino. Éstos suelen presentarse en los lugares más embarazosos (para los padres), como la casa de unos amigos o la iglesia, o en zonas públicas como el parque o el supermercado. Puede que su hijo se lance al piso gritando, pateando y dando puños al aire, o puede que se quede ahí parado, gritándole a todo volumen y pateando el piso. No importa; usted quisiera que la tierra se lo tragara.

Las pataletas son el resultado de la búsqueda de atención y la pérdida de control. Si bien es posible que no logre evitar los berrinches del todo, sí puede disuadir a su hijo de recurrir a ellos para eludir las reglas o hacer caso omiso de los límites. Yo sugiero un proceso sencillo, de dos pasos, que consiste en *analizar* (para comprender qué provocó la pataleta) y *actuar*.

1. Analizar. Comprender la causa de una pataleta nos da pistas para detenerla. Hay muchas razones para que un niño haga una pataleta. Después de todo, la lucha entre el ¡suéltame! y el ¡ayúdame! puede ser agotadora. La fatiga, la frustración, la confusión y el exceso de estímulo son causas comunes.

Otra causa común de las pataletas es la incapacidad de los caminadores para expresarse, y si usted observa cuidadosamente, se dará cuenta de que su hijo está tratando de decirle algo. A mi Sofía no le gustaba ir a fiestas infantiles. Cuando armó un berrinche en la primera fiesta pensé que había sido casualidad. Pero el segundo que pasó en una reunión de cumpleaños —estaba tan molesta que salió gritando a buscar la puerta— me di cuenta de que le resultaba problemático socializar con tanta gente. Evidentemente, las fiestas le resultaban exasperantes. Por una parte, a mí no me parecía sensato dejar de ir a fiestas. Sofía era callada y tímida y necesitaba práctica en diferentes tipos de ambientes. Por la otra, debía respetar lo que me estaba tratando de decir con las pataletas. Así que decidí ir a fiestas, pero sólo un rato al comienzo, o un rato a la hora de partir la torta. Preguntaba a los padres si no había problema y les explicaba que Sofía "no puede con todo".

Pero los peores berrinches son los que aparecen porque "yo quiero eso" y buscan manipular y controlar el ambiente: a usted, en otras palabras. Aunque estas pataletas están pensadas para quebrar la voluntad de los padres (y suelen funcionar, con lo cual seguramente habrá nuevos episodios), ello no quiere decir que los niños sean voluntariosos o malévolos. Hacen lo que sus padres inconscientemente les enseñaron a hacer.

Una manera de diferenciar unas pataletas de otras es poner en práctica la técnica del antecedente, el comportamiento y el resultado que expliqué en mi primer libro.

EL ANTECEDENTE: ¿Qué pasó antes? ¿Qué estaba haciendo usted? ¿Qué estaba haciendo su hijo? ¿Interactuaban o estaba usted ocupada con algo o con alguien más? ¿Quién más estaba por ahí? ¿Papá? ¿La abuela? ¿Otro niño? ¿Qué mas estaba pasando alrededor? ¿Su hijo se estaba defendiendo? ¿Le negaron algo que quería?

EL COMPORTAMIENTO: ¿Qué hizo su hijo? ¿Lloró? ¿Se mostró enojado? ¿Frustrado? ¿Estaba cansado o hambriento? ¿Tenía miedo? ¿Mordió, empujó o le pegó a alguien? ¿Hizo algo que nunca hace? ¿Qué hace con frecuencia? Si agredió a otro niño, ¿es eso algo nuevo o es habitual?

EL RESULTADO: ¿Cuál fue el resultado del antecedente y del comportamiento? Es importante que en este punto usted asuma su responsabilidad, pues sus actos inciden en su hijo. Yo no creo que uno "malcríe" a los niños. Lo que sucede es que los padres refuerzan los malos hábitos sin darse cuenta y después no saben cómo cambiarlos. Esto es lo que yo llamo crianza accidental (ver página 252; además, los problemas que discutiremos en el capítulo octavo se deben todos a la crianza accidental), proceso mediante el cual los padres, ignorantes de la forma como están reforzando ciertos patrones de comportamiento, siguen haciéndolo. Por ejemplo, siempre tratan de aplacar al niño para que supere su enojo, son inconsistentes con las normas y con frecuencia se muestran conciliadores con tal de evitar la vergüenza o el conflicto. Evidentemente, con este tipo de actitud logran que el comportamiento indeseable se detenga momentáneamente, pero sin darse cuenta fortalecen los malos hábitos en el largo plazo. *Al ceder, refuerzan este tipo de comportamientos.*

Como es obvio, la clave para cambiar el resultado es hacer algo diferente: permita que el niño exprese sus sentimientos, pero no trate de apaciguarlo ni ceda a sus demandas. Veamos de nuevo los casos de Francia y Cristóbal y de Lía y Nicolás, de los que hablamos al comienzo del capítulo. El antecedente en ambos casos fue que mamá estaba ocupada en la fila de pagar, sumado a la llamativa exhibición de dulces. El comportamiento de Cristóbal —lloriquear y después patear el carrito— resultó en que Francia cediera a sus exigencias. Si bien al hacerlo Francia alivió temporalmente la tensión de la vergüenza en el supermercado, al mismo tiempo le enseñó a su hijo que sus berrinches eran eficaces y que podría recurrir a ellos de nuevo.

En el caso de Nicolás, el comportamiento de Cristóbal fue igual al suyo, pero el resultado fue diferente, porque Lía hizo algo para no reforzar el comportamiento inadecuado de su hijo: Lía no cedió. Es muy probable que Nicolás no recurra al berrinche la próxima vez que vayan al mercado; pero si lo hace y Lía insiste en su propia actitud, él aprenderá que el llan-

Reflexiones sobre la vergüenza

Claro que es embarazoso cuando su hijo tiene una pataleta, pero sería más embarazoso si siguiera haciéndolo. Por tanto, antes de que intente apaciguar a su hijo o de que le dé algo para aplacarlo, piense en esto: si no cambia el patrón, le esperan innumerables repeticiones de lo mismo.

to y las patadas no son recompensados. Esto no quiere decir que Nicolás ya esté "curado", ni que su comportamiento sea ejemplar de ahora en adelante. Pero mientras su madre se niegue a prestarle atención a este tipo de comportamiento desagradable, éste no se enquistará.

Sobra decir que no todas las pataletas son consecuencia de la crianza accidental. Quizás su hijo se sienta frustrado porque no

---

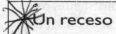

Un receso

Qué es un receso. Mucha gente malinterpreta la idea del receso: no se trata de enviar al niño a su habitación en castigo; más bien, es un método para evitar una batalla a gran escala, tomándose un receso lejos del fragor del momento. El receso debe servirle al niño para recuperar el control de sus emociones y evitar que los padres refuercen accidentalmente el mal comportamiento. Yo recomiendo que los padres de caminadores se tomen el receso con sus hijos en vez de mandarlos a la cuna.

Cómo se hace. Si están en casa, aleje a su hijo de la escena del crimen. Digamos que hace una pataleta en la cocina; pues llévelo a la sala y quédese con él hasta que se calme. Si están en un lugar público o en la casa de alguien más, llévelo a otra habitación. "No, no podemos regresar hasta que te calmes". Él entiende más de lo que usted cree. La explicación y el hecho de que lo alejen de una situación determinada harán que él comprenda el mensaje. Regrese cuando él se haya calmado, pero si vuelve a empezar a portarse mal, vuélvase a salir.

Qué decir. Nombre la emoción ("Me doy cuenta de que estás furioso...) y la consecuencia ("...pero no puedes arrojar la comida".) Remate con una frase simple: "Cuando te portas así, no puedes quedarte con [nosotros/otros niños]". No le diga que no lo quieren allí.

Qué no hacer. No se disculpe: "No me gusta tener que hacer esto..." o "Me siento triste de pensar que tienes que hacer un receso". Nunca debe sacar al niño de un tirón o gritarle; es mejor alejarlo calmadamente del centro de atención. Nunca encierre a su hijo solo en una habitación.

puede expresarse, o quizás esté cansado, o quizás le esté empezando un catarro, factores todos que exageran su necesidad de atención y ponen sus emociones a flor de piel. Las pataletas también pueden ser el resultado de una combinación de factores que crecen como una bola de nieve: el niño está cansado y no consigue lo que quiere o es empujado por un compañero de juegos. Pero cuando los padres aplican la técnica del antecedente, el comportamiento y el resultado y llegan a la conclusión de que la cadena de berrinches —en la que la situación se repite una y otra vez— es resultado de su propio refuerzo del mal comportamiento, es hora de tomar medidas para cambiar el patrón.

2. Actuar. Sin importar cuáles hayan sido las causas del berrinche, cuando un caminador se descontrola usted tiene que convertirse en su conciencia. Él no tiene las habilidades cognitivas para razonar o para deducir la causa o el efecto. La mejor forma de detener un berrinche es permanecer calmado y permitir que el niño ventile sus emociones *sin público*. En otras palabras, retire la atención que él quería acaparar con la paleta. Mis recetas para lograrlo son las siguientes:

DISTRÁIGALO: La poca concentración de su caminador puede ser una bendición cuando está a punto de derrumbarse. Muéstrele otro juguete. Álcelo y déjelo mirar por la ventana. La distracción no suele funcionar cuando el niño se lanzó de cabeza al berrinche, porque en ese momento él está enredado en un ciclón emocional. Y no confunda la distracción con el engatusamiento, que supone insistir con diferentes objetos o actividades mientras la situación se empeora.

DESPRÉNDASE: Lo mejor es hacer caso omiso del berrinche, a menos que su hijo corra peligro o esté poniendo a alguien o algo en peligro. Si está en el piso gritando y pataleando, aléjese o al menos dele la espalda. Si tiene al niño alzado y él le está gritando y pegándole (o siendo agresivo de cualquier forma), bájelo. Dígale calmada y enfáticamente que no le puede "pegar a mamá (o papá)".

DESÁRMELO: Cuando un niño tiene pataletas, sus emociones se descontrolan. Es necesario que un adulto le ayude a calmarse. Algunos niños reaccionan bien ante un abrazo, mientras que otros se agitan aun más cuando los restringen. Otra manera de desarmarlo consiste en sacar al niño del área en donde se sintió tan perturbado. Si su furia aumenta, lo mejor sería un receso (ver recuadro de la página 242). Esto no sólo lo aleja de la situación, evitando con ello mayores conflictos, sino que le permite salvar las apariencias. Sin embargo, nunca intente desarmar a un niño si usted está enojado o recurriendo a la fuerza física.

Cualquiera de estas opciones (o las tres) es útil. Es necesario que usted evalúe la situación y sondee otras opciones que resulten eficaces con su hijo. Una cosa es segura: las amenazas vacías no funcionan; lo que sí funciona es la perseverancia (en el próximo capítulo, páginas 276-279, habrá consejos sobre las pataletas crónicas).

Claro que las pataletas, sobre todo las públicas, pueden ser humillantes y frustrantes para los padres. Ya sea que decida distraer a su hijo, despegarse o desarmarlo, es importante ser conscientes de su propio estado emocional. Si no las conoce ya, es hora de familiarizarse con sus "alarmas de enojo", aquellas señales físicas que le indican que está a punto de perder la paciencia (ver el recuadro). Lo he repetido una y otra vez en este capítulo y lo diré una vez más: la disciplina consciente no se puede aplicar con furia. Uno nunca debe humillar a su hijo, ni gritarle, ni insultarlo, ni amenazarlo, ni sacarlo de un tirón, ni darle palmadas o bofetones, ni recurrir a la violencia para disciplinarlo, en especial si se trata de un caminador inerme e impresionable. Si usted tiene problemas con su propio temperamento, no hay manera de que pueda ayudar a su hijo a controlar sus impulsos.

Cuando sienta que la sangre le está empezando

Las alarmas de su enojo: ¿Qué me está pasando?

Tan importante como aprender a reconocer los estados de ánimo de su hijo es saber cómo cambia usted cuando su hijo patea el piso, dice no, o se derrumba en público. Les he preguntado a varias madres qué señales les envía su cuerpo para avisarles que están a punto de salirse de casillas. Si no reconoce alguna de estas alarmas, piense en qué otras formas se expresaría su rabia física:

"Se me sube la temperatura".

"Me da urticaria".

"Empiezo a tomarlo todo como una ofensa personal".

"Mi corazón late más rápido".

"Es casi como si dejara de respirar".

"Empiezo a respirar más rápido y se me hincha el pecho".

"Me sudan las palmas de las manos".

"Empiezo a rechinar los dientes".

---

a hervir, abandone la habitación. Dese un receso. Aunque su hijo esté lloriqueando, métalo en la cuna para que esté a salvo y váyase. "Ningún niño ha muerto de llorar", suelo decirles a los padres, "pero muchos han quedado marcados de por vida por culpa de unos padres crónicamente enojados". Hable con sus amigos: pregúnteles qué hacen ellos cuando el mal comportamiento de sus hijos los desborda. O busque la ayuda de un profesional que le trace estrategias que le ayuden a usted a manejar la rabia.

Su hijo le agradecerá siempre si usted logra permanecer a cargo de la situación sin dejar de lado la compasión y el afecto. Decir lo que verdaderamente piensa y decirlo en serio le da una credibilidad que no sólo le ayudará a usted a superar los primeros años del niño sino que será de gran utilidad cuando sea adolescente (y no falta tanto). Él lo respetará por tenerle las riendas cortas y fijarle límites y lo querrá más por ello. En resumen, la disciplina consciente no rompe los lazos entre padres e hijos sino que los fortalece. Yo sé que a veces es difícil perseverar: los caminadores hacen tambalear a los más resueltos. Pero como veremos en el próximo capítulo, el único resultado real de permitir que sus límites se relajen es el descubrimiento de que los malos hábitos son mucho más difíciles de combatir que los malos comportamientos.

Una guía sencilla a la disciplina consciente

El reto	Qué hacer	Qué decir
Exceso de estímulo	Aléje a su hijo de la actividad.	Pareces frustrado, así que mejor vamos a dar un paseo afuera.
Pataleta en un lugar público porque su hijo quiere algo	Hacer caso omiso del comportamiento.	Estoy muy impresionada, pero igual no te lo voy a comprar. No puedes comportarte así en [lugar en cuestión].
Se niega a colaborar para vestirse	Deténgase y espere unos minutos.	Cuando estés listo, seguimos.
Sigue corriendo por ahí	Deténgalo; álcelo.	Nos vamos cuando te hayas puesto las medias y los zapatos.

El reto	Qué hacer	Qué decir
Grita	Baje el volumen de su propia voz.	¿Podríamos hablar en voz baja, por favor?
Gimotea	Míreio a los ojos y háblele en el tono de voz que él debería usar (sin gimotear).	Si no hablas bien, no te entiendo.
Corre donde no debe hacerlo	Restrínjalo poniéndole sus manos sobre los hombros.	No debes correr aquí. Si sigues haciéndolo, tendremos que irnos.
Patea o golpea cuando lo alza	Bájelo inmediatamente.	No me pegues/No me patees. Eso duele.
Le quita el juguete a otro niño	Levántese, acérquese a él y anímelo para que devuelva el juguete.	Guillermo estaba jugando con eso. Debes devolvérselo.
Arroja la comida	Bájelo de la silla de comer.	La comida no se bota
Le jala el pelo a otro niño	Ponga su mano sobre la mano que está jalando el mechón; dele un golpecito a la mano de su hijo.	No jales; sé gentil.
Le pega a otro niño	Restrínjalo; si está agitado, sáquelo o llévelo a otra habitación hasta que se calme.	No debes pegarle a nadie. Eso le dolió a Jaimito.
Sigue pegándoles a los demás niños	Váyase a casa.	Tenemos que irnos.

CAPÍTULO OCTAVO

Los acaparadores de tiempo: Pérdida de sueño, conflictos de separación y otros problemas que le roban horas a su día

Un niño malcriado, a mi juicio, es un niño ansioso que necesita que le impongan límites. Si nadie lo hace, seguirá buscando.

—T. Berry Brazelton

La historia de Néstor:
Cómo atrapar a un ladrón

Siempre me doy cuenta cuando los padres se ven enfrentados a un acaparador de tiempo, a un problema de comportamiento frustrante y aparentemente inacabable que les roba horas preciosas del día, y de la noche. Suelen empezar sus historias diciendo: "Tracy, estoy empezando a pensar con horror en."... y llenan el espacio con "salir de casa", "las siestas y la hora de acostarse", "la hora del baño", "las comidas", o cualquier otro evento cotidiano que se ha convertido en una pesadilla. No saben cuántos colegas son víctimas de situaciones igualmente exasperantes.

Para darles una idea, les contaré la verdadera historia de Néstor, un niño de dos años, y de sus padres, Iván y Malena. La saga es un poco larga, y en ella se incluye el relato diario de la vida de la familia en las tardes. Tenga paciencia: realmente ejemplifica a la perfección las historias sobre los acaparadores del tiempo que oigo continuamente. A lo mejor reconozca pasajes de su propia vida. Malena empieza a contar la historia explicando que el ritual de la hora de dormir de Néstor empieza a las siete y media de la noche con un baño que él adora. "El problema es que siempre hay pelea para que se salga de la tina", empieza contando su madre. "Yo le aviso dos o tres veces: 'Ya va siendo hora de que te salgas'".

"Pero cuando empieza a lloriquear, yo cedo: 'Está bien: cinco minutos más'. Pasados los cinco minutos, le recuerdo que es hora de salir, pero él vuelve a empezar a lloriquear y a quejarse, y entonces yo le digo una vez más: 'Muy bien, pero ésta es la última vez. Acaba de vaciar las botellas y de jugar con el pato para que te alistes para la cama'".

"Después de unos minutos me pongo firme y le digo con mucha seriedad que se salga ya de la tina. En ese momento él se aleja de mí y yo trato de agarrarlo, cosa difícil porque está resbaloso. Finalmente lo cojo y él empieza a patear y a protestar: '¡No! ¡No! ¡No!'"

"Se me escapa de las manos y sale corriendo, mojado, hacia su habitación. Yo sigo sus huellas en el tapete, acezante, y trato de darle alcance para secarlo y ponerle la pijama. Empiezo a rogarle: 'Ven acá... Por favor, déjame ponerte la pijama... Déjame acabar de vestirte'.

"Cuando finalmente logro meterle el saco por la cabeza, empieza a quejarse: 'Ay, ay, ay'. Yo me siento terrible: 'Pobrecito Néstor. Mamá no quería hacerte daño. ¿Estás bien?'

"Entonces él empieza a reírse, así que vuelvo a ponerme seria. 'Hora de irse a la cama. Como te demoraste tanto en salir de la tina, hoy sólo tenemos tiempo para un cuento. ¿Por qué no lo escoges tú? Néstor se dirige a la biblioteca: '¿Ése es el que quieres?', le pregunto, pero él en realidad ha sacado varios libros del estante y los ha lanzado al piso. '¿No? ¿Ése? ¿Este otro?' Pienso que es mejor hacer caso omiso del desorden que armó, aunque me amarga un poco, porque en la tarde me tomó media hora convencerlo de que recogiera los juguetes, cosa que acabé haciendo yo en su mayor parte.

"Pero el final del día se acerca. Con el libro en la mano, le digo: 'Métete entre tu cama de niño grande', y él se mete debajo de las cobijas. Lo abrazo y empiezo a leerle, pero sigue muy agitado y muy poco colaborador y pasa las páginas antes de que las haya terminado de leer. De pronto, se levanta, se para en la cama y trata de quitarme el libro de las manos. 'Acuéstate, Néstor. Es hora de ir a la cama', le digo.

"Vuelve y se acuesta y aparentemente se tranquiliza un poco, y yo suspiro aliviada. 'Tal vez esta noche sea más fácil', me digo a mí misma, pero un instante después abre los ojos y exclama: 'Tengo sed'. Una voz en mi interior me dice, con tono burlón: 'Era demasiado bueno para ser verdad'.

"Me ofrezco a traerle un vaso de agua, pero justo cuando estoy a punto de salir de la habitación empieza a gritar. Conozco ese grito. Quiere decir: "No me dejes". Así que le digo resignada que me puede acompañar porque sé que de otra manera me enfrentaré a la tercera guerra mundial. Lo llevo alzado a la cocina, abajo. Se toma unos cuantos sorbos —en realidad no tenía sed (nunca tiene sed)— y volvemos a subir. Cuando lo estoy volviendo a meter entre la cama, algo llama su atención, así que trata de bajarse.

"En ese punto, a mí se me acaba la paciencia. Le pongo las manos sobre los hombros y le digo, levantando la voz: 'A la cama ya, jovencito. No me obligues a repetírtelo. Ya es de noche y tienes que dormirte'. Me alejo y apago la luz, pero él llora desesperadamente y no me suelta.

"Cedo una vez más: 'Bueno', le digo con renuencia. 'Te vuelvo a prender la luz. ¿Quieres otro cuento? Pero éste es el último. Cuando te acuestes, empiezo a leer'. Pero yo sé que nada de lo que diga en este punto tiene la menor importancia. Néstor se queda de pie, tieso como una tabla mientras las lágrimas se derraman por sus mejillas. No se mueve. 'Por favor', repito. 'No te lo voy a decir otra vez', insisto.

"No se mueve, así que trato de distraerlo. Le paso el libro y le pido que me ayude a pasar las páginas. Nada. Lo amenazo: 'Si no te acuestas, me voy. Y es en serio: me voy. Si no te acuestas, mamá no te leerá'. Al fin se acuesta.

"Le leo un rato, hasta que me doy cuenta de que se está empezando a quedar dormido, así que empiezo a moverme muy lentamente, para no molestarlo. De repente abre los ojos. 'No te preocupes. Aquí estoy'.

"Cuando finalmente vuelve a cerrar los ojos, espero unos minutos antes de poner un pie en el piso con mucho cuidado. Contengo la respiración. Él me aprieta la mano, así que me quedo perfectamente quieta unos minutos más. Trato de deslizarme de la cama, y casi lo logro cuando Néstor vuelve a abrir los ojos de repente. Yo estoy colgando de la cama y pensando que si hago un movimiento en falso me voy a caer y hasta ahí llegamos. Espero otro poco, pero tengo un calambre en el brazo y se me ha dormido el pie.

"Finalmente, logro deslizarme al piso y, en cuatro patas, gateo hasta la salida. "¡Lo logré!" Abro la puerta lentamente pero chirrea, para mi desgracia. "¡No!" Como era de esperarse, oigo una vocecita que viene del otro lado de la habitación: 'No, mamá. No te vayas'.

"Yo me frunzo. 'Aquí estoy, cariño. No me he ido a ninguna parte'. Pero mis palabras de consuelo son inútiles. Néstor empieza a llorar, así que me devuelvo a su cama y trato de consolarlo. Quiere que le lea otro cuento. Yo preferiría abrirme las venas o ahogarlo, pero le leo otro cuento."...

La voz de Malena se apaga. Le da vergüenza admitir que en ese momento el proceso vuelve a empezar. Néstor no se duerme antes de las once, y a esa hora Malena se escapa por fin de la habitación en cuatro patas. "Me echo a la cama exhausta", dice, y allí está Iván, que ha estado leyendo o viendo televisión, "aparentemente sin darse cuenta de que he sido prisionera de nuestro hijo durante las últimas tres horas. 'Otra noche en el infierno', le digo, y él me mira sorprendido. 'Pensé que estabas en la oficina pagando las cuentas o algo'. Yo me limito a informarle, con tono resentido, que a él le tocará mañana por la noche".

Malena ya no aguanta más. "Siempre es una tragedia. Me siento como si fuera rehén de Néstor. ¿Será una fase? ¿Se le pasará? ¿Es porque yo trabajo fuera de la casa y no me ve lo suficiente? ¿Tendrá problemas serios de sueño? ¿O quizás un síndrome de déficit de atención?"

"No a todas las anteriores", le replico. "Pero sí hay algo en lo que tiene razón: usted es su rehén".

Los acaparadores de tiempo son agotadores; se meten en nuestro tiempo y se adhieren a él. No sólo ponen bajo presión la relación padre e hijo sino que también pueden interponerse en la relación de pareja. Uno de los padres culpa al otro o se resiente con él. Pelean con frecuencia sobre la mejor manera de manejar la situación (volveré sobre el tema en las páginas 317-319). Pero mientras lo hacen nadie piensa en la razón por la cual surgió el problema o en cómo aliviarlo.

Nuestros caminadores no se roban nuestro tiempo ni nuestras más valiosas horas intencionalmente. Y nosotros los padres tampoco nos convertimos en sus cómplices intencionalmente, pero generalmente lo somos

---

El origen de todos los acaparadores de tiempo

Es posible que otros padres padezcan otros tipos de acaparadores de tiempo, pero la causa final siempre es una o varias de las siguientes:

- Los padres no siguen una rutina estructurada.
- Los padres dejan que los niños manejen la situación.
- Los padres dicen una cosa y después hacen otra.
- Los padres no le fijan límites al niño.
- Los padres no tienen límites propios: respetan al niño, pero no se hacen respetar por él.
- En vez de aceptar el temperamento de su hijo, los padres desean y esperan que cambie.
- Los padres no han ayudado al niño a desarrollar las destrezas necesarias para calmarse solo.
- Hay una crisis —una enfermedad o un accidente— que hace que los padres relajen las reglas, y no las restablecen después, cuando el niño ya está mejor.
- Los padres discuten entre sí y no prestan suficiente atención al niño; y con el tiempo, ya nadie sabe cuál es el problema.
- Los padres están enredados con los fantasmas de su propio pasado, cosa que les dificulta ver a su hijo con claridad.

(ver el recuadro de la página 251). La buena noticia es que es posible *modificar* esos problemas crónicos. En este capítulo veremos los acaparadores de tiempo más comunes: problemas de sueño, ansiedad de separación, adicción al chupo (que puede contribuir a las perturbaciones del sueño, o causarlas), pataletas crónicas y mal comportamiento a la hora de las comidas. En todos los casos, trato de ayudar a los padres a trazarse un plan sensato (que explicaré detalladamente más adelante):

- Piense en lo que usted ha hecho para estimular o reforzar el problema.
- Asegúrese de que usted está listo para el cambio.
- Use la técnica del antecedente, el comportamiento y el resultado para analizar el problema.
- Trace un plan y aténgase a él.
- Vaya paso a paso y sin afán: cada cambio podría tomar de dos a tres semanas.
- Sea respetuoso: su hijo necesita tener algún control.
- Fije límites y respételos.
- Preste atención a los pequeños progresos.

Responsabilícese

Cuando los padres me consultan porque están abocados a un problema acaparador de tiempo, yo trato de que no se sientan culpables ni inadecuados como padres. Al mismo tiempo, creo que la única forma de que ayuden a sus hijos es responsabilizándose por aquellas actitudes suyas que los moldearon. Lo cual nos devuelve al concepto de crianza accidental (páginas 241-243), mediante la cual los padres refuerzan inconscientemente ciertos comportamientos indeseables. Los hábitos se desarrollan a gran velocidad en los niños pequeños, de manera que es muy difícil evitar completamente la crianza accidental. Todos los padres han cedido en un momento dado a las exigencias desatinadas de sus hijos, o han atendido con demasiados miramientos a los lloriqueos, o han hecho caso omiso del mal comportamiento del niño cuando éste remata con una sonrisa encantadora. No obstante, cuando el mal comportamiento persiste durante meses o años, es más difícil modificarlo. Y se convierte en un acaparador de tiempo.

Para transformar cualquier tipo de problema arraigado en el hogar, generalmente recomiendo seguir los siguientes pasos:

Piense en lo que usted ha hecho para estimular o reforzar el problema. En vez de pensar que su hijo es un "malcriado", mírese en el espejo. (Responda con sinceridad a las preguntas que aparecen en el recuadro de la página 254: "¿Cómo soy yo?") La incapacidad de Malena para fijar límites y el hecho de que permitiese que su hijo manejara la situación sin duda reforzaban la demora de Néstor en la tina y su obstinación al acostarse. Él no cambiará hasta que ella no lo haga.

Asegúrese de que usted está listo para el cambio. Cuando los padres me consultan y responden a cada una de mis sugerencias con un: "Eso ya lo intentamos", sospecho que no están listos para que la situación cambie. Los padres no siempre son conscientes de su reticencia, y de hecho, están genuinamente molestos con el problema. No obstante, quizás su inconsciente les dicta otra cosa. Puede ser que mamá se sienta necesitada cuando su hijo se aferra a ella o insiste en ser amamantado después de haber sido destetado. O anhela la cercanía de su "bebé", que ahora tiene dos años y medio, aunque se dé cuenta de que la insistencia del pequeño en dormir con ellos todas las noches no es buena para su relación marital. Hay algunas mujeres que dejan su carrera profesional e invierten toda su energía en la crianza, y la aparición de un problema las hace volver a sentirse competitivas y exitosas. Algunos papás disfrutan secretamente de la agresividad de sus hijos. Otros se resisten a disciplinar a sus hijos porque ellos mismos crecieron en un hogar muy estricto y quieren "ser diferentes" a toda costa. Cuando percibo cualquier tipo de reservas en los padres, lo digo abiertamente: "No es su caminador quien tiene un problema: es usted quien necesita ayuda".

Use la técnica del antecedente, el comportamiento y el resultado para analizar el problema. Use la técnica del antecedente, el comportamiento y el resultado (páginas 240-243) para descubrir qué originó la situación o qué pasó primero, qué hace su hijo y qué patrón de comportamiento se ha establecido como consecuencia. Usualmente, hay muchos factores involucrados en la persistencia durante un período largo de problemas de sueño, de comportamiento o de alimentación. Sin embargo, los padres suelen ser perfectamente capaces de descubrir qué está sucediendo y cómo cambiarlo.

"¿Cómo soy yo?"

Si contesta que sí a cualquiera de estas preguntas, lo más probable es que usted haya incidido más de lo que cree en el problema acaparador de tiempo de su hijo.

* ¿Cuando traza límites se siente culpable?
* ¿Tiende a ser inconsistente con las reglas?
* Si trabaja fuera de la casa, ¿deja relajar las normas cuando está en casa?
* ¿Se siente triste por su hijo cuando le dice que no?
* ¿Su hijo tiende a hacer pataletas sólo cuando usted está por ahí?
* ¿Tiende a aplacar a su hijo o a tratar de engatusarlo?
* ¿Teme que su hijo no lo quiera si lo disciplina?
* ¿Se molesta cuando su hijo se siente infeliz?
* ¿Las lágrimas de su hijo lo entristecen a usted?
* ¿Le parece que los otros padres son "demasiado estrictos"?

En el caso de Néstor, el antecedente era que Malena relajaba las reglas durante los períodos de transición, como el baño y la hora de dormir. "Uno más... Cinco minutos más... Un sorbo más". El comportamiento de Néstor consistía en poner a prueba a su madre constantemente y no respetar los límites. Además, tenía miedo de que Malena lo abandonara. El resultado fue que mamá, apenada por su hijo, cedía una y otra vez, prolongando inconscientemente los conflictos de su hijo y enseñándole a manipularla. Le expliqué a Malena que Néstor había aprendido que "usted no insiste en su objetivo. Lo que es peor: usted ha destruido su confianza al tratar de salir a hurtadillas, así que él siente que no puede relajarse. Él sabe que usted se irá si se duerme. Para cambiar esta situación usted debe cambiar lo que *usted* hace".

Trace un plan y aténgase a él. La consistencia es fundamental para cambiar un acaparador de tiempo. Si durante los últimos ocho a doce meses la madre ha estado alimentando a su bebé varias veces a lo largo de la noche, el niño naturalmente espera comer a las tres de la mañana. Ahora bien, si quiere cambiar esta situación, mamá debe ser igualmente consistente al negarse (en las páginas 259-267 me refiero a un caso así). Así mismo, si Malena intentara un día enfrentar las demoras de Néstor de una forma y al otro día lo hiciera de otra, sus esfuerzos serían en vano. Volvería a donde empezaron. Yo no creo en los horarios rígidos ni en estar pendiente del reloj a toda hora, pero si la hora del baño es entre las siete y media y ocho, Malena no puede aplazarlo hasta las nueve. Tiene que replantear su rutina diaria y adherirse a ella.

Vaya paso a paso y sin afán: cada cambio podría tomar de dos a tres semanas. No hay remedios mágicos. Es relativamente fácil cambiar los hábitos de los bebés, pero las costumbres de los caminadores tienden a estar más arraigadas, de manera que no se pueden introducir cambios abruptos o radicales. Roberto y María, por ejemplo, vinieron a verme porque su hijo Luis, de diecinueve meses de edad, tenía problemas con las siestas. "Para que se duerma, tenemos que darle vueltas alrededor de la cuadra en el auto", explicó Roberto. "Cuando se duerme, aparcamos en el garaje y lo dejamos dormir en el asiento del auto". Dejaban un intercomunicador a su lado para oírlo cuando se despertaba. Esto funcionaba igual desde que Luis tenía más o menos ocho meses de edad. Sus padres no podían quitarle el piso de un momento a otro. Tenían que permitir que la dependencia de su hijo del movimiento se desvaneciera paulatinamente.

La primera semana acortaron el paseo. A la semana siguiente, encendieron el auto, pero no fueron a ninguna parte. La tercera semana, pusieron a Luis en el asiento del auto, pero no prendieron el auto. Seguía sin dormir la siesta en la cuna, así que éste era el siguiente paso. Se pasaron a la habitación y recurrieron a una mecedora para que la transición fuera más fácil. Las primeras veces, a Luis le tomó cuarenta minutos dormirse; al fin y al cabo, la mecedora no era el auto. Roberto y María disminuyeron gradualmente el tiempo en la mecedora, fijando nuevas metas cada cuatro o cinco días para avanzar en el proceso. Finalmente, lograron que se durmiera en la cuna, después de tres meses y de mucha paciencia por parte de los padres.

Para resolver todas las situaciones acaparadoras de tiempo es necesario tomar una serie de medidas similares, cada una de las cuales debe ocuparse de una faceta particular del problema. Tim y Estefanía, quienes permitieron durante mucho tiempo que Cara durmiera con ellos, tuvieron que turnarse la primera semana para dormir en una cama auxiliar que pusieron al lado de la cuna en la habitación de Cara. No podían abandonar a su hija negligentemente; debían respetar su temor y dejarle saber que podía contar con ellos. A la semana siguiente, alejaron la cama de la cuna. Con el tiempo, Cara aprendió a sentirse segura en su cuna.

Sea respetuoso: su hijo necesita tener algún control. Dele opciones. Le sugerí a Malena que cuando Néstor estuviera en la tina, le preguntara: "¿Quisieras jalar el tapón o prefieres que lo haga yo?", en vez de decirle: "Es hora de salirse", a lo cual Néstor podía responder: "No". Cuando los niños pueden escoger, sienten que controlan de alguna manera la situación y colaboran más. (En la página 225 hay más información sobre la forma de estructurar este tipo de oraciones y de preguntas).

Fije límites y respételos. Cuando Néstor decidió que no jalaría el tapón y anunció que se quedaría en la tina, Malena se vio obligada a perseverar en sus afirmaciones, so pena de volver a los antiguos esquemas. "Muy bien", le dijo, con toda tranquilidad. "Yo jalaré el tapón por ti". Cuando la tina se vació, lo envolvió con la toalla, lo sacó, lo llevó alzado a la habitación y cerró la puerta, bloqueando su ruta de escape.

Preste atención a los pequeños progresos. Los acaparadores de tiempo no desaparecen de la noche a la mañana, pero no debe perder las esperanzas ni olvidar su meta, aunque parezca que sus progresos son minúsculos. Algunos padres quieren soluciones instantáneas y son incapaces de ver más allá del problema. O exclaman horrorizados: "¿Dos meses? ¿Eso es lo que nos vamos a demorar?" cuando les trazo un plan de acción.

"Tranquilos", les contesto. "Piensen en todo el tiempo que han perdido hasta ahora. ¡Dos meses no son nada! El truco consiste en aprovechar cada uno de los pequeños triunfos. De otra manera, sentirán que van a estar con este dilema el resto de su vida".

En el caso de Malena, ella estaba tratando de invertir el efecto de muchos meses de acondicionamiento inconsciente. Néstor no dejaría de ponerla a prueba y Malena tendría que ser firme todas las veces. Trabajamos en varios planes y discutimos los diferentes componentes del ritual de la hora de dormir. En vez de permitirle a Néstor que la desafiara, Malena empezó a ofrecerle alternativas: "¿Preferirías ponerte primero la parte de arriba de la pijama o la parte de abajo?"

Cuando Néstor le respondía con un enfático: "¡No!", en vez de correr tras él, volviendo la hora de ponerse la pijama en un juego (en la mente de él) o en una batalla (en la mente de ella), Malena *cambió completamente su actitud*, enseñándole las consecuencias de su comportamiento. "Muy bien. Entonces vamos a buscar un libro. Si te da frío, me avisas y nos ponemos la pijama. ¿Preferirías este libro o este?" Él escogió un libro y ella se mostró entusiasmada: "Muy buena elección. Apenas te metas entre la cama lo leeremos". Apenas habían acabado de empezar a leer cuando Néstor pidió que le pusieran la pijama. "¿Tienes frío?", le preguntó su mamá, con el propósito de ayudarlo a identificar lo que se siente cuando uno no se pone la pijama después del baño. "Vamos a ponernos la pijama, para que no nos dé frío". Milagro de milagros, ¡Néstor colaboró en el proceso! Había aprendido las consecuencias naturales de no vestirse sin necesidad de que su madre le gritara o lo humillara.

Cuidado: ésta no fue una conversión mágica. Malena (con un poco de ayuda) logró mantenerse firme durante todo el ritual de la hora de dormir. "Te leeré cuando estés entre la cama. Cuando suene el timbre, apagamos la luz. ¿Quieres poner el timbre? ¿No? Entonces yo lo hago". Entonces Néstor se quejó: "Yo", dijo. Cuando puso el cronómetro, Malena lo felicitó: "Buen trabajo". Había traído un vaso de agua y lo había puesto al lado de la cama, para evitar el viaje a la cocina: "¿Quisieras tomar agua? ¿No? Muy bien. Cuando quieras, aquí está el vaso. Ahora acuéstate para que te lea".

Cuando Néstor empezó a quejarse y a protestar porque no quería acostarse, Malena se mostró firme: "Yo me quedo aquí contigo mientras te estoy leyendo, pero tú tienes que acostarte". Y no dijo nada más: nada de ruegos ni de amenazas. Pero él sí se lanzó a su rutina usual, empezó a llorar y se negó a meterse entre la cama, pero su mamá insistió: "Es hora de dormir. Te leeré un cuento cuando estés entre las cobijas". El chiquito siguió protestando, pero ella hizo caso omiso de sus payasadas. Cuando el cronómetro sonó y Néstor aún no se había metido entre la cama, Malena se levantó y lo alzó con suavidad. Él empezó a gritar y a patalear, pero ella se limitó a explicarle que no debía pegarle a mamá, y lo metió en la cama.

Después de un rato, Néstor dejó de gritar, pues evidentemente Malena había cambiado y ya no se conmovía con sus embustes. Si su madre no le estaba prestando atención, ¿qué sentido tenía insistir en la pataleta? Se metió entre la cama y Malena le dijo con voz calmada: "Muy bien, Néstor. Yo me quedo aquí hasta que te hayas dormido". Cuando él pidió agua, ella le pasó el vaso sin decir una palabra. Tampoco intentó escabullirse. Él levantó la cabeza varias veces para constatar que ella seguía allí, y ella no dijo nada. Finalmente se durmió, a las diez de la noche, una hora antes.

Malena e Iván persistieron en sus planes durante las semanas siguientes. Se turnaban, cosa que le daba a Malena un respiro necesario. Después de dos o tres semanas de trabajar en el establecimiento de esta nueva rutina y de insistir en la fijación de límites, Malena e Iván se convirtieron una vez más en *padres*. Pudieron entonces introducir un nuevo e importante cambio: en vez de acostarse con Néstor todas las noches como lo habían hecho hasta entonces, se sentaban al lado de la cama hasta que se durmiera. Dos meses más tarde, ya podían salir del cuarto antes de que el niño se durmiera, cosa que sucedía mucho antes de las nueve casi todas las noches.

Evidentemente, la situación se les había salido de las manos. Néstor estaba a cargo, y como los padres no estaban trabajando en equipo, todo el peso recaía en los hombros de mamá (un problema muy común: ver "La guerra de los oficios domésticos", en las páginas 314-316). Este tira y afloje había durado más de un año. Sobra decir que Malena no habría tenido tantos problemas si hubiese hecho algo apenas se dio cuenta de que el ritual vespertino siempre tomaba más horas de lo debido.

Puede estar seguro de que todos los padres dan traspiés. Y si un niño se acelera más de la cuenta una o dos noches, eso no quiere

---

Advertencia importante

Los problemas no desaparecen mágicamente.

Si su relación adulta está en problemas a causa de un acaparador de tiempo, debe empezar a cambiar su actitud hacia su hijo.

Si tiene problemas en su relación adulta y estos son la causa de un acaparador de tiempo, debe empezar a cambiar aspectos de su relación (páginas 314-323).

decir que esten ante un problema serio. Pero cuando un patrón específico es fuente de frustraciones sin fin, exasperación y discusiones, algo debe cambiar. No es conveniente "esperar a ver". Los acaparadores de tiempo no desaparecen solos. Por el contrario, como los hábitos se fortalecen con el tiempo, se arraigan más y más.

Eliana: un desorden crónico de sueño

El acaparador de tiempo más usual es la falta de sueño, y en el peor de los escenarios posibles, el caminador se despierta varias veces durante la noche y hay que arrullarlo o alimentarlo para que se vuelva a dormir. En estos casos siempre sucede una de dos cosas: la mamá se levanta varias veces y trata de calmar a su hijo embutiéndole un chupo a la boca cada vez que llora; o los papás recurren a la técnica de la reacción retardada, que consiste en dejar que el niño llore, cosa que provoca que llore durante períodos cada vez más largos. En el primer caso, los padres no pueden dormir y el niño no aprende nada. En el segundo caso, la decisión de los padres puede resultar traumática porque mina la confianza del niño en su ambiente. En cualquiera de los casos, los padres acaban exhaustos.

A Victoria le estaba pasando esto. Su hija Eliana, de catorce meses de edad, se despertaba cada hora y media y no se volvía a dormir hasta que la amamantaran. Unos días antes, Victoria —que apenas podía mantener los ojos abiertos— se había estrellado; afortunadamente nadie salió herido, pero el accidente fue una señal inequívoca de que su vida había abandonado su rumbo. Éste era un caso en el cual sobraba la pregunta sobre la voluntad para modificar las cosas.

Victoria admitió que, hasta el accidente, siempre había pensado que su hija dejaría atrás la necesidad constante de seno. Las mujeres de su grupo de madres lactantes fomentaban esa idea.

"Es que no está lista", decía Beatriz. "Cuando lo esté, dormirá como un bebé toda la noche". "Pero Eliana ya no es exactamente un bebé", replicaba mentalmente Victoria, y al instante desechaba el pensamiento.

"A José le tomó dos años", añadió Eunice.

"Mi hija se alimenta cinco veces durante la noche", intervino

Doris, "y a mí no me molesta levantarme. Es uno de los sacrificios que uno tiene que hacer cuando es madre".

"Nosotros dormimos con nuestro hijo," añadió Yvette, y explicó que de esa manera lo único que tenía que hacer era voltearse y meterle el chupo entre la boca al niño.

Victoria me contó los comentarios de las demás mujeres y después me preguntó: "¿Acaso espero demasiado de Eliana?" Sin esperar a que yo le respondiera, añadió, nerviosamente: "¡Es tan adorable! Odio verla molesta. Yo sé que no tiene hambre todas las veces que me pide seno, pero entonces, ¿por qué se despierta con tanta frecuencia? Hemos tratado de que duerma en nuestra cama, pero el resultado es que nadie duerme, cosa que la pone peor. Cuando dormía con ella, se quedaba con mi seno en la boca prácticamente toda la noche. Si yo me movía, ella lloraba y buscaba el seno. Estoy desesperada".

Le ayudé a Victoria a trazar un plan para combatir su acaparador de tiempo.

Piense en lo que usted ha hecho para estimular o reforzar el problema. Le expliqué que entre los seis y los nueve meses de edad el patrón de sueño de los bebés empieza a parecerse al de los adultos: cada hora y media a dos horas se inicia un nuevo ciclo de sueño. Si usted observa una cinta de un bebé o un adulto que duermen, verá que se mueven constantemente mientras pasan del sueño ligero, conocido como sueño REM, al sueño profundo, y que esto sucede varias veces durante la noche. Se dan vuelta, sacan una pierna, jalan la cobija, murmuran, a veces incluso gritan. Los bebés y los caminadores se despiertan varias veces durante la noche y a veces permanecen despiertos hasta una hora, hablando y haciendo gorgoritos; si nadie los molesta, vuelven a dormirse.

Pero el sueño independiente es algo que aprendemos. Desde el primer día, los padres deben enseñarle a su hijo a dormir por su cuenta y a sentirse seguro en su cuna. Si no lo hacen, cuando el bebé se convierte en un caminador empieza a tener problemas a la hora de la siesta o a la hora de acostarse, o ambos. Estaba claro que Eliana nunca había aprendido a dormir por su cuenta. Por el contrario: la entrenaron para que asociara el hecho de irse a dormir con el hecho de tener el seno de mamá en la boca. Al final de su ciclo de sueño, cuando entraba en la fase REM, no sabía cómo volver al sueño profundo por su cuenta. El seno de su madre se había convertido en una muleta, que es cualquier objeto (el seno o un chupo) o cualquier intervención (la mecedora o el movimiento del auto) cuya ausencia provoca la angustia del niño.

"Le he hecho un daño terrible a mi hija", exclamó Victoria.

"Yo no diría tanto", la tranquilicé. "Y no es el momento de pensar en la pobrecita de Eliana. La lástima no la ayudará a ella ni resolverá su problema. Usted ha hecho lo mejor que ha podido hasta el momento, y de hecho se ha mostrado increíblemente consistente. ¡Es el momento de practicar esa consistencia con los hábitos correctos! Su capacidad para perseverar en un plan determinado le ayudará a modificar en un patrón más positivo el hábito de Eliana de comer durante la noche".

Use la técnica del antecedente, el comportamiento y el resultado para analizar el problema. Para mí era evidente que el antecedente en este caso era que Eliana nunca había aprendido a dormirse sola; el comportamiento resultante era su extremada irritación y la exigencia del seno de la madre cada vez que era hora de la siesta o de dormir. La consecuencia —el hábito firmemente arraigado de mamar excesivamente— se reforzaba una y otra vez porque Victoria siempre cedía. Al oír la descripción de Victoria de un día típico, mis dudas se disiparon por completo. Eliana suele despertarse a las cinco y media de la mañana, hora en la cual su madre le da de comer, y después bajan. Eliana juega durante cuarenta y cinco minutos aproximadamente. Cuando empieza a bostezar, su madre la vuelve a subir, se sientan en la mecedora y le da de comer hasta que se duerme. "Hay días en que tengo suerte y me deja ponerla en la cuna", cuenta Victoria. "Otros, no me deja mover de la mecedora".

Al oírla se me ocurrió una idea: "Un momento. Me dice que ella no la deja mover. ¿Cómo es eso?"

"Pues sí: aunque parece dormida, llora cuando trato de levantarme de la mecedora. La vuelvo a amamantar y se duerme de nuevo. Pero si vuelvo a intentar levantarme, se pone frenética. Así que después de intentarlo un par de veces, lo que hago es quedarme en la mecedora".

"¡Eso debe de ser muy incómodo!", exclamé.

"No realmente", me dijo Victoria. "Ya no tanto. Mi esposo me compró una otomana que pusimos al lado de la mecedora y a donde yo subo los pies cuando se duerme. Me la consiguió porque una mañana estaba tan cansada que me quedé dormida y Eliana casi se me cae de los brazos".

Cuando Eliana se despierta de nuevo, generalmente alrededor de las siete y media, Victoria la viste y la alista. La niña desayuna con alimentos sólidos y después, alrededor de las diez y media, cuando ya está cansada, Victoria la sube y la amamanta. "Suele ser una niña buena y se duerme en cinco minutos, durante más o menos veinte minutos. Si se despierta y yo reacciono inmediatamente, suelo lograr que se vuelva a dormir en cinco minutos, si la alimento. Pero si dejo pasar los primeros lloriqueos, a veces me toma más de una hora lograr que se vuelva a dormir. Sin embargo, ya en ese punto tiene hambre, así que le doy de comer y se vuelve a dormir durante otros veinte minutos".

Querido padre: si al leer esta historia me dice que está cansado, le creo; yo quedé exhausta después de oírla. ¡Y apenas son las once y media de la mañana! Cuando Eliana se despierta, Victoria se las arregla para organizar un paseíto. Mamá nunca pone a la niña en la cuna durante el día porque se muere del miedo de que llore. A veces la lleva a hacer alguna diligencia, pero sólo si logra que se quede dormida en el auto (amamantándola), pues Eliana no se deja poner en el asiento del auto; y arquea la espalda y levanta la casa a gritos. "Hay días en que los vecinos deben pensar que yo la torturo", me confía la madre.

"Pues a mí me parece que es ella la que la está torturando a usted", le digo.

El resto del día transcurre más o menos igual hasta que José, que es plomero, llega a casa. Después de que mamá le da de comer, papá la baña: "Es tan bueno", dice Victoria efusivamente. "Le lee un cuento y después me la pasa. Le doy de comer de nuevo y se duerme durante una hora más o menos".

Le pregunto por qué no deja que papá la acueste. "José lo ha intentado", me responde, pero ella no lo permite. Grita desaforadamente y yo no lo soporto y voy y la amamanto. Se duerme de nuevo, se despierta a las ocho, juega un rato con papá y a las once y media aproximadamente le doy de comer una vez más. Duerme durante una hora, le doy seno de nuevo, y vuelve a dormirse. Si tengo suerte, duerme hasta las tres, pero no es muy común. Generalmente se despierta de nuevo a las cuatro y a las cinco y media, y el día empieza de nuevo". Victoria hace una pausa y recuerda con añoranza que un día durmió cinco horas seguidas: "Pero eso fue sólo una vez".

Obviamente estábamos ante un problema profundamente enquistado que no se solucionaría de un día para otro. Victoria y José necesitaban un plan, una serie de pasos para borrar gradualmente el comportamiento acaparador de tiempo de Eliana, y reemplazarlo con la capacidad para recurrir a ella misma.

Trace un plan y aténgase a él. Le dije a Victoria que pusiera a Eliana entre la cuna dos veces al día, cuando Eliana estuviera de buen humor. "Es posible que la primera vez que lo haga ella no quiera desprenderse de usted y llore un poco. Trate de distraerla. Póngase una manta sobre la cara y juegue a las escondidas. Haga algo que la haga reír: salte, haga el tonto. Si insiste, ella acabará concentrada en usted. Es posible que al comienzo no dure más de cinco minutos. Asegúrele que está a salvo diciéndole: 'Todo está bien, cariño. Mamá esta aquí.'

"Esto es importante: no espere a que llore. Sáquela de la cuna cuando está contenta, aunque no haya permanecido dentro más de dos minutos. Incremente el tiempo un poco todos los días, con miras a

La conspiración del silencio

Aunque los acaparadores de tiempo más comunes están relacionados con el sueño, suele haber una conspiración del silencio en torno a los problemas que surgen a la hora de ir a la cama, como lo ilustra la experiencia de Rebeca:

"Había sido convocada como jurado, y mientras hablaba con un grupo de mujeres en la sala de espera, mencioné el hecho de que me tomaba horas lograr que Juan se durmiera. Una mujer mayor me tomó de la mano y me contó que cuando su hija era un bebé ella o su marido tenían que dormir a su lado. La madre sólo se había atrevido a contarlo ahora que su hija era una adolescente. 'Me daba tanta vergüenza', afirmó. Ante eso, otra mujer intervino para decir tímidamente que ella hacía lo mismo ahora.

"Darme cuenta de que yo no estaba sola me hizo sentir mejor, pero también me produjo cierta curiosidad: 'Qué raro', les dije. 'Hace poco fui a una fiesta de cumpleaños y todas las madres dijeron que sus hijos se iban a dormir sin poner problemas y que pasaban la noche'.

"'¡Mienten!', respondieron ambas mujeres al unísono y se rieron con gusto".

que en dos semanas se quede quince minutos. Póngale juguetes en la cuna y estimúlela para que empiece a pensar que éste es un lugar divertido. Pero a lo largo de este período no cambie nada más. Cada vez pasará más tiempo jugando si usted no anda nerviosa a su alrededor. Después de dos semanas, cuando esté ocupada con un juguete, empiece a alejarse de la cuna. No lo haga a hurtadillas. Dígale tranquilamente: 'Mamá está aquí'. Lo que busca es reforzar su confianza en usted. Permanezca en la habitación, pero ocúpese de otras cosas: doble la ropa limpia, arregle el armario".

En el pasado, Eliana se aterrorizaba cuando Victoria la soltaba porque sabía que su mamá se iría. No había aprendido aún a estar sola, ni siquiera a dormir sola, y su temor no le permitía relajarse. El que Victoria cediera siempre a amamantarla no mejoraba la situación. De hecho le transmitía a la niña el siguiente mensaje: "Me necesitas". Lo que tenía que hacer Victoria ahora era apuntalar la seguridad de Eliana en sí misma y ayudarla a aprender a pasar tiempo sola en la cuna, de manera que se sintiera segura cuando se despertaba y su mamá no estaba a su lado. Pero debía ir poco a poco: el proceso de construcción de la confianza de la niña y de su independencia tomaría tiempo, y grandes dosis de paciencia por parte de los adultos.

Cuidar de uno mismo

Cambiar los hábitos de sueño de su caminador no es cosa fácil; he aquí unos consejos para aliviar el estrés:
- Use tapones para los oídos o un casco para disminuir el ruido enervante del llanto de su hijo.
- Si está a punto de perder la paciencia, pásele el niño a su pareja. Si no tiene pareja o no está en casa, ponga al niño en un lugar seguro y sálgase de la habitación.
- Piense siempre en el largo plazo. Se sentirá orgulloso de usted mismo cuando haya logrado enseñarle a su hijo a pasar la noche.

Vaya paso a paso y respete la necesidad de control de su hijo. "Tenía razón, Tracy", me dijo Victoria dos semanas después. "La primera vez lloró, pero le hice morisquetas con esta marioneta y se puso a reír. La segunda y la tercera vez la marioneta no dio tan buenos resultados y no pasó más de dos minutos en la cuna. Pero tuve cuidado de sacarla mientras seguía contenta. Y al cabo de unos días las cosas mejoraron sorpresivamente.

"Al término de la segunda semana me puse un poco nerviosa de pensar en alejarme de la cuna, así que empecé haciendo payasadas. Después me dirigí al armario, que está en el otro lado de la habitación, y empecé a arreglar los cajones. Para mi sorpresa, no puso problemas, y aunque parecía un poco insegura, le hablé con calma y tranquilidad, diciéndole que todo iba a estar bien. Al final de la tercera semana me aventuré a salir de su campo de visión por un segundo. 'Ya vuelvo', le dije. 'Voy a llevar esta ropa sucia a la canasta'. Contuve la respiración, pero ella siguió jugando tan tranquila. ¡A lo mejor ni siquiera se percató de mi ausencia!"

Felicité a Victoria. Sabía que querría pasar a la siguiente fase —el excesivo amamantamiento—, acicateada por su éxito. Debíamos empezar con las siestas de Eliana. No se podía esperar que la niña

---

Las diez quejas de Tracy: Cosas que nunca se le deben decir o hacer a un niño

1. Darle palmadas (ver páginas 228-231)
2. Darle cachetadas.
3. Avergonzarlo: "Eres un llorón".
4. Gritarle: (Hágase la siguiente pregunta: "¿Quizás tengo que gritarle a mi hijo porque le permito que se salga con la suya siempre, y tarde o temprano yo me salgo de casillas?")
5. Degradarlo: Decirle "Agh, estás mojado", en vez de: "Hay que cambiarte el pañal".
6. Culparlo: Decirle: "Tú me pones de mal genio" o "Llegaré tarde por culpa tuya".
7. Amenazarlo: "Si haces eso de nuevo, te voy a dejar aquí" o "Te advierto, tú lo estás buscando".
8. Hablar del niño delante de él: La mayoría de los comentarios pueden esperar, pero si es necesario que diga algo, use otro nombre.
9. Etiquetarlo: Decirle: "Eres un mal niño" en vez de: "No puedes jugar con Rafael cuando lo empujas".
10. Formularle al niño una pregunta que no puede responder: "¿Por qué le pegaste a Prisila?" o "¿Por qué no puedes portarte bien en el supermercado?"

---

prescindiera completamente del seno, pero le recomendé a Victoria que la separara apenas empezara a quedarse dormida. Me dijo que su hija lloraría con toda seguridad. "Probablemente tiene razón", le respondí. "Es natural. Vuélvala a poner al seno y cuando empiece a dormirse, sepárela. Hágalo durante quince minutos. Si sigue llorando, cambie de escenario: baje a la sala; vuelva a subir veinte minutos después y reinicie el proceso".

A Eliana no le gustó el nuevo arreglo. La primera vez se puso furiosa y empezó a gritar. "Me dio lástima", admitió Victoria la semana siguiente, "y cedí. Pero al día siguiente estaba decidida a lograrlo y seguí sus instrucciones. Después de cinco intentos finalmente se durmió en mi regazo sin el seno. El séptimo día me senté con ella en la mecedora y aunque estuvo jugando con mi camisa, se durmió sin que fuese necesario amamantarla".

Preste atención a los pequeños progresos. Tres semanas después, Eliana se dormía a la hora de la siesta sin el seno en la boca, pero aún se despertaba por la noche queriendo que la amamantaran. Diego y Victoria tendrían que trabajar en equipo, así que le pregunté abiertamente si estaba dispuesta a permitir que su compañero participara. Victoria disfrutaba de ser la única involucrada y no estaba ansiosa por compartir su autoridad, cosa que representaba un obstáculo.

"Usted siempre aleja a Eliana de su padre y con ello le transmite inconscientemente el mensaje de que papá es el malo y usted es la salvadora. Cuando Eliana se despierte por la noche, debe permitir que Diego vaya algunas veces".

Le expliqué la idea del *sueño razonable*, un método equilibrado que busca alentar al niño para que duerma en su propia cama al tiempo que se lo acompaña, en vez de dejarlo solo para que dilucide las cosas por su cuenta. Los niños acostumbrados a la compensación oral cada vez que lloran, naturalmente tienen dificultades para dormirse sin ella, así que esto no iba a ser fácil. Pero sabíamos que Eliana se podía dormir por su cuenta durante el día. Yo estaba segura de que, con ayuda de los padres, aprendería a hacerlo por la noche.

"Si está llorando, permanezcan a su lado", les expliqué a los dos. "Usen su presencia física y no el seno de Victoria para dejarle saber que están ahí. Si llora demasiado, álcenla y abrácenla. Seguramente estará muy molesta las primeras noches y quizás siga llorando aunque la alcen. Quizás se arquee y trate de alejarlos con los pies. Lo más probable es que deban tenerla alzada durante cuarenta minutos o más antes de que logren calmarla. Apenas deje de llorar, vuélvanla a poner en la cuna. Es posible que empiece a llorar de nuevo. Álcenla inmediatamente. Hagan esto tantas veces como sea necesario. ¡Quizás tengan que alzarla y acostarla cincuenta veces, o cien!" Les dije que las contaran, para que pudieran medir el progreso, que llevaran un diario y que me llamaran en un par de semanas.

La primera noche, Eliana lloró intermitentemente durante casi dos horas. Sus padres se quedaron a su lado y la consolaron. "Fue muy duro oírla llorar", recordó después Victoria, "pero nunca nos alejamos de su lado. La alzamos y la volvimos a acostar cuarenta y seis veces la primera noche; veintinueve, la segunda y doce, la tercera. La cuarta noche durmió desde las nueve hasta las cuatro y media de la mañana. No sé si fue porque ella estaba exhausta o porque nosotros estábamos demasiado cansados para oírla. La séptima noche durmió nueve horas seguidas. La novena noche se despertó dos veces, pero nosotros seguimos adelante con el plan y no cedimos. Creo que nos estaba probando. Ahora ya ha pasado once noches seguidas durmiendo toda la noche. Lo más sorprendente es que cuando se levanta por la mañana la oímos hablando con sus animales. Juega por su cuenta. Pero apenas empieza a lloriquear la sacamos, para no minar su confianza". Aunque Victoria y Diego insisten en que lograr que Eliana pasara la noche fue un milagro, yo considero que su éxito fue una demostración de su fortaleza y su determinación.

Claudio: "¡No te vayas, mamá!"

La ansiedad de separación es un ingrediente en muchos de los acaparadores de tiempo. Tanto Néstor como Eliana padecían el mismo temor: "Si dejo que mamá se vaya, quizás no vuelva a verla". Esto podría parecer excesivamente dramático, pero lo cierto es que para la mayoría de los caminadores la madre es un salvavidas. Los dos grandes retos en la vida de los niños pequeños consisten en aprender que cuando la madre se va de la habitación no se ha ido para siempre y en desarrollar la capacidad de consolarse a sí mismos, necesaria para sobrellevar sus ausencias.

Aunque la ansiedad de separación es parte de la vida a esta edad, cuando veo a un caminador excesivamente apegado a su madre o con dificultades a la hora de la siesta o de dormir, me pregunto si los padres han sido demasiado complacientes, o si en algún momento, el niño ha perdido la confianza. Quizás sus padres no siempre son honestos con él y salen a hurtadillas de su cuarto o prometen que ya van a volver y regresan horas más tarde. Y si es así, ¿cómo culparlo por armar un escándalo cuando ellos tratan de irse? En realidad, los padres también son muy infelices: cuando logran salir de la casa van de mal humor, retrasados y sintiéndose culpables porque dejaron a su hijo llorando como si fuera el fin del mundo.

La verdad es que si un niño no recibe suficiente atención, o si sus padres no son sensibles a sus necesidades (o si, por el contrario, se preocupan demasiado), o si no son todo lo honestos que debieran, es necesario tomar medidas al respecto. Por otra parte, cuando el niño confía exclusivamente en recursos externos para sosegarse, es necesario enseñarle a apelar a sus recursos internos. En estos casos, si el niño no ha adoptado un objeto de seguridad, suelo recomendar a los padres que traten de introducir uno. Mientras más edad tenga el niño, más tiempo tomará hacerlo porque ya se ha vuelto dependiente del "otro" y ahora debe aprender a confiar en sí mismo.

Como dije antes (páginas 181-182), muchos niños han escogido un objeto de transición a los ocho o diez meses de edad, y los que lo hacen tienden a ser más independientes cuando llegan a la edad de caminar y son más hábiles para calmarse a sí mismos. Claudio no pertenece a este último grupo. Su madre, Dalia, me llamó cuando el niño acababa de cumplir catorce meses y muchos adultos lo llamaban "Claudio el pegajoso" o lo consideraban un niño malcriado. Pero Claudio no era culpable de lo sucedido en su hogar; él sólo hacía lo que le habían enseñado a hacer —un caso clásico de crianza accidental que se convirtió en un problema acaparador de tiempo—, así que le ayudé a Dalia a trazarse un plan de acción.

Piense en lo que usted ha hecho para estimular o reforzar el problema. Desde que nació, Claudio no tuvo la oportunidad de pasar tiempo a solas. Dalia o la niñera lo tenían alzado todo el tiempo. Nunca lo dejaban en la cuna ni en el corral. Si tenía los ojos abiertos, siempre había alguien acompañándolo, o alzándolo, o manteniéndolo ocupado. Incluso cuando empezó a sentarse solo y pudo jugar mejor con los juguetes, Dalia estaba a su lado mostrándole, enseñándole, explicándole, pero jamás permitiéndole hacer sus propios descubrimientos. El resultado es que Claudio no podía jugar más de cinco minutos sin llamar a su madre o llorar. ¡Qué tal este acaparador de tiempo! Dalia literalmente no podía ir a ninguna parte sin él.

Use la técnica del antecedente, el comportamiento y el resultado para analizar el problema. Al oír esto, pregunté: "¿Qué hace Claudio cuando se cansa de jugar o cuando usted sale de la habitación?"

"Llora como si fuera el fin del mundo", me respondió Dalia.

Como es natural. Al aplicar la técnica mencionada, descubrí que el antecedente era que a Claudio nunca lo habían dejado solo y por tanto no había aprendido a calmarse a sí mismo. Su comportamiento era predecible: lloraba cuando lo dejaban solo. Dado que el resultado era siempre el mismo —alguien, generalmente su mamá, llegaba corriendo—, el patrón quedó establecido.

Cerciórese de que usted quiere cambiar. Me di cuenta de que había que abordar el problema de esta familia desde dos ángulos diferentes: el primero tenía que ver con Dalia y su disposición a cambiar; tenía que aprender a recitar como un mantra las cuatro reglas de convivencia con un caminador de las que hablamos en el capítulo segundo (páginas 44-46), para no olvidar que debía contenerse y estimular el deseo de su hijo de explorar, en vez de correr a rescatarlo siempre. El segundo tenía que ver con Claudio. Era necesario encontrar una forma de transferir su dependencia de la madre a un objeto inanimado cuando estuviera molesto, o temeroso, o necesitado de afecto, un objeto al cual él pudiera acceder *por su cuenta* aunque ella no estuviera allí. Ambos cambios serían lentos. Al comienzo le advertí a Dalia lo siguiente: "Tendrá que estar atenta a su propio comportamiento tanto como al de su hijo".

Formule un plan. Dividimos el plan en pasos, empezando con el período de juego de Claudio. Le enseñé a Dalia las cuatro reglas y la insté a que se contuviera cuando Claudio iniciara una actividad o agarrara un juguete. Esto era difícil para ambos. Ella estaba acostumbrada a jugar con su hijo y a interactuar constantemente con él en lugar de observarlo y permitirle que tomara la iniciativa. "Los cambios que introduce deben ser pequeños e ir aumentando poco a poco", subrayé. "Empiece durante el día, cuando hay menos probabilidades de que Claudio esté de mal humor".

Vaya paso a paso. Al comienzo, Dalia se sentó en el piso, pero permitió que Claudio diera siempre el primer paso. Como él estaba acostumbrado a que ella interviniera, generalmente tomaba un juguete —su xilófono, por ejemplo—, lo dejaba caer en el regazo de su madre y le pedía que jugara mientras él miraba. Pero en esta ocasión, Dalia, empeñada en guiarlo hacia su independencia, tomó el xilófono, lo puso sobre la mesa y le entregó la baqueta a su hijo. "Tócalo para mamá", le dijo festivamente. Claudio trató de agarrar su brazo en un gesto que claramente quería decir: "No, hazlo tú", pero ella insistió: "No, Claudio. Tú juegas con el xilófono, no mamá".

A veces, Claudio jugaba solo; a veces, hacía un escándalo. Sin embargo, en cuestión de unas pocas semanas empezó a sentirse más cómodo jugando por su cuenta y sin la intervención de Dalia. Mamá estaba tan emocionada que a veces se excedía en sus alabanzas; sin embargo descubrió que cuando le decía a Claudio: "Bien hecho, cariño", interrumpía su concentración y le impedía seguir adelante. Su voz le recordaba su presencia e inmediatamente quería volver al antiguo patrón de comportamiento. Le sugerí que esperara diez o quince minutos antes de aplaudir su independencia en el juego, y que lo hiciera de una forma más casual, no como si fuera algo excepcional.

Fije límites y respételos. En este punto, Claudio era capaz de jugar por su cuenta sólo si su madre estaba en la habitación, pero era mucho más independiente que antes. Es importante fijarse en el progreso para no quedarse estancado. Siga guiando a su hijo hacia la meta, que en el caso de Claudio consistía en aprender a tolerar la ausencia de la madre. Dalia empezó a alejarse de él poco a poco hasta que llegó al sofá, de manera que su hijo jugaba a dos o tres metros de distancia. Aunque no le resultaba fácil, se mantenía ocupada leyendo o revisando las cuentas. Cuando Claudio se acercaba, ella lo tranquilizaba: "Aquí estoy. No me he ido a ninguna parte". Y seguía haciendo lo que estuviera haciendo, transmitiéndole el mensaje de que él también debía volver a sus actividades.

Una cosa era llegar al sofá y otra bien diferente, salirse de la habitación. Cuando lo intentó por primera vez —"Ya regreso. Voy a traer algo de la cocina"—, Claudio se echó a llorar, suspendió el juego y corrió tras ella. Dalia se detuvo y regresó al cuarto de juegos. "Te dije que ya volvía. Te puedo ver desde la cocina y tú me puedes ver a mí".

Deje que su hijo tenga el control. Había llegado el momento de darle a Claudio un objeto de transición al cual pudiera aferrarse en ausencia de su madre, algo que él pudiera controlar (ver páginas 181-182). Dado que Claudio no parecía tener un animal favorito y tampoco adoptó una cobijita, Dalia le dio un suéter viejo y suave y le pidió: "Guárdame esto hasta que regrese". Siguió hablándole mientras iba a la cocina. En las siguientes semanas prolongó paulatinamente los períodos de ausencia, un minuto al día.

Cuando pudo dejar la habitación durante quince minutos, decidió que era hora de atacar el tema de la siesta, una transición típicamente difícil para un caminador dependiente que teme que su madre no esté ahí cuando despierte; por tanto, piensa, es mejor no dormir. Dalia empezó a acostar a Claudio con el suéter. Al comienzo lo arrojaba a un lado, pero Dalia lo levantaba tranquilamente y lo asía, junto con la mano de su bebé. Se quedaba allí con él hablándole con voz suave. También en este caso su trabajo fue gradual, y cada día se quedaba un minuto o menos.

No desista si su hijo rechaza un objeto de transición. En vez de suponer que no lo quiere, continúe ofreciéndoselo. Tenga paciencia. Dele el objeto cuando necesite sosegarse —y cuando usted lo esté tranquilizando—, para que haga la asociación. No olvide que su·meta es ayudarlo a desarrollar su independencia emocional y a ampliar su capacidad de concentración. Cuando deje de preocuparse por su presencia, podrá concentrarse mejor y ocuparse de sus propias empresas por períodos cada vez más largos.

Deléitese con las pequeñas victorias. Dalia supo que estaba en la recta final cuando Claudio empezó a mostrarse tan apegado a su suéter que insistía en tenerlo a su lado o entre sus manos a toda hora, y Dalia y Claudio le pusieron un nombre. Un día, Dalia le preguntó a Claudio lo siguiente: "¿Dónde crees que deberíamos guardar tu saquito para que siempre lo encuentres?" Él lo puso detrás de un cojín en el cuarto de juegos.

La última prueba fue la decisión de Dalia de salir de casa. La primera vez le dijo a Claudio que iba a la tienda: "Francia se quedará aquí contigo mientras regreso. ¿Quieres que te traiga tu saquito para que te acompañe mientras yo no estoy?" Claudio se sintió infeliz, pero ya usaba su saquito para dormir, así que se lo puso debajo del brazo, aunque con renuencia.

Todo el proceso demoró seis semanas. Si Claudio hubiese sido mayor (o si Dalia no se hubiera atenido al plan), habríamos tardado más tiempo. Habríamos tardado menos tiempo si Dalia me hubiera llamado antes de que los hábitos de Claudio estuvieran tan arraigados. Éste no es un caso aislado o inusual. En muchas familias modernas los padres tienden a concentrarse excesivamente en los niños. Lo hacen por amor y porque se preocupan. Pero cuando la balanza se inclina hacia un lado y los padres ponen en entredicho la independencia emocional de sus hijos, es conveniente que retrocedan unos pasos.

Adiós a los engorrosos chupos

Y ya que estamos hablando de la separación, mal haría en no mencionar el tema de los chupos. Quizás se dio cuenta de que no aparecían en la lista de los objetos tranquilizantes mencionados en las páginas 181-182. Yo prefiero ver a un caminador chupándose el dedo o un biberón (de agua) que mascando un objeto que él solo no se puede volver a poner entre la boca.

No me malinterprete: no soy una enemiga declarada del chupo. De hecho, los recomiendo para los bebés menores de tres meses, cuando el reflejo de chupar es más intenso. A esa edad, el bebé no tiene la capacidad física de encontrarse las manos, y el chupo le sirve porque necesita el estímulo oral. Pero cuando ya controla sus extremidades, el chupo se convertirá en una muleta (ver página 261) si hay un adulto que insiste en metérselo entre la boca. No fue el niño quien lo decidió: él no puede metérselo a la boca sin ayuda, así que no es un método para tranquilizarse a sí mismo. No obstante, más tarde que temprano se volverá dependiente de la sensación del chupo en la boca. Y si se insiste en ello después de los seis meses, se convertirá en un hábito difícil de combatir.

De hecho, al analizar los innumerables acaparadores de tiempo relacionados con el sueño que obligan a los padres a consultarme, con frecuencia descubro que en el fondo de todo está la adicción del caminador al chupo. A mi página web llegan toneladas de cartas de padres ansiosos que se levantan cuatro y cinco veces durante la noche a ponerle el chupo al bebé. Una de estas historias resume los apuros de casi todos estos padres. Kim, de catorce meses de edad, se dormía todas las noches con el chupo en la boca. Cuando estaba profundamente dormida, su boca se abría y se le salía el chupo. Como Kim estaba tan acostumbrada a la sensación, su ausencia inevitablemente la despertaba: su seguridad desaparecía. En las noches tranquilas, Kim buscaba el chupo y se lo volvía a poner entre la boca ella sola. Sin embargo, lo que solía suceder era que el chupo se le enredaba entre las cobijas o se le caía de la cuna y la pobre Kim se despertaba en pánico de un sueño profundo y gritaba hasta que su madre llegaba y le buscaba el chupo. Sólo entonces se podía volver a dormir (ella y el resto de los habitantes de la casa).

Creo además que los padres a veces prolongan la dependencia de su hijo. Recurren al chupo todo el día, como si fuera un tapón, para calmar al niño o, lo que es peor, para callarlo, cosa que no ayuda al niño a aprender a tranquilizarse solo. Cuando los padres me dicen que su

Consejos sobre la cobijita

¡Déjesela! A menos que su hijo esté recurriendo obsesivamente a un objeto tranquilizador —excluyendo otras actividades—, no lo moleste. (Esto no se aplica a los chupos: vea la sección dedicada a los "engorrosos chupos" en las páginas 272-276). Además, la mejor manera de lograr que un niño deje los malos hábitos es haciendo caso omiso de ellos. Si trata de engañarlo o, lo que es peor, de pelear con él, lo único que logrará es aumentar la devoción de su hijo hacia el amado objeto (o actividad). Le prometo que si lo deja en paz, con el tiempo encontrará los recursos internos (más aceptables) para aislarse del mundo.

¡Lávela! Los objetos íntimos de tela o de peluche se deben lavar con frecuencia (y mientras su hijo duerme). Si espera demasiado, el niño empezará a asociar el olor, además de la textura, al sosiego, y lavarlo sería tan traumático como quitárselo.

¡Duplíquela! Si su hijo tiene un peluche o un juguete favorito, compre por lo menos tres del mismo. Quizás no se lleve su mantita a la universidad, pero sí padecerá años de uso y desgaste.

¡Llévela siempre! Si viaja, no olvide nunca el objeto íntimo de su hijo. Sé de una familia que perdió un vuelo porque papá tuvo que devolverse a recoger el osito de su hijo.

hijo no quiere dejar el chupo, yo les aconsejo que echen primero una mirada a sus propias necesidades. Después de todo, ellos fueron los que le dieron el chupo: ellos controlan la situación.

"Yo siempre llevo el chupo, aunque Esteban no me lo pida", me confesó Josefina el otro día, con lo cual admitió que el chupo era *su* muleta, no la de su hijo. Josefina había decidido en algún momento que el chupo tenía propiedades mágicas. Como decía, gracias a él, su hijo no molestaba, dormía la siesta en cualquier parte y no la avergonzaba jamás. Sobra decir que esta "magia" no sólo es ilusoria, sino que al presentarle el chupo en el instante en que Esteban empezaba a molestar, Josefina le estaba impidiendo que se expresara: se negaba a escucharlo.

¿Niño grande, cama grande?

Muchos padres se preguntan cuándo es el momento adecuado para hacer la transición a la cama grande. Pues bien: ¡Espere todo lo posible! A algunos niños les falta madurar, y es importante que se sientan cómodos en la cuna antes de dar el siguiente paso. De otra manera, le estará facilitando al niño la huída. Entretanto:

Ponga una cama grande en la habitación del niño. En vez de invertir en una cama novedosa de la cual se cansará en un par de años, compre una cama normal y añádale barandas.

Espere a que su hijo se muestre interesado en dormir en la cama grande. Empiece acostándolo sobre un colchón bajito, para que esté lo más cerca posible del suelo, y sólo a la hora de la siesta, como una ocasión especial.

Fíjese en los riesgos: lámparas y otras cosas que podría tirar. Si usted no está seguro, pase un tiempo en la habitación observando a su hijo para darse cuenta de las situaciones peligrosas en las que podría meterse.

Si está leyendo este libro y su hijo aún usa chupo, supongo que tiene más de ocho meses de edad. Claro que la decisión de quitárselo es suya. Me doy cuenta de que puede no ser tan fácil. Hace poco la tía de un niño de cuatro y uno de cinco me explicó así su reticencia: "Sólo tengo eso". No obstante, tenga en cuenta que siempre que su hijo no pueda encontrar el chupo, usted tendrá que buscarlo. Y mientras más se demore en ayudarlo a desarrollar estrategias para tranquilizarse solo (las cuales, a su vez, serán la base de su independencia), más difícil será deshacerse del engorroso chupo, y más noches transcurrirán sin que pueda dormir bien. En el recuadro de las páginas 275-276 aparecen varios métodos para abandonar el hábito. Sólo usted puede decidir cuál es el que más se acomodará a su hijo.

Dos métodos para deshacerse del chupo

Mientras mayor sea su hijo, más difícil será deshacerse del chupo, sin importar el método utilizado. De cualquier manera, antes de hacerlo, dele a su hijo un objeto íntimo, si es que su hijo no tiene ya uno (relea la historia de Claudio, en las páginas 267-272). Apenas se apegue a una frazada o a un peluche, automáticamente dependerá menos de su chupo.

Eliminación gradual. Empiece reduciendo el tiempo diurno con el chupo. Permítale a su hijo que se acueste a dormir la siesta con chupo durante tres días, pero quíteselo apenas se quede dormido. Durante los tres días siguientes, elimine el chupo a la hora de la siesta. (En este punto él ya debe de haber adoptado un objeto de seguridad.) Dígaselo sencillamente: "No más chupo a la hora de la siesta". Si llora, consuélelo en vez de meterle un objeto inanimado a la boca. Abrácelo, dele su objeto de seguridad o dele palmaditas; déjele saber que usted está ahí y dígale: "Ya puedes dormir, cariño. Todo va a estar bien".
Cuando su pequeño se acostumbre a dormir la siesta sin chupo (si es menor de ocho meses, el proceso no suele tomar más de una semana; se demora más si el niño es mayor), empiece a hacer lo mismo por la noche. Primero déjelo que se duerma con el chupo entre la boca, pero quíteselo apenas se quede dormido. Quizás se despierte por la noche, llorando porque no encuentra el chupo: es lo que ha venido haciendo hasta ahora; la diferencia es que usted no se lo dará. Tranquilícelo con gestos (sin hablarle) y cerciórese de que tiene su objeto de seguridad en la mano. No ceda ni dé la impresión de que siente lástima por él. Al fin y al cabo, usted está haciendo lo correcto; le está enseñando a dormirse solo.

Eliminación de tajo. No recomiendo este método con niños menores de un año porque les cuesta trabajo entender la idea de que algo ya no está. Pero los niños mayores a veces desisten del chupo sin muchos problemas, especialmente cuando se dan cuenta de que ya no está ahí.

"El chupo se fue, cariño", le dijo una madre inglesa a su pequeñita.

"¿A dónde?", preguntó su hija.

"A la caneca", respondió mamá jovialmente.

La niña aceptó la partida de su chupo y siguió adelante con su vida. Otros niños lloran un rato y después se olvidan. Otros siguen preguntando y se sienten tristes, pero esto no dura más de unos días. Ricardo, de veintidós meses de edad, se volvió completamente loco cuando su papá le dijo un día que su chupo se había ido porque le estaba dañando los dientes. A Ricardo no podían importarle menos sus dientes. Lloró y lloró, pero papá no se conmovió con las lágrimas de su hijo. No le dijo: "Pobre Ricardito: su chupo se fue". Tres noches después, ya se le había pasado.

Método combinado. Algunos padres combinan la eliminación gradual y la eliminación de tajo. Para combatir la adicción de su hijo al chupo, Marisa convirtió el tema en parte del ritual matinal. Todas las mañanas, después de darle un beso de buenos días, extendía su mano y le decía: "Hora de darle a mamá el chupo". Ivo le pasaba el chupo sin protestar. Durante el mes siguiente, Ivo continuó durmiendo con el chupo. Al observarlo mientras dormía, Marisa se dio cuenta de que el chupo no interfería con su sueño, porque no se despertaba cuando se le salía de la boca. Así que una noche Marisa finalmente le dijo: "Ya no más chupo, cariño. Eres un niño grande". Y ya.

No importa qué método use: lo que importa es que sea realista. Al fin de cuentas, ésta es una experiencia dura para su hijo y usted debe mantenerse fuerte. Habrá llanto unas cuantas noches. Y después la situación mejorará un poco. Y en los años por venir, la historia de cómo dejó su chupo formará parte del folclor familiar.

Felipe: pataletas crónicas

Aunque ya me ocupé de las estrategias para hacer frente a los berrinches (páginas 239-245), quisiera señalar que cuando los padres intentan aplacar las pataletas una y otra vez, el comportamiento descontrolado y exigente del niño puede convertirse en un catastrófico acaparador del tiempo. Además, las pataletas suelen ser síntoma de otros problemas, como por ejemplo la pérdida de autoridad por parte de los padres.

Hace poco pasé dos horas hablando por teléfono con Carmen y Gonzalo, que llamaron desde otra ciudad a consultar sobre su hijo de veintidós meses de edad. Felipe, según ellos, "se transformó en un niño horriblemente agresivo y mezquino" cuando nació Beatriz, que ya tiene seis meses. Aparentemente, Felipe no tolera que sus padres no le presten atención, en especial si hacen caso omiso de él por cuidar de su hermanita. Por ejemplo, cuando Carmen le cambia el pañal a Beatriz, Felipe hace una pataleta. Para calmarlo, Carmen trata de abrazarlo, pero Felipe le da patadas y la muerde. Cuando eso sucede, papá interviene y le llama la atención ("Eso no está bien"), y ambos adultos acaban en el piso tratando de calmarlo.

Por la noche, Felipe se acuesta en la cama de sus papás, y se niega a dormir a menos que esté agarrado de la oreja de su mamá o de su papá. Ellos le permiten que jale y que pellizque. Nadie le ha dicho a Felipe: "Eso duele", o "Puedes tomar mi mano, pero no mi oreja". Sobra decir que ambos padres están exhaustos. La abuela Rosa, que vive a cientos de kilómetros de allí, trata de ir una vez a la semana para que Carmen descanse un poco, pero nadie se ocupa de Felipe personalmente.

Carmen y Gonzalo tratan de evitar los problemas antes de que empiecen, o al menos eso es lo que creen que hacen. Me contaron, por ejemplo, que hace poco llevaron a Felipe y a Beatriz de paseo y que le permitieron a Felipe llevar una enorme bolsa de juguetes. No sirvió para nada: al rato se había hartado de ellos. Cuando se aburrió, trato de abrir el cinturón de seguridad. "Si te quitas el cinturón, detengo el auto", le gritó Gonzalo amenazante. "¡Si no te quedas sentado hasta que lleguemos a la casa te vas a meter en serios problemas, jovencito!" Felipe finalmente dejó el cinturón en paz, pero Gonzalo tuvo que gritarle varias veces hasta que le obedeció.

A mí me quedó claro que este niño estaba manejando la situación. Apenas había cumplido dos años, pero Carmen y Gonzalo trataban de razonar con él constantemente. Al negarse a fijar límites —de hecho renunciando a su responsabilidad como padres—, mamá y papá le estaban enseñando inconscientemente a ser manipulador. Su comportamiento "mezquino" y "agresivo" era su forma de rogar que le impusieran límites.

"El amor no tiene nada que ver con permitirle a un niño que les coja las orejas o que les haga daño sin decir nada", les expliqué a Carmen y a Gonzalo con tanto tacto como me fue posible. "Tampoco tiene que ver con darle un barril de juguetes para que se divierta. Y ciertamente no tiene nada que ver con permitirle tiranizarlos a ustedes y a su pequeña. Su hijo está pidiendo a gritos que le fijen límites: a gritos. Me temo que si no lo hacen, acabará haciéndole daño a su hermanita. Y eso llamaría su atención, ¿verdad?"

"¡Pero somos una familia amorosa!", insistía Gonzalo una y otra vez. Y lo eran. Carmen es calmada y dulce y Gonzalo tiene un gran corazón. "Y Felipe solía ser un niño adorable", añadió Carmen. No me cabe la menor duda. La cosa es que en algún momento ambos debían empezar a portarse como los padres que eran. Felipe necesitaba algo más que amor: necesitaba que ellos tomaran las riendas.

"Hablemos de las pataletas", sugerí, pues ése era el tema más urgente. "Cuando se descontrole, ustedes deben seguir haciendo lo que sea que los mantenga cómodos", les expliqué. "Cuando empiece a gritar, díganle: 'Esto es intolerable'. Llévenlo a su habitación, acompáñenlo, pero no le hablen".

Carmen y Gonzalo siguieron las instrucciones, pero después empezaron a sentir lástima. "No queremos ser duros ni hacerlo sentir mal", admitió Gonzalo. "Cuando le dijimos que su comportamiento era inaceptable, agachó la cabeza y salió de la habitación".

Les expliqué que lo más probable es que al comienzo los berrinches de Felipe fueran espontáneos, provocados por la frustración o el cansancio; quizás, por un poco de celos por Beatriz, la intrusa de carita rosada que le estaba robando la atención de sus padres. En vez de trancar su mal comportamiento al comienzo, sus padres lo reforzaron al tratar de embaucarlo o de aplacarlo cada vez que se descontrolaba. Y ahora Felipe sabe exactamente cómo llamar su atención.

Intenté además que estos padres vieran el bosque más allá de los árboles. "Las reglas, los límites y el desencanto forman parte de la vida. Felipe tiene que estar preparado para que sus maestros le digan que no, por ejemplo; y cuando no logre entrar al equipo de béisbol o cuando su novia lo deje, le partirán el corazón. Sin embargo, tendrá que ser capaz de hacer frente a esos momentos dolorosos, y ustedes deben enseñarle a hacerlo. Además, ¿no creen que es mejor que aprenda esas lecciones ahora, con sus compasivos padres, y no después, en el mundo cruel?"

Organizamos un plan sencillo basado en los acontecimientos relatados por Carmen y Gonzalo. Lo primero sería que ellos se hicieran responsables: "Oigan lo que dicen: 'Felipe no me deja...' Una cosa es que mi hija de quince años repita insistentemente: 'Mi mamá no me deja...' y otra muy diferente, oírlos a ustedes decir: 'Mi hijo de dos años no me deja...' ¿Qué está pasando? ¿Cómo puede ser que las cosas se hayan descarrilado hasta tal punto en su hogar que un niño de esa edad no *permita* a sus padres hacer algo? Ustedes están empeñados en que el niño esté contento todo el tiempo. Pero si no intervienen ahora, este niño crecerá manipulando su medio porque ustedes se lo permiten".

Lo segundo sería que ellos asumieran su papel de padres. Sugerí que limitaran las opciones de Felipe a lo largo del día: en el desayuno, uno de dos cereales; en el auto, uno de dos juguetes. Al oír esta parte del plan, Carmen preguntó: "¿Y qué pasa si lloriquea y dice que quiere llevar otros juguetes y acaba metiendo entre el carro la bolsa llena, como suele hacerlo?"

"Usted es el adulto", le dije. "Así que basta con que le explique a Felipe que sólo puede llevar el camión o el robot. No puede permitir que él la controle a usted", repetí enfáticamente.

Por último, si Felipe hacía una pataleta mientras uno de los dos estaba cambiando a Beatriz o jugando con ella, debían decirle: "Tu comportamiento es inaceptable", y llevarlo a su habitación si persistía, aunque gritara y pateara. A esta edad, estas cosas siempre se ponen peores antes de ponerse mejores, les advertí.

Clara: la locura
a la hora de las comidas

Aunque no les quita el sueño a los padres, la mala conducta a la hora de las comidas puede ser vergonzosa e irritante y una pérdida colosal de tiempo. Y lo que es peor: los malos hábitos de comida pueden durar años. El problema surge siempre de la manera más inocente. Quizás los padres son unos fanáticos de las buenas maneras, o quizás se preocupan porque su pequeño no come lo suficiente. Quizás obliguen al niño a someterse o quizás traten de convencerlo. De cualquier forma, ésta no solo es una batalla perdida sino que los dramas a la hora de las comidas acaban perturbando muchas otras cosas en el hogar.

Carolina me pidió que la visitara porque su hija Clara, de un año de edad, se estaba volviendo "extremadamente obstinada". A todo decía que no. Eso no sonaba problemático: la mayoría de los caminadores pasan por una etapa negativa. Pero lo que sí puede serlo es la reacción de los padres. Cuando prestan demasiada atención a esta negatividad, accidentalmente refuerzan comportamientos que más tarde se vuelven contra ellos.

Llegué por casualidad a la hora del almuerzo y Clara estaba en su silla de comer. Mamá estaba tratando de que se comiera un pedazo de pan, pero cada vez que se lo ofrecía, la niña echaba la cabeza para atrás y se volteaba. Tanto la madre como la niña estaban cada vez más ansiosas.

"Bájela", le sugerí.

"Pero no ha acabado".

Le pedí a Carolina que mirara con atención: su hija estaba pateando y haciendo muecas; arrugaba la cara y apretaba los labios. Sin embargo, mamá insistía: "Otro pedazo, cariño, por favor... Abre la boca".

Entonces Carolina decidió que el problema era el pan: "¿Quieres otra cosa, cariño? ¿Cereal? ¿Un banano? ¿Un yogur? También hay melón, ¿ves?" Clara no quería ver. Insistía en mover la cabeza de un lado a otro, con mayor vehemencia a medida que aumentaban las ofertas.

"Muy bien", accedió por fin Carolina. "Ya te bajo". Alzó a la pequeña, le lavó las manos y la pequeña se alejó tambaleante. Pero Carolina la siguió hasta el cuarto de juegos con una taza llena de compota de manzana en una mano y el pedazo de pan en la otra. "Mmm", canturreaba detrás de Clara, que seguía caminando. "¡Qué delicia! Prueba, cariño... sólo un mordisco". ¡Qué manera de irrespetar a un niño!

"Acaba de decirle que la comida ya acabó", le dije, recitando lo evidente. "Ahora ella quiere jugar y usted no deja de perseguirla. Mírela: está en el piso, está sacando juguetes, y usted la acecha para tratar de embutirle un poco más de comida".

Carolina finalmente entendió. Hablamos un poco más y le pregunté sobre el día de Clara. Resultó que tampoco colaboraba a la hora del baño ni a la hora de irse a dormir. "¿Siempre le da tantas opciones como lo hizo a la hora del almuerzo?", le pregunté en un momento dado. "Pues sí", replicó con orgullo. "No quiero imponerle mi voluntad. Quiero que aprenda a pensar por sí misma".

Le pedí que me diera algunos ejemplos. "A la hora del baño, por ejemplo, le pregunto si quiere bañarse, y si ella me responde que no le pregunto si quiere seguir jugando unos minutos más".

A sabiendas de que Clara no tenía ni idea de qué quería decir "unos minutos más" y habiendo sido testigo de situaciones como esta en innumerables ocasiones, la interrumpí: "Déjeme adivinar lo que pasa después. Cuando ya han pasado unos minutos, usted le da unos minutos más y quizás lo haga una tercera vez. Al final está tan exasperada que la agarra y se la lleva alzada al baño, momento en el cual ella llora y patea. ¿Es así?"

Carolina me miró sorprendida. Continué: "Y apuesto que cuando logra ponerle la pijama le pregunta si está lista para irse a dormir".

"Pues sí", respondió Carolina apocadamente. "Y siempre dice que no". Me di cuenta de que ya se había percatado del rumbo de nuestra conversación.

"¡Ella es una niña y usted es el adulto!", exclamé. Le expliqué que el comportamiento de Clara a la hora de la comida era sintomático de un problema mayor: Carolina le había cedido el control y le daba demasiadas posibilidades, falsas posibilidades, por lo demás. Una verdadera opción es cuando el padre escoge una alternativa aceptable y se la plantea al niño: "¿Quieres melón o yogur?", en vez de ofrecerle una piñata verbal. "¿Quieres bañarte ya?" no es una verdadera pregunta porque el padre sabe que el niño tiene que bañarse. Lo que es peor: exige un sí o un no por respuesta, dándole al niño una salida fácil (ver página 225 sobre el planteamiento de alternativas).

Irónicamente, le daba a Clara demasiado vuelo y muy poco respeto. "No la obligue a sentarse aquí cuando no tiene hambre. Escúchela y actúe de acuerdo con sus necesidades físicas, no con su propio deseo de que su hija 'coma bien'. Y ¡por favor!, no la asalte con la comida. Eso sólo empeora las cosas. Usted debe explicarle lo que usted espera de ella, ¡no tomarla por sorpresa!"

"No falta mucho para que Clara decida que ya no quiere subirse a su silla de comer", le advertí a Carolina. "Empezará a asociar la comida con una situación de tensión e infelicidad. Y eso no mejorará su apetito. No hay manera de que usted gane en estos enfrentamientos por el poder".

Estábamos ante un acaparador de tiempo que empeoraba y que seguiría empeorando en el futuro. Clara iba camino a convertirse en la reina del hogar, en la tirana de la casa. Su terquedad aumentaría. Y si sus padres no le imponían límites en la casa y le enseñaban a manejarse, mal podían esperar que ella se portara bien fuera de la casa, ¿verdad?

"No intente llevar a Clara a un restaurante hasta que haya retrocedido un poco, dejándole saber que la respeta y que las comidas no tienen por qué ser motivo de enfrentamiento", le aconsejé. "Si no lo hace así, puede estar segura de que en público hará todo lo posible por perturbar su comida. Y en la cena de Navidad con toda la familia, Clara tampoco querrá sentarse a la mesa. A la abuela le va a dar un ataque porque Clara anda corriendo por ahí, dejando tirada la comida en el sofá, y ustedes querrán esconderse debajo de la mesa".

Durante los dos meses siguientes, hice consultas telefónicas con Carolina. La primera parte del plan consistía en trabajar en las comidas. Carolina le dejaría perfectamente claro a Clara que si quería comer, tendría que ser en la mesa (en su silla); pero cuando Clara ya no quisiera comer más, ella daría por terminada la comida.

En un par de semanas Clara ya había entendido la regla: sin mesa no hay comida. Y aprendió también que cuando acabara de comer, no era necesario que arqueara la espalda o que pateara para que su mamá comprendiera que ya no tenía hambre. Ya sabía que si alzaba los brazos, Carolina la bajaría de la silla en vez de obligarla a permanecer allí. Lo que es más importante, Carolina también mejoró. En vez de ofrecerle falsas alternativas y permitir que Clara tuviera la batuta, aprendió a verbalizar mejor las opciones ("¿Querrías que te leyera papá o mamá?" o "¿Quieres el libro de las hadas o el de Barney?") Como era de esperarse, los demás componentes del ritual cotidiano mejoraron también. Sobra decir que Clara siguió teniendo momentos de negatividad, pero ahora Carolina está a cargo y no invierte su tiempo en batallas que no puede ganar.

Resolver un problema crónico puede ser tan agotador como el problema mismo. Pero es importante pensar en el futuro. Estoy segura de que nadie quiere que a los tres o cuatro años su hijo siga teniendo problemas de sueño, o armando pataletas, o negándose a comer. Así que es mejor enfrentarse al reto ya. Unas cuantas semanas o incluso meses de días difíciles o de noches sin dormir valen la pena si se trata de corregir el rumbo tan lastimosamente perdido.

No pierda de vista el panorama. La crianza es un trabajo difícil, quizás el más importante de su vida, y exige que usted sea creativo, paciente e inteligente, y que dé de sí hasta un punto que no crea posible, en especial en lo que se refiere a la disciplina. Como verá en el último capítulo de este libro, esta visión de largo plazo y el cuidado que preste a su tarea será aun más importante si decide ampliar la familia.

CAPÍTULO NOVENO

Somos cuatro con el nuevo bebé: La familia crece

Sólo el cambio persiste.

—Heráclito

Gobernar una familia privada no
es menos problemático que
gobernar todo un reino.

—Montaigne

La gran pregunta

Preguntarles a los padres de un caminador si piensan tener otro hijo o si ya lo están intentando es suficiente para hacer temblar su espíritu valiente. Estoy segura de que muchas parejas han planeado todo metódicamente. Incluso antes de haber concebido a su primer hijo ya saben cuánto tiempo óptimo debe haber entre uno y otro hijo (al menos desde su punto de vista), y si tienen suerte y están decididos, quizás su cuerpo colabore. Sin embargo, no todo el mundo tiene la misma suerte ni la misma serenidad. De hecho, mi experiencia me indica que la decisión de tener otro hijo —y si sí, cuándo— suele estar salpicada de ansiedad e incertidumbre. ¿Podremos manejarlo? ¿Tendremos los recursos económicos necesarios? Si el primer hijo fue un bebé fácil, ¿tendremos la misma suerte con el segundo? Si fue un bebé complicado, ¿tendremos la fortaleza de manejar otro?

Seguramente la pareja sintió vagas aprensiones durante el primer embarazo, pero ahora sabe exactamente cómo es la paternidad, cuán gratificante y también cuán agotadora, cuán fascinante y también cuán compleja. Los padres de un caminador ya tienen una familia. ¿Realmente querrían que ésta fuera más grande?

En este capítulo veremos el tema de los niños futuros y del tamaño de la familia y cómo preparar y ayudar a su caminador a enfrentar la venida de un hermanito; y lo que es más importante, cómo mantener su estabilidad y la de su relación. Bien sabemos que si se añaden nuevos miembros a la familia, habrá que manejar otra personalidad más. Debe estar preparado para el júbilo de una descendencia creciente, pero también para los problemas potenciales que ésta supone.

Ser o no ser (embarazada de nuevo)

No le quepa la menor duda: ésta es una decisión importante. Ciertamente, ambos padres deberán considerar si tienen el dinero suficiente, el espacio disponible en la casa y el amor para darle a un segundo hijo la atención y el cuidado que necesita. Suele ser mamá la que tiene que pensar en su carrera. ¿Si la dejó por el primer hijo, está dispuesta a quedarse en la casa más tiempo para cuidar del segundo bebé? Si ya volvió al trabajo y tiene dificultades para dividir su tiempo entre su primer hijo y la oficina, ¿podrá hacerlo con dos? Tal vez suceda todo lo contrario: quizás descubrió con su primer hijo que lo que ella necesitaba era cuidar de un bebé y que disfrutaba más de lo que habría creído posible amamantándolo, abrazándolo y cuidándolo. Cuando el bebé empezó a caminar o a hablar, o cuando lo destetó, supo que la luna de miel había pasado y empezó a desear otro bebé. De cualquier manera, debe preguntarse si realmente está lista para empezar de nuevo.

A veces los padres no están de acuerdo sobre tener otro hijo o no, o sobre el momento de hacerlo, y el debate puede complicar la relación (hay más sobre parejas en las páginas 314-323). Uno no puede estar un poquito embarazada así que los dos miembros de la pareja deben resolver sus diferencias. Cada uno debe considerar francamente las razones por las cuales quiere, o no, un segundo bebé. ¿Acaso la familia y los amigos la presionan a ella? ¿Acaso las razones se encuentran en la niñez de él? ¿Acaso tienen prejuicios contra los hijos únicos y piensan que deben darle un hermanito a su hijo? ¿Acaso el reloj biológico apremia? ¿Todas las anteriores?

A continuación, encontrará las historias de tres parejas que tuvieron que enfrentar la incertidumbre sobre tener o no un segundo hijo. Dos de ellas sufrieron lo indecible tratando de tomar una decisión; a la tercera, la madre naturaleza le dio un empujoncito.

Juan y Talía. La muy deseada hija mayor de Juan y Talía, Cristina, ya tiene tres años, y llegó después de cinco años de tratamientos para la infertilidad y de dos abortos espontáneos. Talía estaba próxima a cumplir los cuarenta y sabía que sus posibilidades de quedar de nuevo embarazada recurriendo a sus embriones congelados disminuían mientras más se demorara en tomar una decisión. Pero Juan, trece años mayor y padre de dos hijos de un matrimonio anterior, no estaba seguro de querer tener otro hijo. Adoraba a su "regalo de la edad madura", como llamaba a su pequeñita, pero no olvidaba que cuando ésta llegara a la adolescencia, ya habría cumplido los setenta. Talía usaba el argumento de Juan a su favor: "Ésa es precisamente la razón por la cual deberíamos tratar de tener otro hijo", insistía. "Cristina va a necesitar más compañía que sus ancianos padres". Después de unos cuantos meses de discusión, Juan finalmente se puso de acuerdo con Talía: no quería que Cristina creciera sola. Para sorpresa de todos, Talía quedó embarazada inmediatamente y ahora Cristina tiene un hermanito.

Catalina y Roberto. Catalina, que manejaba una *boutique* de ropa, quería que su hijo tuviera un hermano, pero había otros factores que también debía tener en cuenta. Tenía treinta y cinco años y disfrutaba manejando su propio negocio. Había estado más que dispuesta a tomarse un tiempo libre cuando nació Luis, pero siempre tuvo claro que regresaría al trabajo, y lo hizo cuando Luis cumplió seis meses. Pero no había sido fácil, aunque tenía una niñera de medio tiempo, porque el suyo era un caminador fogoso y voluntarioso, con unos patrones de sueño muy erráticos. Con frecuencia, Catalina tenía que arrastrarse hasta

¿Deberíamos o no deberíamos?

Aunque cada historia relativa al segundo bebé es única en sus detalles y recovecos, los padres deberían tener en cuenta los siguientes elementos:

- **La disposición física:** ¿Cuántos años tiene? ¿Se siente bien? ¿Tiene la energía suficiente para tener un segundo hijo?
- **La disposición emocional:** Piense en su forma de ser y en su inclinación a invertir más tiempo y energía. ¿Está lista a renunciar a la intensa intimidad que tiene con su primer hijo?
- **Su primer hijo:** ¿Cómo es su temperamento? ¿Cómo fue recién nacido? ¿Y como caminador? ¿Qué tan bien se adapta al cambio?
- **Las finanzas:** Si uno de los dos tiene que dejar de trabajar, ¿seguirán a flote? ¿Podrán pagar a alguien que les ayude? ¿Tienen ahorros suficientes para una emergencia?
- **La carrera:** ¿Está dispuesta a posponerla? ¿Seguirá ahí cuando los niños estén mayores, y es eso importante para usted?
- **La logística:** ¿Tienen suficiente espacio para dos niños? ¿Dónde dormirá el nuevo bebé? ¿Podrá compartir la habitación con el mayor?
- **El motivo:** ¿Realmente quieren este segundo hijo o los están presionando demasiado? ¿Les preocupa tener un hijo único? ¿Su propia niñez (con muchos hermanos o sin ellos) está incidiendo en su decisión?
- **El apoyo:** Si es usted un padre soltero o una madre soltera, ¿tiene quién lo ayude?

la *boutique*. Por su parte, Roberto tenía cuatro hermanos, quería por lo menos dos hijos, y Luis ya tenía dos años y medio. Para complicar las cosas, el padre de Catalina estaba muriendo. "Espero que viva lo suficiente para conocer al hermanito de Luis", repetía su madre, añadiendo: "Y yo no estoy más joven".

Catalina se sentía culpable y torturada. Siempre había querido tener dos hijos, pero el recuerdo de las noches sin dormir estaba vivo en su mente, y la idea de volver a los pañales y a la bomba succionadora de leche le daba pánico. Al final, Catalina cedió y se sintió feliz de hacerlo. Matías, un ángel, nació poco antes de que Luis cumpliera cuatro años.

Fany y Esteban. A veces, mientras marido y mujer discuten sobre la posibilidad de tener un segundo hijo, la decisión acaba dependiendo de fuerzas superiores a ellos. Fany y Esteban, de cuarenta, habían adoptado a su primer hijo después de una larga batalla contra la infertilidad. El pequeño Chan, proveniente de Cambodia, era su sueño vuelto realidad. Inmediatamente formó lazos con ambos, se adaptó rápidamente a su nuevo hogar y se convirtió en un ángel muy dulce y fácil de manejar. Chan acababa de cumplir cinco meses cuando Fany se levantó una mañana con ganas de vomitar. Pensó que tenía el mismo virus que Esteban había padecido la semana anterior, así que pueden imaginar la sorpresa cuando el doctor le dijo que estaba embarazada. La noticia era maravillosa, pero Fany pensó con preocupación que quizás no tendría la energía necesaria para hacer frente a dos niños menores de dos años, para no hablar de los recursos financieros. Sin embargo, en ese punto, los temores resultaban bastante inútiles. El bebé número dos venía en camino.

Si viviéramos en un mundo perfecto, todo sucedería a su debido tiempo. En el proceso de decisión sobre tener o no un segundo bebé, podríamos agotar la lista de argumentos hasta llegar al momento feliz en el que estaríamos listos en todos los frentes. Podríamos decidir la diferencia de edades entre los dos niños (ver recuadro de la página 289), y las madres quedarían embarazadas según lo planeado.

Sin embargo, como suelen descubrirlo los padres con demasiada frecuencia, no todo funciona según lo planeado. Quisiéramos tener más dinero, más espacio en la casa, más tiempo para nuestro primer hijo. Quisiéramos no tener que aplazar ese proyecto especial de nuestro trabajo. Por el otro lado, el reloj biológico no se detiene, tener al primer hijo fue maravilloso, y uno de los cónyuges quiere otro hijo. Y aunque no todo es perfecto, nos echamos al agua (o no: ver el recuadro en la página 290).

Diferentes edades, diferentes etapas

No hay tal cosa como el momento "ideal" para tener un segundo hijo. Lo que hay que hacer es averiguar qué es lo mejor para uno y esperar que la madre naturaleza colabore.

11-18 meses. Las pequeñas diferencias de edad no son fáciles. Cuando los niños se llevan un año o menos, hay dos niños en la casa que usan pañales y hay que duplicar el equipo del bebé. Será más difícil disciplinar al mayor porque la vida cotidiana es físicamente agotadora. Lo bueno es que superamos los años difíciles antes si los niños no se llevan tanto tiempo.

18-30 meses. El segundo llega justo cuando el primero está pasando por su etapa más negativa y cuando se siente más ambivalente frente a la independencia. El mayor recibirá menos atención y menos cuidados de los que necesita. La mejor manera de resolver muchos problemas es dedicarle tiempo especial al mayor y prestarle la atención que necesita. Habrá muchas peleas o un lazo fuerte y permanente entre los dos, dependiendo del temperamento del mayor.

21/2 -4 años. Es menos probable que el mayor sienta celos porque ya se siente más independiente, tiene sus propios amigos y una rutina estable. Como se llevan tanto tiempo, no serán compañeros de juego y quizás no sean demasiado unidos cuando crezcan, si bien su relación puede cambiar cuando sean mayores.

Más de 4 años. Es posible que el mayor se sienta desilusionado con "ese bulto" porque se había imaginado que apenas naciera su hermanito tendría un compañero de juego. Quizás participe más en el cuidado del pequeño, pero los padres deben cuidarse de darle demasiada responsabilidad. Hay menos rivalidades entre los hermanos; pero también, menos interacción.

El juego de la espera

Sus hormonas están enloquecidas, en su interior crece una nueva vida, y su caminador corre de aquí para allá sin parar. A veces se siente en el cielo: imagina una escena idílica con su familia feliz, en la mesa del comedor, destapando regalos la mañana de Navidad, o quizás disfrutando de unas vacaciones en Disneylandia. Otros días se siente en el infierno: "¿Cómo le diré a mi hijo?", se pregunta. "¿Qué puedo hacer para prepararlo? ¿Qué pasa si se siente infeliz con la idea? ¿Y si a mi compañero le sucede otro tanto?" Su mente da vueltas y vueltas y acaba siempre en el mismo lugar: "¿En dónde me he metido?"

¿Y qué hay de un hijo único?

Por primera vez en la historia, hay en Estados Unidos más familias con un hijo único que familias con dos o más hijos. Sin embargo, sigue existiendo un gran prejuicio en contra de tener un solo hijo, prejuicio alimentado con los argumentos usuales: los hijos únicos son malcriados y exigentes; nunca aprenden a compartir; esperan que todo el mundo sea tan tolerante y complaciente como sus afectuosos padres; sin un hermano, estarán solos, insisten los más negativos. A comienzos del siglo XX, el psicólogo G. Stanley Hall lo puso de esta brutal manera: "Ser un hijo único es una enfermedad en sí mismo".

¡Por favor! Las investigaciones recientes indican que los hijos únicos tienden a tener una ligera ventaja en lo que se refiere a su autoestima y a ser más inteligentes que los niños con un hermano. Sus padres tendrán que hacer más esfuerzos para organizarle una vida social y para incluir amigos en los paseos, de manera que el niño no sea el único foco de atención. Tendrán que ser cuidadosos preservando los límites y no convertir al niño en un compañero con quién compartir información y sentimientos adultos. Pero los buenos padres son buenos padres: no importa que haya un niño en la casa o cinco. Sus capacidades, su habilidad para proveer bienestar físico y emocional, amor y límites son mucho más significativos que la cantidad de puestos en la mesa.

Una cierta ambivalencia ante la idea de tener o no un segundo hijo es normal y comprensible, pero si después de haberlo pensado cuidadosamente usted sigue rechazando la idea de un nuevo embarazo, manténgase firme en su derecho de tener un hijo único. Una familia de tres está muy bien. A medida que su hijo crezca, explíquele que ésta fue su decisión. Es probable que la culpa, la desilusión y el arrepentimiento hagan que un niño se sienta privado de un hermano; no será tan así si siente que es único y especial. (¡Hay hermanos que cuando crecen nunca se vuelven a ver!)

Nueve meses pueden parecer una eternidad cuando se se tienen altibajos emocionales. Es importante que se cuide y que mantenga su lazo estrecho con su compañero, y al mismo tiempo, que ayude a su hijo a acomodarse a la idea. Empecemos con los adultos.

Lo que siente es normal. No hay un solo padre allá afuera que no haya dicho: "Ojalá estemos haciendo lo correcto" durante el segundo embarazo. El pánico golpea en momentos diferentes y por razones diferentes. Quizás los primeros meses hayan sido soportables, pero a medida que usted empieza a subir de peso y le resulta más difícil alzar a su caminador, empieza a pensar en el nacimiento inminente como en un desastre inminente. O quizás la vida está funcionando de maravilla cuando de pronto su hijo empieza a pasar por una etapa difícil. No quisiera imaginar el horror de manejar dos niños o de tener que pasar por esto una vez más. El temor también puede apoderarse de usted en el momento más inesperado. Va por la calle con su compañero, camino de un cine o de un restaurante, y eso le recuerda su vida antes de su primer hijo. Tal y como están las cosas, prácticamente no tienen tiempo para ustedes dos. "Debemos de estar locos para hacerlo de nuevo".

Cuando el pánico ataque, recite la oración de la serenidad: "Dios, dame la serenidad para aceptar lo que no puedo cambiar, el valor

---

¡Ayuda! ¡Mamá necesita ayuda! (Una lista para papás)

Mamá se cansará más durante el segundo embarazo que durante el primero. No sólo tiene que cargar con el peso adicional sino que además debe correr tras su caminador. Papá (o cualquiera que pueda ayudar: la abuela, el abuelo, la tía Irene, la mejor amiga, otras madres, una niñera contratada) debe venir al rescate. Papá y los otros encargados del cuidado del niño deberían hacer de vez en cuando lo siguiente:
- Liberar a mamá del niño cuando sea posible, y hacer citas regulares con él.
- Hacer diligencias.
- Cocinar o traer la comida.
- Bañar al niño: a mamá le cuesta trabajo agacharse y le resulta incómodo.
- No quejarse del trabajo adicional: eso sólo hará que mamá se sienta peor.

para cambiar lo que sí puedo cambiar, y sabiduría para reconocer la diferencia". El embarazo es algo inmodificable; no así su actitud. Así que respire hondo, llame a una niñera o a una amiga y haga algo bueno por usted misma (hay muchas sugerencias en las páginas 323-326).

Hable de sus temores. Hace poco Lena —decoradora de interiores, con siete meses de embarazo— y Carlos —contador— me pidieron que los visitara porque estaban a punto de naufragar en un mar de dudas. Los había conocido hace dos años y medio, cuando nació Víctor.

"A mí me preocupa sobre todo Víctor", empezó Lena. "Ni siquiera estoy segura de que le esté prestando suficiente atención ahora. ¿Cómo me voy a dividir cuando tenga otro hijo?"

"Nos falta tiempo con Víctor", añadió Carlos. "Y ahora que hay otro niño en camino..".

"¿Y cuándo sería el momento adecuado?", les pregunté, a sabiendas de que eso no existía. "¿Creen que llegará un momento en el que hayan pasado suficiente tiempo con Víctor? ¿Cuando cumpla cuatro o cinco años?"

Ambos se encogieron de hombros: sabían perfectamente lo que quería decir. Les sugerí que recordaran por qué habían decidido tener otro hijo, hace siete meses. "No queríamos que Víctor fuera hijo único", dijo Lena. "Siempre planeamos tener dos o más hijos. Cuando Víctor nació, yo dejé de trabajar unos meses, pero mi carrera ha prosperado desde que regresé al trabajo. A ambos nos va bien en el trabajo y tenemos una buena situación financiera. Pensamos que Víctor tendría tres años cuando el bebé naciera. Ya tendría un grupo de juego con amigos y una vida propia".

Era un razonamiento sensato. Además, Lena y Carlos acababan de remodelar su casa; prefirieron ampliarla a cambiarse a una nueva. Evidentemente, habían hecho la tarea. Es más: ambos parecían increíblemente felices. Víctor era un niñito maravilloso, tenían una niñera sensacional que vivía con ellos y Lena acababa de ganar un premio por su trabajo como diseñadora de interiores.

Pero eso no era todo. Lena estaba bajo el asalto constante de sus hormonas enloquecidas y más de veinte kilos de peso adicional. Víctor se molestaba con frecuencia porque ella no podía cargarlo y no sabía bien cómo explicarle por qué. Lena compartió conmigo una rama adicional que le había salido a su cuidadosamente trazado plan. Impresionado por su éxito reciente, un hombre muy rico le había pedido que lo ayudara a remodelar su recién adquirida mansión en Malibú. Este trabajo significaba toneladas de dinero, de prestigio y de visibilidad y probablemente traería consigo más trabajo, pero también significaba tiempo, tiempo del que carecía una mujer a punto de dar a luz a su segundo bebé.

Mientras hablábamos, me di cuenta de que la causa de la angustia de Lena era su cuerpo y el fantasma de una oportunidad perdida, y no la llegada del segundo hijo. "Debe sentirse como una bestia de carga", le dije, pensando en los caballos que transportan el carbón en las minas de York. "Entiendo que la vida le parezca tan difícil". Pero además Lena sentía que la llamada de este cliente era una oportunidad única en la vida y en el fondo sabía que tendría que rechazarla.

"Está bien que exprese su desilusión", le dije. "Si trata de esconderla, tarde o temprano le saltará encima. Y lo que es peor, empezará a resentir la llegada del bebé".

No siempre puede salirse con la suya. Todos tenemos deseos, y hay cosas que queremos hacer, pero no podemos hacerlas todas ni cumplirlos todos. Si siente aprensiones, lo mejor —además de recordar las razones para tener un segundo hijo y de admitir la desilusión por las oportunidades perdidas— es aceptar la vida en sus propios términos. "Podría intentar negociar las condiciones del trabajo con este cliente", le dije a Lena; "pedirle que organicen un plan de trabajo basado en las necesidades de su familia. ¿Pero es eso lo que realmente quiere hacer? Yo sé que ahora no lo parece, pero vendrán otras ofertas fabulosas; en cambio, nunca más tendrá la oportunidad de pasar tiempo con su bebé".

Unos días después, Lena me llamó para decirme que se sentía mejor. "Empecé a pensar en las razones por las cuales decidimos tener otro hijo y definitivamente éste es el mejor momento para nosotros. También me resigné a la idea de que tendría que rechazar el trabajo, y me siento incluso un poco aliviada". Lena comparte sus dilemas con muchas mujeres de hoy. Siempre hay que decidir entre la carrera y los niños. Así que recuerde que los trabajos van y vienen, mientras que los bebés son para siempre.

Niños pequeños / Grandes expectativas

Una cosa es hacer frente a nuestras propias dudas y otra bien diferente enfrentar a un caminador que quizás no tenga la edad para comprender por qué está creciendo la barriga de mamá o por qué ya no puede alzarlo en brazos. He aquí algunas medidas temporales que facilitarán la transición.

Correo electrónico de una madre que dió la noticia con anticipación

Durante el segundo embarazo, le hablamos a nuestro hijo con tanta franqueza como lo permitía su edad sobre de dónde venía el niño, cómo sería la vida cuando llegara y otras cosas. Tratamos de ayudarlo a acostumbrarse a la idea mucho antes de que llegara el bebé. Cuando nació nuestra hija, teníamos para nuestro hijo mayor un regalo que le dimos de parte de ella (tomamos esta idea de una revista). Eso lo ayudó a sentir que su hermanita lo quería y que no estaba perturbando su vida por odiosa.

Recuerde que su hijo no entiende. Cuando usted le dice que "hay un bebé en la barriga de mamá", su hijo no entiende qué quiere decir eso. (¡A los adultos también se nos dificulta la comprensión del milagro de la vida!) Quizás señale con orgullo la barriga y recite las palabras adecuadas, pero no tiene ni idea de lo que la llegada de otro bebé significará para él. Con esto no quiero decir que no prepare a su hijo: quiero decir que no debe esperar demasiado.

No le diga demasiado pronto. Nueve meses son una eternidad en la vida de un caminador. Si usted le dice que va a tener un hermanito, él pensará que sucederá mañana. Aunque muchos padres le dan a su hijo la noticia con varios meses de anticipación, yo creo que cuatro o cinco semanas antes de la fecha es tiempo más que suficiente para empezar (entretanto, haga otras cosas para prepararlo: hablaré de eso más adelante). Sin embargo, usted conoce a su hijo mejor que nadie: su decisión dependerá de la personalidad de él. Obviamente, si su hijo se da cuenta de que su cintura se ha borrado y pregunta por qué, empiece por ahí.

Explíquele las cosas de la forma más sencilla posible. "Mamá tiene un bebé en la barriga. Vas a tener un hermanito". Respóndale la verdad a las preguntas que haga, como: "¿Dónde se va a quedar el bebé?" o "¿Va a dormir en mi cama?" Intente además explicarle que cuando nazca, el bebé no sabrá caminar ni hablar. Algunos padres emocionados le dicen a su hijo que pronto tendrá un compañero de juego y después traen a casa un bultico que no hace más que dormir, llorar y chupar el seno de mamá. ¿Quién no se sentiría desilusionado?

Seis meses antes de que nazca el bebé, busque un grupo de juego para su hijo. Es más fácil enseñarle a un niño a compartir y a colaborar en un grupo de coetáneos. Aunque la diferencia de edades no sea muy grande, su hijo no tendrá mucho en común con el bebé. Sólo los gemelos aprenden a compartir el uno con el otro. Si está con otros niños, comprenderá con más facilidad la idea de compartir. Pero no espere que entienda el concepto automáticamente apenas nazca el bebé. Ya tiene suficientes problemas tratando de comprender la idea de compartir juguetes, así que no hablemos de compartirla a usted. Mantenga bajas sus propias expectativas.

Correo electrónico: Cómo convertir una falla en una victoria

Ésta fue una de las tácticas que utilicé para preparar a mi hijo para la llegada del bebé: a medida que mi embarazo avanzaba, se me dificultaba más alzar a mi hijo de tres años. Así que le decía cosas como ésta: "¡No veo la hora de que llegue este bebé, para poder alzarte de nuevo!" O bien: "¿Qué es lo primero que va a hacer mamá apenas nazca el bebé?", a lo que mi hijo respondía: "¡Alzarme!"
Cuando mi esposo trajo a nuestro hijo al hospital, puse al bebé en su cuna y alcé a mi hijo y lo abracé, como le había prometido.

Sea afectuosa con otros niños. Deje que su caminador la vea interactuando con otros pequeños (y ésta es una buena idea aunque no esté embarazada: ver página 207). A algunos niños no les importa que su mamá abrace o bese a otro niño. Algunos se sienten indignados: ni se les había ocurrido que su mamá pudiese estar interesada en alguien más. Y algunos se sorprenden: cuando su mamá alzó a uno de los niños de su grupo de juego, Andrea se quedó paralizada;

abrió mucho los ojos y la expresión de su rostro decía: "Oye, mamá, ¿qué haces? Esa no soy yo". Fue una buena cosa que mamá le mostrara a Andrea que también ella se podía compartir.

También en la casa, cuando su caminador empuje a papá porque la está besando o abrazando, explíquele que usted tiene suficiente amor para ambos. Una madre me contó hace poco que su hijo odiaba que ella y su compañero se abrazaran y yo la urgí para que no se resignara sino que corrigiera el comportamiento de su hijo diciéndole: "Ven acá; podemos abrazarnos todos".

Ponga a su caminador en contacto con bebés. Léale libros sobre hermanitos, muéstrele fotografías de bebés y fotografías de sí mismo cuando era bebé. Explíquele: "Este bebé es más grande que el que está en la barriga de mamá". O: "Nuestro bebé no será tan grande cuando nazca". Es importante también que él tome conciencia de la fragilidad de los bebés: "Éste es un bebé recién nacido. Mira qué pequeños son los deditos. Tenemos que ser muy cuidadosos con ella: es muy frágil". Créame, le resultará más fácil ser gentil con el bebé de alguien más que con el que usted traiga a casa del hospital.

> *SUGERENCIA: Muchos padres que están esperando bebé suelen ir a un hospital con su caminador, para que éste comprenda a dónde va a ir mamá a tener el bebé. Yo no estoy de acuerdo: los hospitales pueden ser lugares espantables para un pequeño. Y también puede ser confuso para él constatar que el bebé vendrá del mismo lugar a donde va la gente cuando se enferma.*

No haga caso omiso del punto de vista de su caminador. Aunque no comprenda cabalmente lo que está sucediendo, le aseguro que su hijo se da cuenta de que las cosas están cambiando. Oye conversaciones (incluso cuando usted piensa que no está prestando atención) en las que invariablemente aparece la frase "cuando nazca el bebé", y sabe que algo *grande* está a punto de suceder. Se da cuenta de que usted pasa más tiempo recostada y posiblemente se pregunta por qué todo el mundo insiste en decirle que tenga cuidado con la barriga de mamá. Quizás usted ya ha empezado a hablar con él sobre la posibilidad de pasarlo a una cama grande (ver recuadro de la página 274). Aunque no lo relacione con su embarazo, sí es otra desviación significativa de lo normal.

Fíjese en lo que dice. No revise su ropa vieja mientras comenta: "Esto solía ser tuyo y ahora lo usará el bebé". Llévelo a comprar cosas para el nuevo ajuar, pero no haga demasiado énfasis en lo adorables que son las ropitas de bebé. Si un juguete de bebé le llama la atención, déjelo que lo examine en vez de decirle: "Eso es para el bebé: tú ya estás demasiado grande para esos juguetes". Hasta hace muy poco le fascinaban los peluches de colores pasteles. ¿Por qué no habría de suponer que son para él? Y lo que es más importante: no le diga cuánto querrá a su hermanito, ¡porque quizás no lo haga!

Haga planes para quedarse una noche fuera de casa sin su caminador. De esa manera, cuando usted se vaya para el hospital, no será la primera vez que él pase la noche sin usted. Pueden venir a quedarse con él el abuelo o la abuela, o la tía favorita, o su hijo podría quedarse en casa de uno de ellos. O puede conseguir a una niñera que duerma en su casa una noche. Tres días es tiempo suficiente para preparar a un niño menor de dos años para una noche fuera de casa: "Dentro de tres días te vas a quedar en la casa de Nana" o bien: "Nana va a venir a quedarse contigo dentro de tres días. Vamos a poner una marca en el calendario y así podremos tachar los días que faltan". Permítale además que ayude a empacar, que meta su pijama y sus juguetes. Si se va a quedar en casa con Nana, pídale que le ayude a preparar la cama o la habitación.

> ## Recordatorios para el destete
>
> **Vaya despacio.** Calcule que se demorará por lo menos tres meses.
> **No mencione al bebé.** El destete es algo que hace por su caminador, no porque viene otro en camino.
> **Hágalo como si no estuviera embarazada.** Vea las sugerencias en las páginas 122-130.

Antes de que llegue su hora de ir al hospital, usted y su hijo deben alistar una maleta. Cuando sea hora de partir, haga mucho énfasis en el hecho de que él va a dormir a donde la abuela, o de que la abuela viene a dormir a la casa, y no en su propia partida al hospital. Dígale simplemente: "Mamá va a tener el hijo hoy. Y tú [repase los planes con él]". Recuérdele lo mucho que se divirtió cuando pasó la noche fuera y dígale que se verán pronto, como la última vez.

Use su sentido común y confíe en sus instintos. Recibirá muchos consejos sobre la mejor forma de preparar a su hijo para el bebé. Algunos centros para la familia incluso ofrecen clases de preparación para la llegada de un hermano. Pero no todo lo que oye es la verdad revelada. En una de esas clases se les dijo a los padres que fueran especialmente indulgentes con su hijo. Maya, que no es tonta, me comentó: "Este niño llega a nuestra vida para enriquecerla, no para permanecer aislado o para padecer a un hermano mayor que maneje la casa. Yo sabía que eso sería problemático". Maya tiene razón. Las necesidades de *todos* son importantes en la familia.

Destete a su caminador, si le es posible. Tal como lo mencioné en el capítulo cuarto, en todas las especies animales el destete es una consecuencia natural del proceso de crecer. El que sea una transición descomplicada o una experiencia traumática para su hijo depende de usted. En algunas sociedades, cuando los niños son muy seguidos, la madre los amamanta a los dos, pero esto puede ser agotador. Quizás usted tenga que hacerlo si sus hijos se llevan un año o menos o si el mayor aún necesita los nutrientes que sólo la leche materna suministra. Yo suelo recomendarles a las madres que consideren una solución alternativa. Pero si su caminador es mayor de dos años y aún toma seno para calmarse y no porque necesite la leche materna, destetarlo antes de que nazca el otro bebé es lo mejor *para él.* Si mama para tranquilizarse, es necesario que usted piense en la mejor forma de calmarlo y consolarlo sin su seno. Es buena idea introducir un objeto íntimo en este momento, antes de que nazca el bebé, y ayudarlo a encontrar formas de tranquilizarse solo (relea las historias de Eliana, páginas 259-267, y de Claudio, páginas 267-272). De otra manera, podría suceder que su hijo se resienta amargamente con el nuevo bebé, y será mucho más difícil manejar su rabia cuando aparezca el cuarto miembro de la familia.

La llegada del intruso

No se puede culpar a un caminador por sentirse desplazado ante la llegada de un nuevo miembro a la familia. Imagínese cómo se sentiría usted si su esposo trajera a vivir a casa a otra mujer y le dijera a usted que tiene que quererla y cuidarla. Eso es, en esencia, lo que queremos que los niños hagan. Mamá desaparece una noche y reaparece un par de días después con un bulto que se retuerce y llora continuamente, no obstante lo cual todos los visitantes quieren verlo antes que nada y aparentemente acapara la atención de papá y mamá. Para empeorar las cosas, todos insisten en que el caminador debe volverse un "niño grande" y cuidar del bebé. "Un minuto", grita una vocecita en su cabeza. "¿Y yo qué? ¡Yo nunca pedí que me trajeran a este intruso!"

¿Mi caminador debería ir al hospital?

Los padres suelen llevar al hijo mayor al hospital cuando el bebé ha nacido. Quizás usted quiera hacerlo, pero piense en el temperamento de su hijo. Quizás se moleste cuando se dé cuenta de que usted no regresará a casa con él. Por otra parte, no se desilusione si el corazón de su hijo no revienta de orgullo cuando ve al bebé. Dele tiempo y permítale curiosear y expresar sus sentimientos, aunque estos no sean lo que usted esperaba.

Ésta es una reacción normal. Todo el mundo siente celos, sólo que los adultos los esconden. Pero los niños son las criaturas más auténticas que hay y no saben disimular sus sentimientos.

No hay forma de predecir cómo reaccionará un niño ante un bebé. Su personalidad, la preparación previa y los acontecimientos que acompañan el nacimiento del hermanito, todos estos elementos inciden. Algunos niños se sienten bien desde el comienzo y siguen así. Jennifer, la hija mayor de mi coautora, tenía tres años y medio cuando Jeremy llegó del hospital y desde que vio a su hermanito por primera vez se portó con él como si fuera una madre. Esto se debió, en parte, a su temperamento —Jennifer es un ángel y es fácil de llevar—, y en parte también a la diferencia de edades. Su padre y su madre le habían dedicado mucho tiempo, cosa que indudablemente contribuyó a que ella estuviera más dispuesta a adoptar a este pequeño sin miedo a que ocupara su territorio.

En el lado opuesto se encuentra el niño que se resiente inmediatamente con el bebé y se vuelve muy, muy exigente. La rabia de Daniel era evidente. Y la primera vez que le dio un cocorotazo en la cabeza a su hermanito, comprendió —tenía veintitrés meses y era bastante inteligente— algo vital: "Así que ésta es la manera de desviar la atención lejos de ese estúpido bebé". También la rabia de Olivia se manifestaba con fuerza y claridad. Unos días después de la

Correo electrónico: Enamorado de la hermanita

Tuve hace poco mi segundo bebé. Preparamos a nuestro hijo, casi de tres años, explicándole que mamá tendría que ir al hospital para tener el bebé. También le pedía a Matías que me ayudara a decorar la habitación de Juana, lo cual le encantó. Incluso empacó sus juguetes de bebé y se los puso en la habitación. Mientras estuve hospitalizada, salió con el papá a comprarle un juguete a Juana, lo cual lo hizo sentir orgulloso. La adora y no para de besarla y de hablarle. ¡A veces es demasiado!

llegada del bebé, cuando la tía Mini sugirió que los cuatro posaran para una fotografía familiar, Olivia intentó una y otra vez quitar al bebé del regazo de su mamá.

Pero generalmente el desdén del caminador por el bebé se manifiesta de formas más sutiles. Quizás se vuelva agresivo con los demás niños, rebelándose físicamente porque no puede verbalizar lo que siente o porque lo han disuadido de expresar su rabia por el bebé. Quizás se niegue a hacer tareas sencillas que antes no lo molestaban, como guardar los juguetes. Quizás empiece a escupir la comida o a huir a la hora del baño. O quizás tenga comportamientos regresivos y empiece a gatear aunque ya hace meses camina, o se despierte de nuevo durante la noche después de meses de dormir sin interrupción. Algunos niños hacen huelga de hambre o tratan de volver al seno de la madre aunque hayan sido destetados hace meses.

Y no siempre es posible evitar los problemas: a veces hay que hacer frente a lo que surja. Pero hay formas de minimizar esta trascendental transición; estos consejitos quizás sirvan de algo.

Establezca un horario para pasar tiempo a solas con su hijo mayor. Aproveche que al comienzo el bebé pasa la mayor parte del tiempo durmiendo y dedíquele tiempo a su hijo mayor. Abrácelo más de la cuenta; juegue con él unos minutos más de lo acostumbrado; permita que su hijo permanezca a su lado mientras descansa. Pero no deje esos momentos al azar: saque tiempo para su hijo como lo sacaría para ir a almorzar con una amiga. Si el clima se lo permite, salga de casa un rato todos los días: al parque, al lago de los patos, a una cafetería, o sencillamente a caminar por ahí. También debe reservar la hora de ir a la cama para estar con él.

Su planeación no impedirá que su bebé la necesite en un momento inesperado. Lo mejor en esos momentos es ser franca y preparar a su caminador. Por ejemplo, si está a punto de empezar a leer su libro favorito, adviértale: "Voy a leerte este cuento, pero si el bebé se despierta tendré que ir a atenderlo".

Permita que su hijo la ayude en algunas cosas, pero no le exija que se comporte como un adulto. Cuando su hijo se preocupa por el bebé y quiere ayudar pero usted no le permite participar, es como si le estuviera diciendo: "Mira esta caja de chocolates: no puedes comerte ni uno". Yo solía pedirle a mi Sara, a quien siempre le ha gustado estar ocupada, que pusiera pañales en la pañalera. Sin embargo, no olvide que su hijo, aunque se muestre cariñoso y ansioso por colaborar, es pequeño. No es justo responsabilizar del cuidado de un bebé a un niño de dos o tres años.

Una muñeca no basta

Yo no estoy de acuerdo con la idea de darle a su caminador una muñeca el día que nazca el bebé, para que tenga su propio "bebé". Una muñeca no es como un bebé: es un juguete. No puede esperar que un niño la trate como si fuera un ser vivo. Lo más probable es que la arrastre del pelo de aquí para allá, la golpee contra las paredes y la abandone detrás del sofá. Usted encontrará la muñeca unos días después con la cara untada de una sustancia viscosa y roja porque su hijo trató de darle un emparedado de mermelada. ¡Esa no es manera de tratar a un bebé de verdad!

> *SUGERENCIA: Un bebé es un blanco fácil para un hermano mayor, incluso para uno que aparentemente lo acepta y lo quiere. Nunca deje a su caminador a solas con su bebé. E incluso si está en la habitación con los dos, no se descuide.*

Acepte el comportamiento regresivo, pero no lo estimule. No reaccione exageradamente si su hijo atraviesa un período de regresión. Es muy común. Quizás intente encaramarse a la mesa de cambiar o meterse entre la cuna, o jugar con los juguetes del bebé. Eso no tiene nada de malo si no olvida que la palabra clave en estos momentos es "intentar". Cuando Sara trató de subirse al coche de Sofía, yo la dejé... por un rato. Después le dije: "Muy bien, ya lo intentaste y te diste cuenta de que no cabes. Sofía sí cabe. Ella no puede caminar como tú, por eso tiene que ir en el coche". La verdad es que el interés por las cosas del bebé no dura más de dos semanas. Cuando los padres permiten que su caminador satisfaga su curiosidad, vuelven encantados a jugar con sus propios juguetes.

¿Cómo hacer que mi hijo mayor no haga ruido cuando el bebé duerme?

Así como usted respetó la necesidad de su hijo mayor de silencio y quietud, debe hacerlo con su bebé recién nacido. Sin embargo, no siempre es posible lograr que un caminador en actividad constante hable en voz baja, aunque uno se lo pida; o a lo mejor es demasiado pequeño para entender lo que le está pidiendo. En este caso, sea ingenioso: distraiga al hermano ruidoso y juegue con él lo más lejos posible de la habitación del bebé.

Sin embargo, estos intentos no se aplican al seno materno. Hace poco me llamó Soraida, una madre que había destetado a su hija Ana, de quince meses, cinco o seis meses antes de que naciera su otra hija, Helena. Unos días después de haber regresado a casa del hospital, Ana empezó a pedirle a mamá que la amamantara. Soraida se sintió confundida. Algunas de las madres que había conocido en su grupo de apoyo le dijeron que le ofreciera a Ana el seno si se lo pedía, y que negárselo le causaría un trauma psicológico. "Pero a mí me parece que eso no está bien", me dijo Soraida. Yo estuve de acuerdo y añadí que probablemente sería más traumático permitirle a Ana controlar a su mamá. Le sugerí que le explicara a su hija: "Ésta es la comida del bebé, Ana. Tenemos que guardársela". Como Ana ya estaba empezando a consumir alimentos sólidos, Soraida podía recalcar la diferencia a la hora de las comidas: "Aquí está nuestra fruta y nuestro pollo. Esto es lo que Ana y mamá comen. Ésta [señalando el seno] es la comida de la pequeña Helena".

Anime a su hijo para que exprese sus sentimientos. Yo pensé mucho en mi segundo embarazo, pero nunca se me ocurrió que mi Sara me haría la siguiente pregunta: "¿Cuándo se irá el bebé?" Al comienzo, me pareció, como a la mayoría de los padres, que su comentario era gracioso y lo olvidé. Pero unas semanas después me dijo que odiaba a Sofía porque "ahora mamá siempre está ocupada". Además, había cogido la costumbre de desocupar los cajones del armario del bebé cuando yo la estaba amamantando. Puse un seguro para niños en los cajones y con ello puse punto final al asunto. Entonces Sara empezó a soltar el agua del excusado con el rollo de papel higiénico adentro. Era evidente que no le había dedicado tiempo suficiente a interpretar las señales que Sara me estaba enviando con su comportamiento, ni a escucharla verdaderamente. Cada vez que trataba de captar mi atención —generalmente en medio de un cambio de pañal o cuando Sofía estaba comiendo— yo le decía que estaba ocupada. Estas palabras se le quedaron grabadas.

Al darme cuenta de lo mucho que la afectaba mi desatención, le ayudé a Sara a organizar la cartera de estar ocupada: una bolsa con crayolas y libros de colorear con los cuales podía divertirse mientras yo amamantaba a Sofía. Eso empezó a formar parte de nuestra rutina. "Vamos a bajar tu cartera de estar ocupada para que tengas algo que hacer mientras yo me ocupo de tu hermanita".

¡Esté alerta a sus sentimientos!

Estas observaciones no son "graciosas". Le indican cómo se siente su hijo, así que preste atención a lo que oye:
• No me gusta cuando llora.
• Es fea.
• La odio.
• ¿Cuándo se irá?

Lo que nunca debe hacer es tratar de convencer a su hijo de que está equivocado o de que es un tonto. No le sugiera que en realidad sí adora a su hermanito. Y no se lo tome a pecho: los sentimientos de él en relación con su nuevo hermano no son un juicio de sus habilidades como padre. Lo mejor es que explore los comentarios de él a través del diálogo. Pregúntele: "¿Qué es lo que no te gusta del nuevo bebé?" Muchos niños responden: "Que llora todo el día". ¿Cómo culparlos? El llanto de un recién nacido es irritante para los adultos también, y en el caso de su hijo, el hecho de que el llanto capte la atención de la madre inmediatamente sólo empeora las cosas. Explíquele que esa es la "voz" del bebé. "Así me hablabas tú cuando eras un bebé". O dele un ejemplo más concreto: "¿Recuerdas cuando estabas aprendiendo a saltar y tenías que practicar constantemente? Un día de estos el bebé también tendrá palabras, como nosotros, pero por ahora lo único que puede hacer es practicar su voz".

Cosas que nunca debe decirle a su caminador sobre su hermanito

"Tienes que cuidarlo".

"Tienes que quererlo".

"Tienes que ser gentil con el bebé".

"Tienes que proteger al nuevo bebé".

"¿No estás fascinado con el bebé?" Y cuando el caminador responde que no, usted añade: "Claro que sí".

"Tienes que jugar con tu hermanito".

"Tienes que preocuparte por tu hermanito".

"Cuida de tu hermanito mientras hago la comida".

"Tienes que compartir con tu hermano".

"Ya eres un niño grande".

"Estás actuando como un bebé".

Fíjese en lo que dice. Los caminadores imitan lo que oyen y lo que ven a su alrededor. Su hijo siempre está escuchando y no es difícil meterle ideas en la cabeza. Cosas como: "Está celoso del bebé" le meten ideas en la cabeza.

Fíjese además en lo que dice *desde la perspectiva de su caminador*. A veces olvidamos lo traumático que puede ser para nuestros hijos el sentirse desplazados. Cuando usted hace afirmaciones como: "Tienes que querer a tu hermanito" o "Tienes que proteger a tu hermanita", su hijo posiblemente piensa: "¿Protegerla? ¿A este bulto que maúlla como un gato y mantiene a mamá alejada de mí? ¡No creo!" También es insensible decirle a un niño que está actuando como un bebé, cosa que él no entiende, o insistir en que es un niño grande, con una cama grande y una bacinilla grande. Los niños no se sienten grandes y, además, ¿qué niño de dos años querría aceptar esa carga?

> **SUGERENCIA:** *Nunca use a su bebé de excusa: "Tenemos que irnos ya porque es la hora de la siesta de José Manuel".*

Tome a su hijo en serio. Juliana tenía tres años cuando nació Mateo. Al comienzo parecía estar bien, pero cuando el bebé cumplió cuatro meses de edad el caos era total. Aunque Juliana no usaba pañal desde hacía varios meses, empezó a hacer pipí en la cama y a untar el baño de heces. Se negaba a dejarse bañar y hacía pataletas a la hora de dormir. "No reconozco a mi hija", decía Sandra. "Normalmente es una niña encantadora, pero ahora es odiosa. Hemos tratado de razonar con ella, pero nada funciona".

"¿Te gusta Mateo?", le pregunté a Juliana, pero antes de que tuviera oportunidad de responder, su padre intervino: "Claro que quiere a su hermanito, ¿verdad que sí?"

Juliana le lanzó a su papá una mirada que claramente quería decir: "¿Que si me gusta? ¡Claro que no!"

Interpretando su gesto, continué con el diálogo: "¿Y qué es lo que no te gusta de él? ¿Qué hace que a ti te disguste?"

"Llora", respondió Juliana.

"Ésa es su manera de hablar", le expliqué. "Así es como nos dice lo que quiere, porque todavía no sabe palabras. Hay una clase de llanto que quiere decir: 'Mamá, quiero comer', y otro que quiere decir: 'Mamá, ¿me cambias el pañal?' Sería maravilloso que pudieras ayudarle a tu mamá a descifrar lo que significan los diferentes llantos de Mateo".

Casi podía ver los engranajes de la mente de Juliana mientras consideraba la posibilidad de ayudar. "¿Que más te disgusta?", le dije.

"Se acuesta en la cama de mamá", respondió.

"¿Y tú no te acuestas con tu muñeca?"

"No". (Pero su padre la contradijo de nuevo: "Claro que sí, mi amor".)

"Mamá lleva el bebé a la cama sólo para alimentarlo", continué. "¿Qué más te disgusta?"

"Tengo que bañarme con él".

"Tal vez podamos hacer algo al respecto", me ofrecí, contenta de que finalmente hubiera surgido algo que sus padres pudieran cambiar.

Cuando Juliana se aburrió conmigo y se fue a jugar, les expliqué a Sandra y a su esposo: "Si Juliana consideraba que la hora del baño era especial y ahora se siente infeliz y no

La María del medio

Con la llegada de un nuevo bebé, el niño de la mitad suele sentirse más traumatizado que su hermano mayor cuando él nació: el suyo es un doble golpe. Aún no se ha recuperado de la animadversión que provocó en su hermano mayor y ya llega otro a desplazarlo. De buenas a primeras, mamá apareció diciendo: "Traje a casa un nuevo bebé para que tú lo quieras". ¿Quién lo pidió? En lo que se refiere al segundo, no hay nada bueno respecto a esta criatura llorosa. Y no es sólo que extrañe a mamá. No entiende por qué su niñera ya no tiene tiempo de llevarlo al parque. Para empeorar las cosas, todo el mundo le dice que tiene que cuidar de su hermanito. ¿Qué niño de tres años querría hacerse cargo de semejante tarea?

quiere bañarse, tal vez valga la pena que lo piensen dos veces. Yo sé que es más rápido ponerlos a los dos entre la tina, pero a ella no le gusta. Obviamente extraña el tiempo que pasaba con ustedes y se está desquitando con su hermanito por su tristeza y su rabia". Les sugerí que bañaran primero a Mateo y después le dejaran la tina a Juliana. "Dos baños no son un precio muy alto por la paz", añadí.

Obviamente, hay una gran diferencia entre escuchar a un niño y permitirle que maneje la casa. Cuando su hijo se queja, piense en su historial. ¿Se queja por algo a lo que estaba acostumbrado y de lo que se siente despojado? Piense también en la naturaleza de su petición. Si lo que quiere es razonable —y no le hace daño al bebé ni lo excluye—, ¿por qué no dárselo?

> SUGERENCIA: *Trate de pescar a su hijo en el acto de ser amable y gentil con su hermanito y alábelo: "¡Qué buen hermano eres!", o "Es muy dulce de tu parte cogerle la mano a Gina" (ver páginas 58-61 sobre la alabanza).*

Dígale a su hijo lo que espera de él. Si está ocupada con el bebé, dígaselo. Su hijo tiene que acostumbrarse a la idea. Dígale también cuando es odioso con el bebé o cuando le hace daño. En el caso de Daniel, sus padres sentían tanta lástima por él que no lo disciplinaban; como era de esperarse, pellizcaba al bebé o le pegaba cada vez que podía. Cuando le pregunté a la mamá por qué no intervenía, me respondió: "No se da cuenta de lo que hace". "Pues usted debería enseñarle", le repliqué.

Infortunadamente, los padres suelen ser demasiado condescendientes con el niño mayor o sentir lástima por él, sin darse cuenta del problema que están creando para toda la familia: "Pobrecito... se siente relegado". O insisten en que "adora a la bebé" momentos después de que el encanto ha intentado clavar un bolígrafo en la cabeza de su hermanita. Negar o racionalizar el comportamiento de un niño no lo cambiará. En vez de decirle: "Tienes que querer a tu hermanito" cuando Daniel pellizca al bebé, su madre debe recordarle la regla: "No puedes pellizcar al bebé. Eso le duele". Es importante que ella lo deje ventilar sus sentimientos ("Veo que te sientes frustrado"), pero también que le ayude a aceptar la nueva realidad: "Tengo que pasar tiempo con él y cuidar de él como lo hice contigo, porque no es más que un bebé".

Prepárese para ser sometida a toda clase de pruebas, pero manténgase firme en sus límites. Aunque sus padres le repitieron insistentemente que debía ser amable con su hermanita, Nadia, de tres años de edad, no dejaba de ponerlos a prueba. Cuando no había moros en la costa se encaramaba a la cuna de Etilia, sin saber que había una cámara sobre su cabeza. Nadia le metía el dedo y la empujaba hasta que la bebé lloraba. La primera vez que Eliana vio, en el monitor de la cocina, que Nadia atacaba sigilosamente la cuna, salió corriendo, la alejó de la cuna y le dijo que no podía tomar más jugo. "Pero sólo la estaba besando", pro-

No deje que crezca

Cuando su caminador se siente abandonado, no puede decir: "Mira, mamá, necesito que me prestes atención la próxima media hora". Más bien se pone furioso y empieza a actuar impulsivamente. Y sabe que si le hace daño al bebé usted se fijará en él. Así que cuando su hijo decide meterse con el bebé, haga lo que haría en cualquiera de las situaciones que describimos anteriormente. Tome su mano y dígale, sin rabia: "No te puedes quedar aquí si pellizcas al bebé. Eso le duele". Recuerde que la disciplina es *educación emocional* (página 215). En este caso se trata de enseñarle que no es correcto darles salida a los sentimientos maltratando a otro ser humano o a otro animal.

testó Nadia, Y Eliana prefirió quedarse callada y dejar pasar el incidente a llamar mentirosa a su hija.

Eliana tenía cuidado con su hija mayor. Temerosa de que las quejas de Nadia se convirtieran en una pataleta provocada por los celos cada vez que alzaba a la bebé, mamá había empezado a delegar el cuidado de la niña en la abuela o en la niñera. Eliana pidió además a sus parientes y amigos que cuando trajeran algo para el bebé también le trajeran un regalo a Nadia. "Detesto regañarla", admitió Eliana cuando me habló de la situación unas semanas después; "ya se siente suficientemente excluida".

El día que la visité, Eliana se preparaba para llevar a Nadia al parque. "¿Por qué no lleva también a la bebé?", pregunté.

"Porque a Nadia no le gusta que la lleve", me respondió, sin darse cuenta de que estaba permitiendo que una niña de dos años tomara sus decisiones. Justo en ese momento, echamos una mirada al monitor: Nadia estaba de nuevo en la cuna y esta vez estaba a punto de golpear a Etilia con un juguete.

Cuando el mayor hace una pataleta

La peor pesadilla de una madre es estar sola con un bebé y un caminador dando alaridos. De hecho, el caminador generalmente selecciona a drede el momento en que la mamá está ocupada con el bebé para ponerse difícil. ¿Qué mejor momento para desintegrarse? Sabe que usted está atascada, y lo está. Alguien puede esperar y no puede ser el bebé.

Le dije a Eliana: "La próxima vez que Nadia haga un berrinche cuando esté ocupada con Etilia, termine de atender a la bebe, póngala en la cuna y luego dele un descanso a Nadia". También le hice caer en cuenta de que, aparte de velar por la seguridad de la bebé, el hecho de terminar de atenderla le indica al mayor que hacer una pataleta no le genera atención. (Ver páginas 239-245 y 276-279 sobre el manejo de las pataletas)

"Vaya inmediatamente", la urgí. "Dígale que la ha visto y que lo que ha hecho es completamente intolerable".

Esta situación se pudo haber convertido en un problema acaparador de tiempo, pues Eliana estaba reforzando el comportamiento más egoísta de su hija, y de paso, poniendo a la bebé en peligro. Ante mi exigencia, Eliana salió corriendo a la habitación de Etilia y detuvo a Nadia: "¡No! Eso le duele a Etilia. No puedes pegarle a la bebé. Vete a tu habitación". Eliana acompañó a su hija a su habitación y también mientras se desmoronaba dramáticamente. "Me doy cuenta de que estás molesta, Nadia, pero de ninguna manera puedes pegarle a la bebé", le dijo Eliana. A partir de ese momento, cada vez que Nadia intentaba pellizcar a Etilia, Eliana la alejaba de ella.

Pero cuando era amable con el bebé, mamá la aplaudía. Con el tiempo, Nadia se dio cuenta de que la clase de atención que recibía cuando se portaba bien era mejor que ser enviada a la habitación.

Eliana también dejó de reaccionar a las quejas rutinarias de Nadia. En vez de pasarle la bebé a la niñera cuando su hija mayor se quejaba, Eliana le decía: "No voy a hablar contigo mientras sigas lloriqueando. Habla bien". Además le dejó saber a su hija, sin ambigüedades posibles, que no cedería. "En este momento tengo que ayudar a la bebé. Ella también necesita que yo la cuide. Somos una familia".

Trate de no reaccionar exageradamente. Cuando su hijo recurre a una travesura para llamar su atención, quizás logre sacar a flote lo peor que hay en usted y usted se salga de casillas. Sin embargo, tal como lo expliqué detalladamente en los capítulos séptimo y octavo, las reacciones exageradas sólo logran intensificar el mal comportamiento. Un domingo, mientras me preparaba para almorzar en casa de mi niñera, dejé a las niñas solas un minuto, todas vestidas de blanco, muy elegantes. Sin que yo me diera cuenta, Sara llevó a Sofía hasta la canasta del carbón y cuando yo la descubrí estaba cubierta de polvo negro de pies a cabeza. Respiré hondo, hice caso omiso de a Sara y le dije a Sofía con toda tranquilidad: "Parece que habrá que cambiarte y llegaremos tarde donde Nana".

Luisa, cuyos hijos Karen y Jaime se llevan dos años y medio, recuerda los primeros meses después del nacimiento de Jaime. "Todo el tiempo tenía que estar pendiente de la pellizcadera, sobre todo cuando lo estaba amamantando. Para evitarla, solía sugerirle a Karen que mirara un libro mientras su hermano comía. A veces funcionaba y a veces no. Tuve que aceptar que Karen tenía sus días, no importa lo que yo hiciera. Hubo muchas ocasiones en las que se puso roja y frustrada porque yo no le ponía atención. Pero si no le daba demasiada importancia, se calmaba".

> **SUGERENCIA:** *Mantenga la rutina. Como lo señaló Luisa: "Una rutina sólida ayuda a mantener la disciplina, porque siempre me permite decir: 'Eso no se hace en este momento.'" Claro que el bebé no tiene la misma rutina que la mayor, pero él no ha probado nada más. En otras palabras, su rutina es arrastrarse detrás de su hermana mayor.*

No trate de obligar a su hijo a querer al nuevo bebé (ni siquiera es importante que le guste). Margarita estaba desesperada: después de un mes de decirle a Liam que fuera amable y de recordarle que se trataba de su hermanito, su hijo mayor parecía cada vez peor cuando estaba con el bebé. Cuando los visité, inmediatamente supe la razón. Liam levantaba la mano como si fuera a pegarle al bebé y miraba a su mamá. Ésta le decía, con voz dulce y prácticamente pidiendo disculpas: "No, Liam, no le pegamos al bebé". Más tarde iban a hacer diligencias y Margarita le compraba un juguete.

¡Detenga esta locura!

No hay manera de evitar las peleas entre hermanos completamente, pero sí es posible reducirlas al mínimo.

- Formule reglas específicas. En vez de una vaga advertencia del tipo: "Tienes que ser amable", dígales: "No pueden pegarse, ni empujarse, ni usar palabras ofensivas".
- No espere demasiado para intervenir. Cuando los niños son menores de tres o cuatro años, las situaciones se descontrolan rápidamente.
- No sobreproteja al bebé.
- Trate a cada niño como si fuera un individuo y no haga caso omiso de sus debilidades, sus fortalezas y sus trucos.
- Discuta con su compañero sobre la manera de disciplinar a los niños cuando ellos no estén por ahí. Nunca se muestren en desacuerdo delante de ellos.

"Tiene que ser más firme con él", le dije. "Y sospecho que la falta de firmeza se debe a que usted teme que si pisa fuerte, Liam se resentirá con el bebé. Pero ya está resentido. Usted no puede obligar a nadie a querer a otra persona. Lo único que puede hacer es aceptar los sentimientos de Liam y establecer reglas claras". También le sugerí que cuando Liam la acompañara a hacer las compras, en vez de comprarle un juguete para no sentirse culpable, le advirtiera de antemano: "Vamos a la tienda a comprar pañales para Julián. Si quieres un juguete, trae uno de los tuyos".

SUGERENCIA: Es vital ayudar a su caminador a manejar sus emociones durante los primeros cuatro meses después de la llegada del bebé. Si se da cuenta de que está a punto de perder el control, recuerde la regla del uno/dos/tres (páginas 232-235) y no le permita que se desborde. Una intervención sencilla y a tiempo ("¿Te estás poniendo de mal humor?") le demostrará a él que usted le está prestando atención y que está ahí para ayudarlo también a él.

Tampoco permita que "el bebé" rompa las reglas. Al oír llanto, las madres tienden naturalmente a suponer que "la víctima inocente" es el más pequeño, pero no siempre es así. Generalmente, lo que ha pasado es lo siguiente: el mayor pasó toda la mañana armando un castillo de ensamblar y de pronto pasó por allí gateando el señor huracán y lo arruinó todo... de nuevo. Es el momento de simpatizar con su caminador. Si el bebé ya gatea o camina, ya tiene edad para entender un no. Los estudios demuestran que bebés hasta de ocho meses de edad son capaces de relacionarse con sus hermanos y de desarrollar una forma de comunicación armoniosa con ellos. A los catorce ya son capaces de anticipar los actos de un hermano mayor. En otras palabras, su pequeño es más consciente de lo que parece.

> *SUGERENCIA: No le exija constantemente al mayor que comparta, ni disculpe al menor cuando éste invada o destruya sus juguetes. El mayor se sentirá aun más frustrado si usted le dice: "Es sólo un bebé; no sabe lo que hace". Dado que su caminador no es lo suficientemente maduro como para hacerle concesiones a esa criatura desesperante de manos torpes, su primera reacción quizás sea la represalia física.*

Organice un lugar especial para su hijo mayor. Usted le dice constantemente que sea amable y que comparta, pero cuando va a jugar con su muñeca descubre que tiene marcas de dientecitos. Busca su libro favorito y descubre que le faltan páginas. Trata de poner un disco, pero no suena porque está untado de compota de bebé. El respeto es una calle de doble vía. Proteja el espacio y las pertenencias de su hijo mayor ayudándole a crear un espacio sagrado al cual no pueda acceder el bebé.

Luisa es una madre excepcionalmente tranquila y muy pragmática que tuvo a bien compartir conmigo algunas ideas excelentes: "Es imposible armar una casa a prueba de bebés con un niño de tres años, porque les gustan las cosas chiquiticas, así que creé 'la zona de Karen', una mesa de juego exclusivamente para ella donde podía hacer rompecabezas, armar piezas o usar otros juguetes que tuvieran partes pequeñas. 'Si no quieres que Jaime te desorganice esto', le decía, tendrás que llevártelo a tu zona especial de niña grande'".

Mientras hacía visita con Luisa y los niños en la habitación de un hotel, me di cuenta de que Jaime, que empezaba a caminar, podía resultar muy irritante para Karen. Jaime trataba de coger todo aquello con lo que Karen quería jugar; no quería molestar: sólo quería imitarla. Al ver que Karen estaba cada vez más fastidiada —y sabiendo por experiencia que Karen, como todos los niños, tenía la mecha más corta cuando estaba cansada—, Luisa resolvió evitar el estallido. Señaló un asiento muy acolchonado en un rincón y le dijo: "Ése será tu asiento de niña grande". Karen entendió inmediatamente que al subirse en el asiento se protegería de los asaltos de Jaime. Como era de esperarse, unos minutos después, Jaime se lanzó en línea recta hacia la silla, pero Luisa lo distrajo con una cuchara y un tazón de plástico para que no molestara a su hermana.

Trate a cada hijo como un individuo. A veces es más fácil mantener la paz cuando se maneja a cada niño justamente y por separado. Aunque obviamente usted quiere a los dos niños, no los quiere de la misma manera porque son diferentes. Uno de sus hijos la saca de quicio; el otro la divierte. Uno de sus hijos es curioso; el otro es medroso. Cada uno de ellos tiene diferentes fortalezas y debilidades y se enfrentará a la vida de manera singular; cada uno necesita atención diferente, su propio espacio, sus posesiones. No olvide ninguna de estas cosas cuando vea a sus hijos interactuar, y tampoco olvide sus propios sentimientos. Si uno de los dos tiene una mayor capacidad de concentración o si es mejor siguiendo instrucciones, quizás tenga que modificar las reglas para acomodarse a sus necesidades. También aquí puede poner en práctica mi técnica del uno/dos/tres (páginas 232-235). Si el bebé acaba gritando cada vez que su hijo mayor juega con sus cubos, impida que el mismo drama se repita una y otra vez. Asígnele al niño mayor un lugar especial para que construya y llévese al bebé a otra parte. Evite, además, las comparaciones ("¿Por qué no puedes ser tan ordenado como tu hermano?"). Hasta los comentarios más sutiles ("Tu hermana ya está sentada a la mesa") pueden ser nocivos. Por otra parte, si su hijo no quiere colaborar, créame que mencionar a su hermanito o hermanita no lo va a convencer de lo contrario.

Obviamente, ni siquiera las mejores intenciones pueden evitar los conflictos del todo; a veces uno actúa sin pensar o injustamente, y hasta ahí llega la disciplina. Lo mejor que los padres podemos hacer es reconocer nuestras desviaciones y volver al camino.

Piense siempre en el largo plazo. Cada vez que se canse del arbitraje, recuerde que sus hijos no serán un bebé y un caminador toda la vida. Además la competencia no es tan mala. La presencia del hermano puede hacer surgir diferentes facetas de la personalidad del niño, y las diferencias son un camino para que el niño aprenda a apreciar su singularidad. Con sus hermanos, los niños aprenden a negociar y fortalecen su tolerancia hacia el tipo de interrelación que más tarde tendrán con sus amigos y compañeros de estudio. De hecho, tener hermanos tiene muchas ventajas (ver recuadro).

Habrá muchos días en que se sienta como Luisa: "¡Durante el primer año lo único que hice fue separarlos!" Y admite que aún

---

Las ventajas de tener hermanos

La próxima vez que su caminador pellizque a su bebé o que su bebé derribe la torre de armar que su caminador construyó, recuerde que las investigaciones también tienen buenas noticias qué darnos en relación con los hermanos:

- **El lenguaje:** Aunque parezca que su hijo mayor sólo le está haciendo muecas al bebé, en realidad le está enseñando a conversar. Las primeras palabras de un niño suelen ser el resultado de estas lecciones.

- **La inteligencia:** Los hermanos menores, como es natural, imitan a los mayores y aprenden de ellos. Pero también funciona en sentido contrario: la inteligencia de los niños aumenta cuando ayudan a otro niño a resolver un problema, aunque sea un niño menor. Los niños, además, se empujan entre sí a explorar y a ser creativos.

- **La autoestima:** Ayudar a un hermano o a una hermana y tener a alguien que lo quiere a uno incondicionalmente aumenta la confianza en uno mismo.

- **Las habilidades sociales:** Los hermanos se observan entre sí y se imitan. El más joven aprenderá del mayor las reglas de la interacción social, el comportamiento adecuado en diversas situaciones y cómo lograr que los padres digan que sí.

- **Sustento emocional:** Los hermanos se ayudan entre sí en los momentos más duros de la vida. Un hermano mayor puede ayudar al menor a prepararse para las nuevas experiencias y mostrarle cómo hacer las cosas; el hermano menor puede alentar al mayor a seguir adelante. Los niños con hermanos tienen más posibilidades de ventilar sus sentimientos y de desarrollar confianza en los demás.

ahora, el día con sus hijos es agotador. "Si tengo otra cosa que hacer diferente de estar con ellos, es un desastre". Pero también hay muchas recompensas. Jaime ya cumplió un año, es capaz de moverse y empieza a hablar, y él y Karen se divierten más estando juntos. Karen, y esto es más importante, incluso, sabe que puede contar con Luisa y que no va a perder a su mamá por culpa de su hermano menor. Gracias a la sensatez y a la justeza de su madre, todos han sobrevivido al primer año y Karen entiende mejor lo que quiere decir formar parte de una familia.

Los conflictos de pareja

Mientras más numerosa sea la familia, más compleja será su dinámica. Tal como lo vimos en el capítulo octavo, los problemas de los niños, agudos o crónicos, pueden provocar fricciones entre los padres. Pero lo contrario también es cierto: cuando los padres no trabajan en equipo o cuando se dejan en el aire temas sin resolver, el comportamiento de los niños puede reflejarlo, descontrolándose. A continuación, encontrará varios esbozos de los conflictos de pareja más comunes, las razones por las cuales son nocivos y consejos para evitar que se conviertan en problemas familiares más graves.

La guerra de los oficios domésticos. Aunque hoy día muchos hombres pasan más tiempo con sus hijos y asumen su parte de las tareas domésticas, una queja muy común sigue siendo que papá se considera un "ayudante". La guerra de las tareas es una plaga de muchas relaciones modernas. Quizás la mujer disculpe a su compañero ("Trabaja hasta tarde"), o quizás trate de manipularlo ("Me hago la dormida los sábados por la mañana para que él tenga que hacerse cargo de Kristy"), pero de todas maneras el resentimiento aparece. Quizás el hombre proteste ("Si pudiera hacer más, lo haría"), o quizás se ponga a la defensiva ("¿Cuál es el problema? Si ella es la mejor madre del mundo"), pero no hace mucho por cambiar.

El hecho es que si hay dos adultos en el hogar, lo mejor para los niños es interactuar con ambos. Sus diferentes personalidades y habilidades enriquecen el potencial del niño, y lo que es más importante, en lo que se refiere a la disciplina, dos cabezas son mejores que una. La verdad es que cuando los padres comparten las tareas cotidianas hay menos probabilidades de que el niño se porte mal con uno solo de ellos. Por ejemplo, cuando Malena e Iván (la pareja que conocimos en el capítulo octavo) empezaron a turnarse para acostar a Néstor, de dos años de edad, todos salieron ganando:

Malena tuvo un respiro, y gracias a la intervención de su papá, Néstor pudo establecer un vínculo con él de una manera diferente. Como era de esperarse, dejó de intentar manipular a su padre todo el tiempo, cosa que tiene que ver menos con Iván y más con el hecho de que los caminadores suelen poner a prueba al padre con el cual pasan más tiempo y para él reservan sus mejores trucos.

Cuando una mujer me pregunta cómo hacer que su marido participe más, lo primero que le aconsejo es que revise sus propias actitudes y su comportamiento. A veces mamá se opone inconscientemente a la participación de papá (ver recuadro de la página 89). Sugiero además que se siente con su compañero y le pregunte qué tareas disfruta más. Claro que no es justo que la mujer se quede con las tareas más desagradables, pero debemos ser realistas. Si su marido es de la clase de hombres que cree que cuidar del niño significa sentarlo frente a la televisión mientras él mira las eliminatorias del campeonato nacional de fútbol, será una ganancia que él acepte hacer sus tareas favoritas.

Otro álbum para el bebé

Carlos, padre de dos niñas, una de cuatro y otra de tres meses de edad, me confió hace poco lo siguiente: "La primera vez, Minnie y yo estábamos increíblemente emocionados con el embarazo: fuimos a clases, llevamos un diario y tomamos fotografías todos los meses. Cuando Erin finalmente nació, tomamos un millón de fotografías en los primeros meses, y tenemos un hermoso y grueso álbum para probarlo, para no hablar de una estantería llena de vídeos. Me da vergüenza admitir que no tengo más de cinco o seis fotos de Hari, y que andan rodando por ahí, o quizás metidas en algún cajón".

Minnie y Carlos son típicos: se vuelven locos con el primer hijo y quieren registrar cada momento de su vida. Y cuando llega el segundo, todo lo que hace les parece normal. ¿Y qué pasará cuando el número dos crezca y quiera mirar sus fotos de bebé? Cerciórese de que también tiene registrados sus momentos más importantes, para que no se desilusione.

Mamá sigue siendo la única

Las cosas han cambiado mucho para las mujeres, pero en la mayoría de los hogares la madre sigue siendo la guardiana del hogar. En la actualidad, los papás ciertamente participan más de la vida de sus hijos. En Estados Unidos, uno de cada cuatro papás pasa más del 75% de su tiempo libre con sus hijos, para un total de 20 horas o más a la semana. Sin embargo, eso no quiere decir que los hombres estén haciendo el trabajo duro. Se les preguntó a más de mil padres cómo se dividían las tareas, y respondieron que es mamá, no papá, la que:

- Lleva al niño al pediatra (70%)
- Se queda en casa cuando el niño está enfermo, aunque ambos trabajen (51%)
- Baña al niño (73%)
- Se encarga de la mayor parte del trabajo doméstico (74%)
- Le da de comer al niño (76%)

Fuente: Sondeo en línea, de americanbaby.com, de Primedia, junio de 2001.

Mi niñera solía decir que es más fácil atrapar moscas con miel que con vinagre. Si usted es justa y generosa, es más probable que la otra persona lo sea también. Juan José lleva a Magdalena al parque todos los sábados por la tarde para que Grétel pueda ir con una amiga a almorzar y al cine, o al salón de belleza. Pero si la cita de Juan José con Magdalena se atraviesa en el camino de un partido de fútbol que él se muere por ver, consiguen una niñera o Grétel sacrifica sus planes.

No le digas a mamá. Un día que Frank y Míriam regresaban a casa con Zacarías, Frank le preguntó a su hijo Zacarías, de dos años de edad, a la entrada: "¿Quieres manejar con papá hasta la puerta?" Frank engranó el carro, y a pesar de las protestas de Míriam, sacó a Zacarías de su asiento y se lo puso en el regazo: "Toma el volante", le indicó y Zacarías lo hizo de inmediato, con una sonrisa de oreja a oreja.

De allí en adelante, cuando padre e hijo se encontraban solos en el carro, Frank le permitía a Zacarías que "manejara hasta la casa", pero no sin advertirle: "No le digas a mamá". Un día, sin embargo, Míriam vio a Zacarías en el carro en el regazo de su padre y se puso furiosa. "Te dije que no lo hicieras", le gritó a su marido. "Es peligroso". Frank se rio e insistió en que no tenía nada de malo: "Es sólo la entrada a la casa".

Ya sea que el asunto tenga que ver con la comida ("No le digas a mamá que te di este pastel"), el comportamiento ("No le digas a papá que te deje ponerte pintalabios") o cualquier desviación de la rutina normal ("No le digas a mamá que esta noche leímos cuatro libros en lugar de dos"), cuando uno de los cónyuges desautoriza al otro, le enseña a su hijo a hacer cosas a escondidas, a mentir y a ser desafiante. Y tarde o temprano el otro cónyuge se ve obligado a enfrentar las consecuencias. Prueba de ello es que unas semanas después de que Zacarías empezara a "conducir" clandestinamente, se negó a que Míriam lo pusiera en el asiento del carro: quería sentarse en su regazo y "manejar".

En estos casos yo recomiendo la franqueza. *Nunca convierta a su hijo en cómplice.* Segundo, negocie sus diferencias. Está bien que los niños se enteren de que sus padres tienen expectativas diferentes y patrones diferentes: uno de ellos compra galguerías y el otro no; uno de ellos lee dos libros a la hora de dormir y el otro, cuatro. Pero aquí no se trata de reglas sino del engaño y del mensaje que transmite. Si papá puede socavar la disciplina de mamá, ¿por qué no el niño? Este tipo de dinámica les enseña a los caminadores a manipular y allana el camino para las tácticas de divide-y-vencerás tan usuales entre los adolescentes.

(Entre otras, en cuestiones de seguridad. no hay negociación posible: Frank no sólo estaba contraviniendo las normas de Míriam. Es un hecho que los niños deben ir en asientos especiales entre el carro, así que al permitir que Zacarías se sentara en su regazo, Frank estaba quebrantando la ley. El que fuera "solo a la entrada de la casa" es irrelevante. Un niño de dos años no conoce la diferencia entre una autopista y la entrada de la casa.)

Yo tengo razón. "¿Cómo así que dejaste que Jorge se quedara a un lado durante toda la clase?", le gritó el furioso Gordon a su esposa Dana. "Es ridículo; estás malcriando al niño. La próxima vez lo llevo yo". Gordon, ex jugador de fútbol americano y director de un gimnasio, venía de una familia de atletas. Durante el embarazo de Dana, había esperado con ansiedad la llegada de su pequeño jugador de defensa. Cuando Jorge nació prematuramente, Gordon se sintió frustrado porque la imagen que él se había formado durante nueve meses no correspondía a la de este niño flacuchento y temeroso del ruido y de las luces brillantes. Aunque con el tiempo Jorge se convirtió en un caminador grande y fuerte, lloraba cada vez que

Cómo evitar la guerra de los oficios domésticos

- Sean justos.
- Tomen decisiones razonables.
- Cuando sea posible, permitan que cada uno de los cónyuges haga lo que mejor sabe hacer o lo que le gusta.
- Busquen tiempo para estar juntos
- Consigan una niñera o pídanle a la abuela o a una amiga que los releve de vez en cuando.

su papá lo lanzaba al aire o cuando le jugaba con más rudeza de la acostumbrada por su madre. Gordon la acusaba insistentemente de tratarlo "como si fuera una niñita". Y al escuchar que su hijo Jorge, de dieciocho meses de edad, no había querido participar en la clase de gimnasia para bebés, Gordon no tuvo la menor duda de que era "culpa" de Dana.

Esta situación no es excepcional; los padres con frecuencia se enfrentan a muerte sobre lo que consideran "correcto". Típicamente, se muestran en desacuerdo en lo que se refiere a las buenas maneras ("¿Por qué la dejas botar la comida de ese modo?"), la disciplina ("¿Por qué le permites pisar el sofá con los zapatos? Yo no lo hago"), o el sueño ("Déjalo que llore" frente a "No soporto oírlo llorar de esa manera").

En vez de limar las asperezas entre ellos, suelen pelear con su hijo presente, acusándose mutuamente de "sobreproteger" al niño o de ser uno de ellos "demasiado estricto". En realidad, cuando uno de los padres se inclina hacia un extremo, el otro tiende a hacerlo hacia el lado opuesto. Éste antagonismo es extremadamente dañino para el niño. Aunque no entienda las palabras, sí puede sentir la tensión.

Yo recomiendo insistentemente a estas parejas que traten de hablar. No se trata de saber quién tiene la razón sino qué es lo mejor para su hijo. Lo más interesante es que suele haber algo de razón en ambos argumentos, pero cada uno de los cónyuges está demasiado ocupado tratando de corregir al otro. Si se detuvieran a escuchar un momento, podrían aprender el uno del otro y quizás trazar un plan que incorporara las ideas de los dos.

Traté de que Gordon y Dana miraran a Jorge con objetividad y que simultáneamente sopesaran sus propias pretensiones. "Presionar a Jorge no va a cambiar su personalidad", le expliqué a Gordon, "además de que las discusiones constantes en su presencia podrían volverlo más temeroso y reticente a soltar a su mamá". También es importante que Dana piense honestamente en su propio comportamiento. ¿Quizás estaba tratando de compensarle a Jorge el comportamiento machista de su marido? Es importante que conozcan a su hijo y que le permitan avanzar a su propio ritmo, pero quizás Gordon tenía algo de razón: ella debía alentar a Jorge un poquito más, aunque no lo obligara a incorporarse al grupo. Debo decir que tanto Dana como Gordon se mostraron dispuestos a escuchar. Dejaron de discutir frente al niño. Trazaron estrategias juntos. Y decidieron, de común acuerdo, que quizás sería una buena idea que Gordon llevara a Jorge a la clase de gimnasia —para animarlo, no para "componerlo". Después de seis semanas, Jorge finalmente se incorporó al grupo. Nunca sabremos si fue por el cambio de actitud de los padres o porque él ya estaba listo. Sin embargo, si sus padres no hubiesen empezado a trabajar en equipo, sospecho que las clases de gimnasia se habrían convertido en el menor de sus problemas.

Mamá mártir/papá diablo. Juliana, una antigua ejecutiva de televisión, se dedicó a la maternidad desde que nació su hija Camila, hace catorce meses. Su esposo Eduardo, ejecutivo de una compañía disquera, trabaja día y noche, y Camila generalmente está dormida cuando él llega. Juliana no disfruta de cargar ella sola el peso de la maternidad, pero por otro lado se niega a ceder siquiera un centímetro de su territorio exclusivo. Insiste en que Eduardo se involucre más los fines de semana, pero critica todo lo que hace: "A Camila no le gusta que hagas eso... Le gusta jugar con el camión de bomberos después del desayuno... ¿Por qué le pusiste ese vestido? No olvides el osito si van al parque... Lleva algo de comer... No, esas galletas no; lleva zanahorias: son mejores". Y sigue y sigue con la cantilena, hasta el punto de que el más amante de los padres le diría: "Hasta luego; es tuya todo el día".

En vez de hablarle a Eduardo de lo sola que se siente durante la semana y de la rabia que siente, Juliana espera secretamente que él la compense. Y siente una gran ambivalencia ante la perspectiva de ceder el control. Quiere que Eduardo participe, pero también quiere decirle qué hacer y cómo hacerlo. Además, hacer el papel de mártir es agotador, así que ella nunca se relaja ni recarga sus baterías, ni siquiera cuando Eduardo está con Camila.

Obviamente, la que más sufre es la pequeña Camila, que llora cuando Eduardo trata de jugar con ella, o lo empuja; es su forma de decirle: "Quiero jugar con mamá, no contigo". Está en una edad en la que muchos caminadores prefieren a su mamá, no lo niego. No es sólo su papá: Camila no deja que nadie la alce si su mamá está en la habitación. Sin embargo, si Juliana se va, Camila se siente inquieta durante unos minutos, pero después se siente bien, lo cual me indica que el problema tiene menos que ver con la angustia de separación de Camila que con la reticencia de la madre a dejarla ir. Es más: Camila oye a su mamá regañando a su papá y dándole instrucciones. Quizás no entienda las palabras ni el sentido exacto de lo que Juliana quiere decir, pero la idea tras la andanada de críticas le queda perfectamente clara. Si esto sigue así, Camila será cada vez más asustadiza con Eduardo, y la mamá mártir habrá tenido éxito en su cruzada para pintar a papá como un diablo.

Es necesario ventilar y respetar los sentimientos de ambos padres. Juliana debe admitir su malestar y debe estar más dispuesta a ceder el control. Eduardo debe hablar de lo que siente ante el rechazo de Camila. También debe asumir su responsabilidad por sus ausencias. Cuando un padre dice que tiene que estar en la oficina, está diciendo que ésa es su decisión. Si Eduardo quiere participar verdaderamente en la vida de su hija, quizás tenga que optar por otras alternativas que le dejen más tiempo libre, y Juliana tendrá que hacerle campo en el hogar.

"En vez de insistir en que Camila no quiere jugar con Eduardo", le dije a Juliana, "podría intentar resolver el problema. Piense de qué forma podría hacerla sentirse más cómoda con su padre. Alábelo más y critíquelo menos. Anímela a ella y ayúdelo a él para que logren construir una relación en el tiempo que comparten".

También Eduardo tiene que cambiar su forma de acercarse a su hija. Una de las quejas de Juliana es que él a veces era "demasiado rudo" con ella. Los hombres tienden a ser más bruscos con sus hijos cuando juegan. Camila no estaba acostumbrada a este tipo de juego y sus lágrimas expresaban claramente su disgusto. "Quizás cambie cuando crezca un poco más o quizás no", le expliqué a Eduardo. "Pero por ahora debe respetar sus sentimientos. Si ella llama a gritos a su mamá cuando usted la arroja al aire, eso le indica que se siente infeliz. Cambie su manera de jugar con ella".

Le expliqué que la reacción de Camila no significaba necesariamente que prefiriera a su mamá; sólo significaba que prefería la forma de jugar de ella. "Quizás ella preferiría estar manipulando los botones y las palancas de su centro de actividades, y asocia ese tipo de actividad con Juliana, no con usted. Empiece por hacerla sentir cómoda haciendo cosas que ella disfruta, y después quizás pueda ampliar los límites".

Asuntos sin resolver. Los problemas del pasado pueden enturbiar una relación e incluso asfixiarla. Tadeo, un carpintero que diseña y construye piezas únicas, tuvo una aventura antes de que naciera su hija Sasha. Su esposa, Norma, vicepresidente de una corporación, descubrió el asunto justo cuando se enteró de que estaba embarazada. Decidieron reconciliarse en aras del bebé, y cuando ésta nació, parecían, desde fuera, una familia feliz. Sasha era una niña saludable, Norma era una gran mamá y Tadeo, un padre devoto. Después de un año empezaron a pensar en otro bebé. Pero cuando Norma destetó a Sasha, la invadió una horrible sensación de pérdida. Su obstetra le explicó que muchas mujeres reaccionaban con esta intensidad emocional después del destete, pero Norma se dio cuenta de que sus sentimientos eran más profundos. Aún estaba furiosa por la aventura de Tadeo. Éste, en cambio, había seguido adelante: no había imaginado cuánto adoraría su papel de padre, y ahora quería otro hijo.

Tadeo dejó atrás el pasado, pero Norma no. Ella insistió en que fueran a terapia de pareja, donde volvieron a discutir el trauma. El rencor de Norma, que ya no estaba tan concentrada en Sasha, creció y creció en las semanas siguientes. "¿Cuándo vas a olvidarlo?", preguntaba Tadeo una y otra vez. "Tenemos una hija divina; nuestra vida recuperó su curso normal".

Infortunadamente, en lugar de enfrentar el dolor de la aventura de Tadeo antes de tener hijos, Norma se había entregado al embarazo y al cuidado de la niña en su primer año. Ahora los dos estaban en diferentes lados de la cerca, cada vez más desvinculados. Ella quería limpiar el estropicio; él quería un nuevo hijo para salvar el matrimonio.

Cuando Sasha cumplió tres años, Norma y Tadeo se separaron. Ella no pudo superar su rabia y él se cansó de esperar y de sentirse culpable. Norma tenía razón en una cosa: otro bebé no habría solucionado nada. Aprendió demasiado tarde que uno no puede eludir los problemas.

En mi primer libro hablé de Chloe, quien tuvo un trabajo de parto de veinte horas porque su hija, Isabela, detuvo su progreso a través del canal de parto. Fue un parto terrible y Chloe no había dejado de hablar de ello cinco meses después. Yo le sugerí que expresar sus emociones o incluso consultar con un profesional era preferible a permitir que sus sentimientos se enconaran. Isabela ya casi cumple tres años. Y resulta que Chloe culpaba a Seth, pero nunca lo discutió con él en su momento. En su lugar, se aferró al horror del parto y a la creencia de que Seth no la había ayudado a superar el trance. Se había sentido abandonada por él. Hablaron de la situación una y otra vez, de cómo el doctor había desaparecido y el efecto de la epidural había pasado, de cuán inerme se sentía él, de la rabia que sentía ella. Chloe no podía olvidarlo. Durante meses, Seth intentó ser comprensivo, pero Chloe se volvía más estridente por momentos y criticaba con frecuencia su desempeño como padre.

Seth empezó a sentirse cada vez más frustrado. En un momento dado sugirió que siguieran adelante y tuvieran otro hijo, y ella explotó. "Después de todo lo

---

Prevención de problemas

Airée su resentimiento en vez de permitir que se encone, pero no lo discuta delante de sus hijos.

- Intenten resolver los problemas juntos. Hagan planes para manejar las comidas, las salidas, la hora de dormir. Habrá ocasiones en las que estén en desacuerdo y otras en las que estén de acuerdo.

- Los niños funcionan mejor con reglas consistentes, pero pueden manejar los desacuerdos mientras se los planteen francamente: "Podrás leer tres libros cuando papá te acueste, pero cuando lo haga mamá, serán dos".

- Trate de no polarizar su posición yéndose al extremo opuesto de donde cree que está su compañero.

- Fíjese bien en lo que le dice a su hijo. Cuando papá dice: "A mamá no le gusta que subas los pies al sofá", el niño entiende claramente que ustedes no están de acuerdo y papá socava sutilmente las reglas de mamá.

- No piense que las reacciones de su hijo son un juicio sobre usted: los niños no se portan igual con el padre que con la madre.

- Si las peleas se vuelven crónicas, busque ayuda profesional.

---

que te he dicho", le gritó acusadoramente, "sigues sin tener ni idea de lo que tuve que padecer". Con el tiempo, Seth se fue.

La moraleja de esta historia es la misma que la de Tadeo y Norma: es necesario expresar los malos sentimientos en vez de aferrarse a ellos, y lo más conveniente es buscar ayuda profesional. El matrimonio de Seth y Chloe quizás se hubiera podido salvar si Chloe hubiese ido antes a terapia o si hubiesen buscado el apoyo de un buen consejero matrimonial que los hubiera ayudado a descubrir las verdaderas razones de su infelicidad. No lo sé. Pero sí sé que habrían tenido más oportunidades si no hubiesen permitido que sus sentimientos se emponzoñaran. *

Hay muchas variaciones sobre los anteriores temas, pero los detalles no son tan importantes como el hecho de que los conflictos de pareja, en cualquiera de sus presentaciones, son peligrosos para el bienestar de los niños. Si se descubre un día en cualquiera de estas situaciones, no lo deje a un lado. Todas las discusiones exigen creatividad para resolver los problemas. En el recuadro de la página 322, hay varios puntos importantes que se deben tener en cuenta.

Tiempo para usted / Tiempo para sus relaciones

Una de las mejores maneras de evitar los conflictos de pareja es recargar sus baterías y proteger sus relaciones adultas: no sólo su matrimonio; también sus amistades. Aunque esté criando a uno o varios niños, también tiene que cuidar de usted misma y mantener su estatus de adulto: una persona grande con relaciones con el mundo de las personas grandes. De las sugerencias que vienen a continuación, no hay nada que no pertenezca al sentido común, pero en el agite de la vida familiar a veces lo olvidamos.

*Tristemente, casi uno de cada dos matrimonios termina en divorcio, y la mayoría de las parejas que se separan tienen hijos menores de cinco años. Aunque no viva en la misma casa con su compañero, es vital que usted permanezca en la vida de sus hijos y que logren llegar a algún tipo de acuerdo que les permita seguir compartiendo la crianza de los niños. Busque la ayuda de un consejero y haga uso de los recursos existentes, uno de los cuales es el libro de mi coautora, Melinda Blau: *Families Apart: Ten Keys to Succesful Coparenting* [Familias separadas: diez claves para tener éxito en la crianza compartida] (Perigee Books).

Haga planes de adultos. No basta con decir: "Necesito un tiempo para mí" o "Necesitamos pasar más tiempo juntos". Tendrá que ponerlo en su agenda. Lo ideal es que usted tenga una rutina estructurada (¿y cómo podría no tenerla después de leer este libro?) Incluya en ella tiempo para usted misma y para compartir con otros adultos. Planee rutinariamente una cita con su compañero; reúnase para almorzar o para cenar con sus amigos; y no pierda en el camino a los amigos que no tienen niños. Si le cuesta trabajo organizar planes con otros adultos, pregúntese qué la detiene. Algunos padres sienten que son malos si dejan a sus hijos; otros disfrutan el papel de mártir. Recuerde que si no recarga sus baterías, los resultados serán desastrosos. Por otra parte, hay menos posibilidades de que una persona descansada, satisfecha y cuidadosa de sí misma le grite al niño o descargue sus frustraciones en su pareja.

Correo electrónico: Tiempo para la pareja

A mi esposo y a mí no nos resulta fácil encontrar el momento de estar juntos porque yo soy una madre de tiempo completo que se acuesta más o menos a la misma hora que su hijo —alrededor de las 9:30— y Miguel, mi marido, trabaja cinco días a la semana de 4 p.m. a 2 a.m. Así que resolvimos crear un "diario amoroso" en el cual nos escribimos carticas cada vez que se nos ocurre algo o cuando tenemos tiempo. Es divertido leer las notas en el diario, siempre en uno de los dos lados de la cama. Podemos hablar de amor; o de algo significativo que nos sucedió durante el día, en casa o en el trabajo; o de cualquier otra cosa que se nos ocurra. Es un recordatorio constante de que estamos casados y de que nos queremos y de que el otro nos importa.

Cuando se dé un descanso, que sea un verdadero descanso. Si sale por la noche con su compañero, no hablen de los niños. Si almuerza con sus amigos, hable de política, de la última moda, de lo sexi que es el instructor de yoga, pero no se quede atascada en las anécdotas de su maternidad. No me malinterprete. Me parece ideal que los padres discutan las novedades en la vida de sus hijos y resuelvan juntos los problemas, y me parece que es maravilloso que intercambien estrategias con otros padres, pero a veces hay que dejar descansar el tema.

Busque la forma de darse recreos breves. No tiene que esperar a la gran escapada para darse un recreíto. Salga a caminar alrededor de la cuadra, sola o con su pareja. Ponga a su caminador en el corral y trabaje un rato en la bicicleta estática o lea una revista. Tome una siestecita para refrescarse. Si su compañero está en casa y a usted le llama la atención la idea, abrácelo y béselo durante un rato. Levántese quince minutos antes a meditar, lleve un diario, hable de su día con su pareja.

Ejercicio. Hágalo sola, o con su compañero, o con un amigo. Busque en el vecindario un compañero de caminatas. Vaya al gimnasio y lleve a su hijo si no pudo encontrar una niñera. Lo importante es que haga circular su sangre y que sienta el oxígeno correr por sus venas, idealmente, treinta minutos al día.

Mímese. Y no me refiero a un día de spa, aunque si puede darse el lujo, tanto mejor. Sólo cerciórese de que una vez al día se toma el tiempo para respirar profundo, echarse una crema deliciosamente perfumada en todo el cuerpo, estirar, o relajarse en una tina caliente. Cinco minutos para hacer algo especial por usted misma son mejor que nada.

Mantenga la chispa encendida. No deje de cortejar a su pareja. Dese tiempo para el romance y para el sexo. Haga algo amable por su pareja o sorpréndala (ver recuadro de la página 324, con la refrescante sugerencia de una pareja). Alimente sus pasiones y mantenga vivo su interés por las cosas nuevas. Mientras sus hijos crecen, crezca usted también. Tome clases. Adopte una nueva afición. Vaya a museos y galerías y a todos aquellos lugares donde pueda conocer gente fascinante.

Organice un sistema de apoyo para padres. La crianza puede ser una experiencia terriblemente solitaria. Por tanto, es importante que los padres formen parte activa de una comunidad. Visite la parroquia de su barrio, o el centro comunitario, y averigüe qué facilidades ofrecen a las familias. Inscríbase en una clase con su caminador o funde un grupo de juegos. Relaciónese con otras familias que tengan hijos de las mismas edades.

Amplíe su definición de "familia". Cerciórese de que su vida social no se limite a sus dos huracanes de manos perpetuamente pegajosas. Además de salir de vez en cuando, es importante que invite gente a su casa. Invite a sus padres y a otros parientes a que formen parte de su vida. Organice cenas familiares periódicamente y reúnase con su familia para las fiestas. Incluya a sus amigos en sus reuniones familiares. Para los niños es maravilloso crecer rodeados de muchos adultos diferentes.

> **SUGERENCIA:** *Todos los padres, y no sólo las madres solteras, deben buscar a otros adultos para que pasen tiempo con sus hijos. Mientras más relaciones con adultos tenga un niño pequeño, mejor equipado estará para hacer frente a las diversas personalidades que encontrará a lo largo de su vida.*

No olvide pedir ayuda. Cuando uno de los adultos, o los dos, están sobrecargados, pueden surgir problemas físicos y emocionales graves en la familia. Hable con su compañero si se siente exhausta. Contrate a alguien que la ayude si tiene los recursos, aunque sea de tiempo parcial. Si pertenece a un grupo de juegos y se siente cómoda con el estilo de crianza de una o más de las madres, sugiérales que intercambien tiempo de cuidado de los niños.

El cuidado de uno mismo es la clave para sobrevivir en todos los frentes. De otra manera, rápidamente empezaremos a sentir que no podemos más. Peleamos con nuestros compañeros, les gritamos a los niños. El resentimiento se instala y la frustración crece. La crianza es difícil y además es cambiante. Como decía mi niñera: "Hay que ingeniarse muchas soluciones diferentes", y muchos de nosotros dejamos nuestras necesidades en el último lugar de la lista. Sólo una mártir resentida sigue dándole y dándole hasta que se derrumba o explota. Pedir ayuda no es admitir el fracaso: en los padres, es señal de sabiduría.

Algunos pensamientos para terminar

> Uno recuerda con aprecio a los maestros brillantes, pero recuerda con gratitud a aquellos que nos conmovieron. El currículo es un material en bruto necesario, pero la calidez es un elemento vital para la planta que crece y para el alma del niño.
>
> —Carl Jung

Ser buenos padres es una experiencia gratificante y fuente de fortalecimiento interior, pero también es un trabajo duro, y más duro aun cuando tenemos a un caminador entre manos. Todos los días traen una cantidad asombrosa de cambios, y hay muchas más cosas en juego ahora que antes, cuando alimentarlo o cambiarle el pañal bastaba para hacerlo feliz. Las cosas se han vuelto más complejas. ¿Camina bien? ¿Habla lo que tiene que hablar? ¿Tendrá amigos? ¿La gente lo querrá? ¿Tendrá miedo el primer día de colegio? ¿Y cómo puedo hacer para que todo suceda... *ahora*?

Este libro se ha ocupado de las cosas que usted puede hacer para ayudar a su caminador a superar con éxito este difícil y fascinante período de su vida. Y quiero terminarlo haciendo énfasis en lo que *no* debe hacer: puede estimular y alimentar, pero no empujar. Puede intervenir para evitar un problema o para resolverlo, pero no puede rescatar a su hijo. Puede y debe estar a cargo, pero no puede controlar lo que su hijo es. Aunque esté ansioso por ver a su hijo llegar a la siguiente etapa del desarrollo, o superar un momento difícil, él caminará, hablará, hará amigos y se desarrollará como usted jamás imaginó... a su propio ritmo.

Mi abuelo, cuya tolerancia y comprensión yo admiraba, me dijo alguna vez que la familia era como un hermoso jardín y que los niños eran las flores. A los jardines hay que dedicarles cuidado cariñoso, afecto y paciencia. Las raíces fuertes, una buena tierra, una planeación adecuada y la ubicación correcta también son esenciales. Después de plantar las semillas, hay que retirarse un poco y observar cómo se forman los retoños. No sirve de nada jalarlos para que retoñen más rápido.

Sin embargo, el jardín requiere de su atención constante. Debe seguir alimentando el suelo, regando las plantas y nutriéndolo todo con su amor. Sólo si cuida de las flores todos los días las ayudará a florecer hasta alcanzar su máximo potencial. Si nota que la maleza amenaza con asfixiar las plantas o que hay insectos comiéndose las hojas, debe tomar medidas de inmediato. Evidentemente, es necesario cuidar de las familias de la misma manera como cuidaríamos del jardín, y se debe cuidar de los niños tanto como si fuesen una rara variedad de rosa o una peonía de exhibición.

La analogía del abuelo no ha perdido nada de su actualidad desde que mis propias hijas estaban pequeñas. Él también intentaba decirme que además de ser atenta, debía ser paciente. Lo mismo le aconsejo a usted. Aliente a su hijo, ámelo incondicionalmente, ayúdelo a prepararse para la vida, y dele todas las herramientas necesarias para que siga adelante sin usted. Y cuando esté listo, el mundo y todo lo que hay en él estarán esperándolo.

Agradecimientos

Quiero agradecerle a Melinda Blau, mi coautora, por su trabajo duro y por la amistad que ha surgido entre nosotras a lo largo de los dos últimos años. Su habilidad para capturar mi voz en esta páginas ha sido sorprendente, y estoy convencida de que es una gran escritora.

Agradezco también a mi esposo y a mi familia todo su amor y su apoyo, en especial a mis dos hijas, Sara y Sophie, mi orgullo y mi felicidad.

Gracias a Gina Centrello por su lealtad y su honestidad; a Maureen O'Neal, editora y madre maravillosa; a Kim Hovey, por su excelente y duro trabajo y por su amistad; a Marie Coolman, por coordinar mi gira por la costa oeste; y muchas gracias a Rachel Kind por compartir conmigo sus experiencias de madre novata y por sus esfuerzos en la venta de derechos para el extranjero.

Por último, tengo una enorme deuda de gratitud con mis familias, que me han abierto su corazón y sus hogares. Todos ustedes saben quiénes son. Quiero agradecer especialmente a Dana Walden, quien no solo es una madre maravillosa sino una mujer de cuya amistad me enorgullezco, y a Noni White y Bob Tzudiker, quienes han sido una parte integral de mi vida en los últimos tres años y cuyos consejos siempre han sido pertinentes.

Tracy Hogg
Encino, California

Quiero darle las gracias a Tracy Hogg por su tiempo, su paciencia y su espléndido sentido del humor. Es capaz de hilar historias de la vida de los caminadores con un sentido exquisito del detalle y una percepción fascinante de cómo es la vida desde la perspectiva de un pequeño.

A lo largo de la investigación y de la escritura de este libro y del libro anterior, *Como comunicarse con su bebé,* conocí a muchos padres maravillosos por teléfono, en persona y a través del correo electrónico. Su identidad y sus historias siempre aparecen enmascaradas. No obstante, aprecio su generosidad y agradezco el que nos hayan permitido echarle una mirada a su vida. Quiero agradecer especialmente a Noni White y Bob Tzudiker, Susanna Grant y Christopher Henrikson, Barbara Travis y Dan Rase, Libby y Jim

Weeks, Owen y Jack Kugell; y un reconocimiento especial para mis sobrinas Karen Sonn y Heidi Sonn, quienes, con la ayuda de sus cónyuges, Bruce Koken y Louis Tancredi, muy convenientemente (para mí, al menos) dieron a luz a Reed y a Sandor mientras estábamos escribiendo estos libros, y a mi sobrino Jack Tantleff y su esposa, Jennifer, quienes dieron a luz a Jacob justo a tiempo para aparecer en estas líneas.

Observar a grupos de caminadores en acción me fue de gran ayuda a la hora de escribir las sesiones de juego que aparecen en este libro, sesiones que son ficticias, pero que están basadas en pedacitos de niños de verdad y en su forma de interactuar. Agradezco a Dana Walden y a Christa Miller, quienes nos permitieron a Tracy y a mí observar a sus respectivas hijas mientras jugaban; a las madres (Natalie Matthews, Suzie Zaki, Kaydee Wilkerson, Jamie García y Dana Childers) y abuelas (Karen Veroskp y Beverly Childers) que nos invitaron a participar de su grupo de juegos; y a Darcy Amiel, Mandi Richardson, Shelly Grubman, Jill Halper y Sara Siegel, quienes participaron en una reunión de caminadores que yo había conocido cuando eran recién nacidos.

Tengo una deuda con el equipo creativo de Ballantine, que tanto ha hecho para nutrir y apoyar estos libros; con Maureen O'Neal, nuestra muy talentosa editora; con Allison Dickens, su muy capaz asistente, siempre dispuesta a ayudar; con Kim Hovey, la incansable directora de publicidad; con Rachel Kind, la encargada de derechos subsidiarios, quien también compartió con nosotros sus experiencias como madre novata, y con Gina Centrello, la presidenta, que ha respaldado estos proyectos de comienzo a fin. Ustedes representan lo mejor del mundo editorial, un elogio muy poco usual para un escritor. Detrás de bambalinas, Alix Krijgsman y Nancy Delia transformaron nuestro manuscrito en un libro, con ayuda de una genial correctora, Helen Garfinkle, quien además es una de mis más viejas y queridas amigas.